네오
에듀필로소피

시대정신을 담기 위한 교육철학의 재고

신창호

박영story

머리말

대학에서 '교육철학(敎育哲學/Philosophy of Education)'을 강의한 지도 벌써 20년이 훌쩍 넘어 섰다. 그동안 교육과 철학의 개념을 비롯하여 플라톤과 공자, 듀이와 정약용 등, 동서양의 여러 사상가들이 성찰하며 실천했던 교육에 관한 사유를 다루어 왔다. 돌아보니, 지난 20여 년을 거의 유사한 방식으로 교육철학에 관한 지식을 전달하며, 교육학전공 학생이 시대정신(時代精神)에 부합하는 교육철학을 지닐 수 있도록 고심했던 것 같다.

그런데 몇 년 전부터 심각한 회의(懷疑)가 나를 짓누르기 시작했다. '시대는 급변하고 있다! 매 학기 반복되는 유사한 교수 행위는 정당한가?' '교수자의 교육과 연구행위가 시대를 선도하면 좋겠으나, 그렇지 못하다면, 시대가 요구하는 수준이라도 제대로 따라가고 있는가?' '삶과 교육의 변화 추세(趨勢)를 고려하는가?' '고등교육에서 마주한 대학(원)생들을 학문적으로 만나고 대화한다는 것이 어떤 차원이어야 할까?' 등등, 심란한 상황이 지속되었다.

무엇보다도, 제4차 산업혁명이라는 이름을 앞세우고 다가온 컴퓨터 혁명은, '교육철학' 강의를 진지하게 반성하도록 만들었다. 인터넷의 발달과 더불어 찾아온 강의실 풍경은 예전과 전혀 다르다. 노트북이나 스마트폰을 비롯한 다양한 기기의 활용은 '교수-학습' 사이의 소통을 이전과 다른 차원으로 전개하도록 유도한다. 단순하게 '면대면(面對面)'으로, 얼굴을 마주보고 눈빛을 주고받으며 진행하던 강의는 상당히 줄어든 듯하다. 심한 경우에는 끝났다! 사유하는 방식도 달라졌다. 심도 있게 교육철학과 관련되는 고전(古典/The Great Books)을 읽고 다루는 차원의 학문양식은 초월한 지 오래다! 오프라인(off-line) 교실이 지닌 장점이 단점으로 전락하고, 인터넷 온라인(on-line) 공간은 지식정보의 창고이자 학습 콘텐츠(contents)의 마당이 되었다. 매년 매학기 변화가 진전되고, 교육패러다임(educational paradigm)의 전환이 일어나는 듯하다.

이 책은 그런 고민의 중간 단계에서, 기존의 자료를 중심으로 재편집한 것이다. 이전의 저술을 바탕으로 '교육철학' 내용을 새롭게 정돈하되, 매 강의마다 학생들이 자문자답(自問自答) 형식으로 탐구할 수 있도록 교수방법을 과감하게 수정하였다. 이에 책의 명칭도『교육철학』이 아니라, 『네오 – 에듀 필로소피: 시대정신을 담기 위한 교육철학의 재고』'라고 붙여보았다. 기존의 틀을 조금이나마 벗어나 보려는 시도다. 그것은 전통적인 '교육철학'의 강의방식을 상당 부분 해체하고 재건하려는 일종의 몸부림이다. 그리하여 이 시대 교육학도들에게, 조금이나마 교육철학을 제고하는 데 도움이 되기를 소망할 뿐이다.

이 책은 '교육철학'을 단계별로 살펴보기 위해, 3부 13강으로 구성하였다. 제1부는 교육철학의 '근원과 맹아' 측면에서 정돈하였는데, '교육철학 이해의 전제, 서구 고대교육의 탄생, 서구근대교육의 근원, 동양교육사상의 정초' 등 네 개의 장을 담았다. 제2부는 교육철학의 '전개와 발전' 측면에서, '자연교육과 국민교육, 서구교육철학의 토대, 실존적 접근과 해체, 마르크스주의 교육, 분석철학과 비판철학' 등 다섯 개의 장을 배치하였다. 제3부는 교육철학의 '성숙과 도약' 측면에서, '사회개혁과 교육운동, 전통보수와 교육운동, 현대의 다양한 교육사조, 인간관과 교육의 지향' 등 네 개의 장으로 정돈했다. 특히, 3부 12강의 현대의 다양한 교육사조에서 한국의 교육사상가 두 분을 다루었다. 한기언 선생의 '기초주의'와 김정환 선생의 '인간주의' 교육이다. 이는 아마 한국의 교육철학 책에서 최초로 다룬 일로 기억될 것이다. 나는 개인적으로 두 분의 학문에서 큰 영향을 받았다. 그동안 우리는 외국의 교육철학 사상을 너무나 많이 소개하는 데 시간을 할애했다. 이제는 한국에서 자생한 교육사철학 사상도 충분히 성찰할 때가 되었다고 판단한다.

책을 엮는 과정에서 주로 참고한 자료는 다음의 네 가지다. 몇 년 전에 발간한

신창호 외, 『교육철학』(박영스토리, 2016)과 『교육철학 및 교육사』(박영스토리, 2015)는 이 책의 모체(母體)로 주요 내용을 부분적으로 수정·보완하였다. 아울러 서구의 고대와 근대교육, 마르크스주의, 인간관과 교육의 지향 등에 대해서는 영어판 Howard A. Ozmon·Samuel M. Craver, *Philosophical Foundations of Education*(Pearson, 2008)과 일본어판 小澤周三 等. 『教育思想史』(有斐閣Sシリーズ, 1993)의 내용 가운데 필요한 부분을 발췌·번역하여 정리하였다. 본문의 내용을 인용하고 번역하는 과정에서 각종 '주석(註釋)'과 '참고문헌(參考文獻)'은 구체적으로 표시하는 것이 원칙이다. 그러나 이 책에서는 의도적으로 모두 생략하였다. 이유는 간단하다. 이전에는 자료검색이나 정보지식의 활용이 지금처럼 쉽지 않았다. 이제는 교육환경이 완전히 달라졌다. 그만큼 학생들이 인터넷으로 직접 검색하고 확인하며 교육철학에 대해 사유할 수 있는 시대다. 그 장을 열어주기 위해 비워둔다.

그리고 각 강의의 말미에 학습의 무대를 별도로 마련하였다. 어쩌면 그것이 이 책의 존재이유이기도 하다. 학생들이 스스로 교육철학을 탐구할 수 있도록, '학습－성찰－대안'이라는 자기활동의 자리를 펴놓았다. 이는 교수자의 일방적 강의중심 교육을 벗어나기 위한 근본 장치다.

1단계【학습】에서는 본문을 학습하고 핵심내용을 정리하는 '요약 정돈'을 설정하였다. 2단계【성찰】은 1단계의 '본문 학습'과 '핵심내용 요약 정돈'을 근거로, 표에서 안내하는 대로 철학적 영역에 맞추어 성찰하는 '문제 비판'의 과정이다. 3단계【대안】은 1단계와 2단계의 '학습－성찰' 활동을 바탕으로 시대정신을 고려한 교육철학을 도출하는 '교육철학 재고' 시간이다. 이 스스로 묻고 답하는 '자문자답(自問自答)' 방식의 탐구와 연구를 통해, 학생들이 시대정신에 부합하는 교육철학을 이해하고 터득하여 실천할 수 있기를 기대한다.

2020. 1.

신창호

차 례

제1부
근원과 맹아

제1강

교육철학 이해의 전제

1 교육

교육(敎育, Education)은 어떻게 인식하느냐에 따라, 그 개념에 상당한 차이가 있다. 때로는 정의하는 방식이나 이해하는 양식의 간극으로 인해, 전혀 다른 양상의 교육이 전개되기도 한다. '교육(敎育)'이라는 말은 기본적으로 한자(漢字)이다. '가르칠 교(敎)'와 '기를 육(育)'으로 구성되어 있다. 한국인의 경우, '가르치고 기르다'라는 뜻을 취하여, 교육을 이해하고 표현한다.

교(敎)에 해당하는 '가르치다'는 말은 옛날 한글로는 'ᄀᆞᄅᆞ치다'였다. 어원으로 볼 때, '가르치다'는 '가르다'와 '치다'의 합성어이다. 그것은 '무엇이 좋고 나쁜지, 또는 옳은 일이고 그른 일인지를 판단하여, 좋고 옳은 일은 발전적으로 이어가고, 나쁘고 그른 일은 새롭게 고치고 다듬어 좋고 옳은 방향으로 만들어 나가려는 의도'를 담고 있다. 삶에서 사물에 대한 '판단 능력'과 사업 '관리 능력', 그리고 인생을 전반적으로 조율하는 '경영 능력'을 함양하려는 특성을 보인다. 이는 인간의 이성적·감성적 자질과 연관된다. 때로는 지성이나 도덕, 신체성의 제반 사항을 녹여 넣은 몸짓과도 상통한다.

특히, 언어를 통해 교류하고 소통하는 삶에서 구현된다. 생활의 과정에서 자신을 점검하고 갈고 닦으며 세상의 시비선악(是非善惡)과 긍정·부정을 인식하고, 삶에서 발생하는 다양한 문제를 깨우치고 세상을 합리적으로 운영하고 경영하는 원리와 법칙을 터득해 나간다. 육(育)에 해당하는 '기르다'는 말은 식물의 재배(栽培)나 동물의 사육(飼育), 그리고 인간의 성숙(成熟)과 직접적으로 통하는 용어이다. 동·식물을 잘 자라게 하는 일은 물론이고, 인간을 양육하고 육성하는 데 투여하는 전반적 행위를 말한다. 세상에 존재하는 생명이 반짝반짝 윤이 나도록, 지속적으로 성장하는 데 필요한 영양을 공급하는 전반적 과정이다.

한자에서 교육(教育)은 글자의 구성 자체로 이해하면, 한글에서 '가르치고 기르다'라는 의미와 뉘앙스를 달리하는 차원이 있다. 교육(教育)에서 '교(教)'는 '우주 만물의 어우러진 상황[爻]'과 '어린이[子; 어리석은 사람]'의 마주함, 그리고 그런 사태에 대해 '치다/때리다[攵]'라는 의미의 융합체로 복합적 의미를 담보한다. 교(教)의 왼쪽 부분[爻+子]은 '어린이가 우주의 상황과 마주치고 어우러져 본받는' 의미로, 우주의 얽힌 존재 근원을 어리석은 존재인 인간이 인식하고 모방하는 작업과 관련된다. 오른쪽 부분[攵: 攴]은 '손으로 쳐서 사람을 일깨우고 인도한다'는 뜻이 깃들어 있다.

이런 차원을 통합하면 교(教)는 세상의 어우러진 사물에 대해 어린이가 이해하려고 할 때, 윗사람이 손으로 살짝 때려 깨우쳐 조심하도록 주의를 주고 아랫사람이 이에 따르는 일을 말한다. 즉, 교(教)는 세상의 사물을 마주하고 있는 어리석은 인간에 대해, 스승이 한 손에 회초리를 들고 공부하라고 재촉하는 모습이다. 이는 세상을 마주하는 어리석은 제자에게 스승이 회초리로 일깨워 삶에 생명력을 불어 넣는 작용이다.

교육(教育)에서 '육(育)'은 출생과 직접적으로 결부되는 개념으로, 순산(順産)에 의한 인간의 탄생, 또는 난산(難産)을 순산으로 바로 잡는 과정을 통해 세상에 모습을 드러내는 탄생성과 연결된다. 이렇게 본다면, 교육(教育)은 인간의 탄생, 그리고 출생 이후의 세계와 마주하면서 깨닫는 지속적 성장을 통해, 자신을 생성해 나가는 삶의 과정으로 재해석할 수 있다.

서구 문명의 경우에도 교육을 뜻하는 용어는 다양하다. 고대 그리스 시대에 교육을 상징하는 말은 '파이데이아(paideia)'이다. 파이데이아는 한 마디로 표현하면,

'인간을 인간답게 하는 모든 활동이다.' 이때 '인간답게'라는 개념은 사람마다 각자의 영혼에 들어맞게 명예를 부여하는 일이다. 그것은 각자의 잠재능력(潛在能力, latent faculties)과 소질(素質, talent)에 따라, 인간으로서 탁월하게 자라날 수 있게 하는 작업이다. '파이데이아' 외에, 교육을 뜻하는 영어식 표현은 우리에게 익숙한 '에듀케이션(education)'과 '페다고지(pedagogy)'가 있다. 독일어에서는 '빌둥(Bildung)'이라는 개념을 사용하기도 한다. 빌둥은 한국어로 '도야(陶冶, cultivation)'로 번역되는데, '인간에게 주어진 고유한 사명으로 각 개인이 자신의 개별성을 뚜렷이 드러내는 일'을 말한다.

파이데이아를 비롯한 서구의 여러 교육 개념은, 일반적으로 아래와 같은 의미를 공통 분모로 한다. 교육은 '어린이가 지닌 자연적 성장의 힘인 잠재능력(potentiality), 가능성(possibility), 소질(disposition)을 교육자[또는 자신]의 노력으로 이끌어내는 일이다!' 다른 방식으로 이해하면, 교육은 '불완전한 상태에 있는 인간을 완전한 상태로 발달시키고, 미성숙 상태에 있는 인간을 성숙한 상태로 나아가게 하며, 인간의 내면에 잠재되어 있는 개인적·사회적 가능성을 계발하여 온전하게 실현하는 작업이다!'

이런 의미의 교육은 진행 과정에서 여러 측면이 작용한다. 인간의 행위로 볼 때, 그것은 자기노력에 의한 '자발적' 전개와 타자의 개입과 추동에 의한 '타율적' 전개로 대별할 수 있다. 또한 행위의 표출 방향으로 볼 때, 그것은 어린이의 '내적 능력'을 외부로 표출하는 '계발'이나 '성장', '발전', 전개의 측면이 있고, 외부의 지식과 가치를 어린이의 내면으로 '주입'하거나 '훈련'하는 측면도 있다.

그렇다면, 이러한 교육에 포함되어 있는 사상(思想, thoughts), 또는 교육과 결부되어 드러난 철학(哲學, philosophy)은 어떤 모습을 보여 왔는가? 끊임없이 진보하는 시대정신을 고려할 때, 미래에는 어떤 사유가 교육에 녹아들면 좋을까? 시대를 선도하는 교육이념이나 교육정신은 무엇을 지향해야 할까?

2 교육과 교육철학

'교육철학'은 형식적으로 볼 때, '교육'과 '철학'이 합쳐진 용어이다. 따라서 교육철학의 의미를 명확하게 구명하기 위해서는 '교육'과 '철학'의 뜻과 쓰임을 고민할 필요가 있다. 앞에서 '교육'의 개념에 대해 간략하게 언급했지만, '교육이란 무엇인가?' 이 물음은 어찌 보면 아주 우둔한 질문일 수 있다. 왜냐하면 동서고금을 막론하고 교육을 한 마디로 정의하는 작업은 매우 어렵기 때문이다. 대신, '교육이 무엇과 연관되어 드러나는가?'를 통해, 교육의 의미와 맥락을 고민할 수 있다.

근대 공교육을 염두에 둘 경우, 교육의 역사에 대해 어느 정도 인지하고 있는 사람이면, 교육을 이해할 때 '학교'와 같은 교육기관을 먼저 떠올린다. 학교에는 학생과 교사, 교육시설이 있고, 학습자와 교수자가 상호작용을 통해 의미 있는 내용을 구성하는 교육과정을 둔다. 우리는 학교라는 공간에서 이루어지는 종합적 활동을 흔히 '가르치다', '기르다', '배우다' 등과 같은 말을 통해, 교육과 학습의 전반적인 모습으로 그려낸다.

'교육'과 직결되는 개념인 '철학'은 희랍어로 '사랑'을 의미하는 필로스(philos)와 '지혜'를 뜻하는 소피아(sophia)에서 유래한 말이다. 의미 그대로 이해하면, 철학은 '지혜 사랑'이다. 이 말에는 다음과 같은 뜻이 내포되어 있다. '사람에게 필요한 것은 '지혜를 사랑하는 일'이다. 그렇다고 모든 사람이 반드시 지혜롭게 되어 모든 사안을 알고 있어야만 한다는 의미를 담고 있는 말은 아니다!' 지혜에 대한 사랑은 자신의 무지(無知)를 깨닫고, 보다 나은 지혜를 향해 항상 그리워하고, 끊임없이 노력하는 일이다. 따라서 철학하는 사람의 임무는 '의문을 제기하는 적극적인 일이다!' '물음에 대답하는 단순하고 수동적인 일이 아니다!' 그것은 현실에서 출발하여 다시 현실로 돌아오는 세계의 구체적인 파악이다.

'지혜에 대한 사랑' 이외에 철학은 학문적으로 다음과 같이 정의되기도 한다. 일상생활에서 옳다고 인정되는 일이나 조직된 지식 체계들이 전제하는 사안을 막론하고 기초 가정(假定)이나 제일 원리(原理)를 연구하는 학문이다. 때로는 모든 학문 또는 대부분의 학문이 가정하고 있으나 그 학문들 가운데 어떤 것에 의해서도 정의되지 않은 관념들이나 개념들을 연구하는 학문이기도 하다.

간략한 서술이지만, 앞서 언급한 '교육'과 '철학'의 의미를 통합하면, 교육철학의 성격이 어떠한지 가닥을 잡을 수 있다. 단순하게 결합하더라도 교육철학은 '교육적 지혜에 대한 사랑'이다. 이는 교육에 관한 모든 문제들을 철학적 방법으로 검토하는 작업이다. 여기에 두 가지 방식이 있다. 하나는 '교육-내-철학(敎育-內-哲學, philosophy in education)'이고, 다른 하나는 '교육자를 위한 철학(philosophy for educator)'이다. '교육-내-철학'은 철학이 연구되어져야 할 교재 가운데 하나이거나 인간교육의 한 부분으로서 갈고 닦아야 할 능력 가운데 하나임을 의미한다. '교육자를 위한 철학'은 가르쳐져야 할 것 가운데 하나인 동시에 특별한 사람에게 특별한 형태로 가르쳐지는 일이다. 이런 차원에서 교육철학(philosophy of education)은 단순히 철학자들이 행하는 사고의 일종을 의미하는 것이 아니라 '교육에 관한' 철학이다. 그러므로 교육철학은 교육자에게 가르쳐져야 하고 그들이 연마해야 할 능력이다.

교육행위의 과정에 참여하는 사람들은, 정도의 차이는 있지만, 나름대로의 철학적 질문을 한다. '왜 배워야 하는가?' '왜 가르쳐야 하는가?' '학교에서 가르쳐야 할 내용은 무엇이 가장 좋은가?' '교사의 역할은 무엇인가?' '교사와 학생 사이의 관계는 어떠해야 하는가?' '무엇이 좋은 교육인가?' 교육 행위에서 제시되는 물음과 회의는 교육의 근본적인 문제와 관계된다. 그리고 그런 논의가 깊어지면 철학적 문제로 환원한다. 교육과 연관된 질문이 세계와 인생의 근원, 지식과 가치의 본질을 고심하는 심오한 탐구의 대상이 될 때, 교육철학의 문제가 제기된다.

이런 점에서, 교육철학은 철학의 여러 기능들을 구사하여 교육현상 일반 및 교육학을 체계적으로 분석하고 연구하며 구축하는 학문이다. 철학이 순수 학문이라면 교육철학은 응용 학문의 성격을 띤다. 형이상학(존재론), 인식론(지식론), 가치론, 논리학을 핵심으로 하는 철학의 근본원칙을 교육의 이론과 실천 측면에 응용하는 작업이다. 그런 만큼 교육의 원리적·학술적·기술적 측면인 이론과 실제는 물론, 방법의 문제를 고민하게 한다. 이는 교육문제를 해결하는 작업과 관련되는 철학의 한 영역으로 설명할 수 있다.

철학과 교육의 관련에서 교육철학을 어떤 방식으로 이해하건, 교육철학 연구의 진정한 가치는 주어진 해답을 확인하는 데 있는 것이 아니다. 본질적이고 중대한 문제를 제기하는 데 있다! 특히 교육의 방향과 전망을 제시하는 데 관심을 집중한다.

이러한 차원에서 교육철학은 교육이 독특한 인간 활동으로 받아들여졌을 무렵부터 시작되었다. 복잡한 사회시스템이나 오늘날 철학자들이 사용하는 분석적 도구가 전혀 없었던 선사 시기 이전부터 인간은 삶에 대한 철학적 태도를 견지했으리라. 이는 교육철학이 형식적 철학 연구를 통해, 교육의 발달과 관련하여 그것이 어떤 의미를 갖는지 알기 이전부터 시작되었음을 지시한다. 선사시대 이전은 물론 인간 삶의 전반적인 차원을 고려할 때, 교육은 인류의 생존을 일차적 목적으로 두었다. 인간의 탄생과 더불어 교육은 살아가는 데 필요한 기술을 가르치는 일이 핵심이었다. 그러나 사회가 진보하고 복잡해지면서 교육의 상황은 달라지기 시작했다. 일상에서 발생하는 다양한 목적을 위해 교육을 고민한 것이다. 현대사회의 교육도 여전히 생존을 위해 필요한 수단이다. 동시에 교육은 직업을 갖거나 사고력 향상, 여가 시간을 보다 유용하게 만드는 등의 사회 문화적 삶을 증진시키는 다차원적인 고민을 해야 한다.

교육활동이 활발해지면서 교육에 관한 이론도 구체적으로 발달해 왔다. 그러나 철학적 이론과 교육적 실천 사이에 중요한 연관성이 있음에도 불구하고, 교육의 실천과 이론이 별개의 사안으로 간주되는 일이 수시로 벌어진다. 이유는 간단하다. 무언가를 배우고 가르치는 일, 즉 교육 실천은 우리에게 '당면한 문제'이다. 그러나 그에 관한 이론적 작업은 우리가 무언가에 관한 '반성적 자세'를 견지할 때 행해지기 때문이다. 교육에 관여하고 있는 한, 우리는 이론과 실천 두 가지를 모두 이행해야 한다. 교육 활동[실천]에 대한 고려 없이 교육에 관한 이론적 고민만을 하는 것은 교육철학자들이 학문적 작업만을 위해 현학적 사유에 매몰되어 있는 상황과 같다. 반대로 교육 이론에 대한 진지한 고민 없이 교육 실천만을 생각하는 것은 가치 없는 활동을 낳을 뿐이다.

앞에서 언급한 것처럼, 교육철학은 철학사상을 교육문제에 적용하는 작업이다. 철학사상의 교육적 적용은 다시 철학사상을 개선하고 교육적 발달을 도모하는 일에 해당한다. 그렇다고 교육철학이 그 자체로 하나의 분과학문이 아니라는 말은 아니다. 교육철학은 고대로부터 현대에 이르기까지 철학자들의 사상을 교육이론과 활동에 적용하려는 노력을 끊임없이 진행해왔다. 때문에 교육철학은 철학사상을 바라보는 하나의 방식이다. 뿐만 아니라 그 철학사상을 어떻게 활용할 수 있을까를 고민하는 학문 양식이기도 하다. 교육철학적으로 고민한다는 것은 교육자 자신이 개인적·사회적 발달 속에서 자신의 행위에 대해 명확히 해야 할 필요성을 느낄 때만 의의가 있다. 단순한 암기나 과거부터 그렇게 해왔다는 이유에 근거하여 교육에 임한다면, 거기에는 교육철학이라고 부를만한 지적 상황이 드러나지 않는다.

철학자들이 인생 문제를 늘 염두에 두었듯이, 교육은 삶의 필수적 부분이다. 삶을 추동하는 근원적 힘이기에 삶의 원 현상(原 現象)이라고도 한다. 그만큼 교육이 없는 삶은 상상하기 힘들다. 때문에 수많은 철학자들이 교육에 대해 고민해왔다. 위대한 사상가일수록 교육에 관한 언급이 많다. 인간의 삶은 도구를 통해 생산하는 존재일 뿐만 아니라 교육을 통해 생성하는 존재이기도 하다. 교육은 어떤 차원에서건, 늘 인류 문명의 흥망성쇠에 기여하며 문화를 전개해왔다. 보수적 성향을 띠면서도 진보성을 가미한다. 어떤 경향이건, 삶에 대한 일반적 고민은 교육이라는 구체적 형태의 진척과 연관되어 있다. 교육은 인간의 삶을 윤택하게 만드는 주요한 방식이기 때문이다.

교육과 철학이 결합한 양상으로서 교육철학을 고민할 때, 유의할 부분이 있다. 철학을 연구한다고 사람들이 반드시 보다 나은 사상가가 되거나 교육자가 되는 것은 아니다. 하지만 철학 연구는 어떤 사안에 대해 명확히 심사숙고(深思熟考)할 수 있도록 만들고, 그에 관한 여러 관점을 고려하도록 인도한다. 앞에서 짚어본 것처럼, '철학(philosophy)'이란 단어는 본디 '지혜에 대한 사랑'이었다. 이는 다양한 사상이나 전통, 혁신, 그리고 생각의 양식에 관한 헌신적 탐구를 의미한다. 철학자들은 사람들에게 일어나는 일을 예리하게 관찰하고, 관찰한 사건에 대해 교육자들에게 시사점을 줄 수 있도록 설명해왔다. 이런 점에서 교육자들은 철학사상에 관한 면밀한 탐구를 통해 교육문제를 보다 잘 이해하는 데 도움을 받을 수 있다. 물론, 교육문제에 대한 철학적 연구를 무시할 수도 있지만, 그것은 귀중한 사상의 보고를 놓치는 비교육적 행위이다.

어떤 시대나 철학이 담당했던 역할 가운데 하나는 당시의 지적 논쟁(知的 論爭)을 비판적으로 분석하고, 그에 대해 다른 사고방식을 제시하는 일이다. 교육과 관련한 문제이건 다른 분야의 문제이건, 철학은 문제를 성찰하고 해소하는데 필요한 논리와 언어에 주의를 기울인다. 특히, 교육은 사유하는 세계와 활동하는 세상에 동시에 개입하고 있다. 좋은 사상은 좋은 활동으로 이어지고, 좋은 활동은 좋은 사상으로 연결된다고 가정한다. 교육의 과정에서 지적으로 행동하려면, 교육자들은 철학이 제공하는 사안들, 예컨대, 사고과정에 대한 이해와 성격, 사람들이 사용하는 언어, 문화적·사회적 전통에 대한 비평, 그리고 이것들이 어떤 영향력을 실제로 행사하는지에 대한 이해를 필요로 한다. 교육자들에게 철학은 인간의 실존과 인간을 둘러싼 세계에 대한 시야를 넓혀 준다. 이런 점에서 철학은 삶의 질과 만족감을 향상시키는 전문적이고 유용한 양식이다.

실제로 교육에서 행해진 모든 작업은 특정한 관점을 반영한다. 물론, 학생과 학부모, 그리고 교육자들조차도 이를 쉽게 파악할 수는 없다. 왜냐하면 그 관점 자체가 불명확할 수도 있고, 여러 철학사상이 논리나 일관성 없이 혼란스럽게 뒤엉켜 있을 수도 있기 때문이다. 때로는 권력층이나 문화적 우월성과 같은 특수한 이해집단이 관여하여 의도적으로 불명확하게 반영해 놓은 것일 수 있다. 이런 경우, 특정한 관점은 명확히 분류되고 배제되는 것이 마땅하다. 그러나 교육자들이 그에 필요한 이해나 기술을 갖고 있지 못한 것이 문제이다. 때로는 수사적 슬로건이나 땜질식 만병통치약의 늪에서 헤어 나오지 못하기도 한다.

교육문제를 해결하려는 시도는 가끔씩 여러 프로그램을 아무렇게나 묶어서 제시하거나 또 다른 이데올로기에 근거하여 피상적 말다툼을 하거나 구호를 외치는 일로 끝날 때도 있다. 안타깝고 아쉬운 지점이다. 교육 실천가들은 교육의 실제 문제를 해결하는데 필요한 철학 이론이 그들에게 제시되어야 한다고 가정한다. 그들은 현학적 인식 구조에 의해 해석되지 않은, 이해 가능한 우주, 즉 교육의 실제 세계를 읽어낼 수 있다고 착각한다. 그러한 관점 자체가 철학적 가정에 기초한다. 그러나 그들은 이것을 모른다. 이들은 시대정신이나 교육의 실제 변화를 무시한 채, 기존과 동일한 관점을 견지하면서 교육 문제의 해결책을 제시할 뿐이다. 여기에서 교육철학이 요청된다.

교육자들도 일반 사람들과 마찬가지로 자신의 삶을 사느라 바쁘다. 아무리 교육에 관한 전문가라 할지라도 삶의 모든 문제를 장악하며 교육적으로 확실하게 해소할 수는 없다. 교육에 관한 완벽한 접근 방식이 존재하지 않기 때문이다. 이런 이유로 인간은 자신이 무엇을 하고 있는지에 대해 생각해 보아야만 한다. 자신의 행동을 정당화하여, 그 행동이 일관되고 의미 있고, 바람직한 목적을 지향할 수 있도록 신중해야 한다. 그것이 교육이고, 교육철학을 연구하는 목적이다.

3 철학의 기본 영역

다시 철학으로 돌아가 생각해 보자. 전통적으로 철학은 다음과 같은 세 가지의 주요한 연구 분야를 제기하였다. 첫째, '무엇이 실재(實在)하는가?' 둘째, '우리는 어떻게 인식(認識)하는가?' 셋째, '무엇이 선(善)한가? 또는 아름다운가?'이다. 칸트(Immanuel Kant, 1724~1804)의 경우에도, '나는 무엇을 알 수 있는가? 나는 무엇을 행해야 하는가? 나는 무엇을 희망해도 좋은가? 인간이란 무엇인가?'라는 진지한 물음을 통해, 철학적 문제를 고민하였다.

첫 번째, '무엇이 실재하는가?'라는 물음은 형이상학(形而上學, metaphysics), 또는 존재론(存在論)이라고도 한다. 이 분야의 관심사는 '참으로 존재하는 것은 무엇이며, 존재하는 것이 어떻게 질서 잡히고 조직되는가?'라는 점이다. '신은 존재하는가?' '우주에는 목적이 있는가?' '인간은 육체로만 구성된 것인가, 정신으로만 되어 있는가, 아니면 정신과 육체 둘의 결합으로 구성된 것인가?' '나는 누구인가, 나는 무엇인가?' 등등, 실재에 대한 다양한 물음이 제기된다. 그것은 우주의 궁극적 본질 또는 실체를 규명하는 데 관여한다. 즉, 변화하는 세계의 배후에 변화하지 않는 실체가 있는지 없는지에 관한 문제를 탐구한다.

이러한 존재론은 다양한 형태로 제시된다. 대표적인 이론으로 '세계의 모습은 무한히 다양하다'라는 다원론(多元論, pluralism)과 '실재는 하나이다'라는 일원론(一元論, monism)이 있다. 또한 실체가 '정신' 또는 '영혼'이라고 보는 관념론(觀念論, idealism)과 '물질'이나 '자연'이라고 생각하는 유물론(唯物論, materialism)이 있고, 이들을 객관적으로 파악할 수 있다는 실재론(實在論, realism)도 있다. 그리고 '우주의 본질은 끊임없이 변화·발전하는 그 자체이며 그 이상의 본질이 특별하게 존재하지 않는다'는 입장인 프래그머티즘(Pragmatism, 實用主義)과 '불변의 실체에 대한 탐구를 유보하거나 알 수 없다'고 보는 실존주의(實存主義, existentialism)도 있다.

두 번째, '우리는 어떻게 아는가?'의 문제는 인식론(認識論, epistemology) 또는 지식론(知識論)으로 알려져 있다. 이는 철학 활동의 핵심이다. 인식론은 '인간이 무엇에 대해 아는 것이 어떻게 가능한가?'라는 물음처럼, 앎의 과정을 밝히려는 노력이다. 진리 또는 지식의 근거와 특징을 밝히려는 철학적 노력으로 앎의 의미가 무엇이며, 참다운 앎이란 무엇을 뜻하는가에 관한 탐구 영역이다. 여기에는 '참다운 앎에 결코 도달할 수 없다'라는 입장과 그 반대로 '도달할 수 있다'라는 견해가 있다. 이와 다른 시각에서 앎이란 '불변하거나 절대적인 것이 아니라 상대적이고 확률적이며 개선 가능한 것이다'라는 입장도 있다.

세 번째는 가치론(價値論, axiology)이다. 가치론은 '무엇이 선한가?' '무엇이 옳은가?' '무엇이 아름다운가?' 좋은 것과 나쁜 것, 바른 것과 그릇된 것, 아름다운 것과 추한 것 등의 문제와 관련지어, 그 근거와 판단기준 및 대상을 밝히려는 철학적 노력이다. 이는 특히 윤리학의 체계 및 도덕적 기준, 미학에서 확인된다. 윤리학은 인간의 개인적·사회적 행위의 질과 도덕성을 다루며, 착한 인간, 좋은 사회, 훌륭한 삶의 본질과 기준 등을 밝힌다. 미학은 인간의 삶과 경험에서 미의 본질과 기준을 탐구한다.

이러한 철학의 영역은 결국은 '존재−앎−행위'의 문제와 결부된다. 요컨대, 형이상학은 존재의 문제를 탐구하고, 인식론은 지식의 문제를 통해 앎의 영역을 다루며, 가치론은 가치 부여에 따라 인간의 행위 문제를 조절한다. 형이상학·인식론·가치론은 타당한 사유의 과정을 통해 결론을 도출한다. 이 사고과정이 타당한지의 여부를 검토하는 여러 가지 규칙과 기준을 밝히는 작업은 논리학이 담당한다.

논리에는 귀납법(歸納法, induction)과 연역법(演繹法, deduction)이 있다. 연역법은 보편적 원리에서 구체적이고 특수한 법칙을 이끌어내는 추리과정이다. 반면, 귀납법은 개개의 구체적 사실에서 보편적 원리나 법칙을 이끌어내는 추리과정이다. 이런 논리학을 기본으로 성립된 철학사조가 다름 아닌 논리실증주의(論理實證主義, logical positivism)와 분석철학(分析哲學, analytic philosophy)이다. 논리실증주의는 문장의 논리적 검증을 통해 진위(眞僞), 즉 참과 거짓을 검증한다. 반면, 분석철학은 하나의 진술이나 개념이 인간과 사회의 맥락에서 어떠한 의미를 지니는지를 밝힌다. 이는 철학의 이론 체계라기보다 철학하는 방법론에 가깝다.

다시 정리하면, 철학은 존재(存在, being)와 생성(生成, becoming)이라는 우주의 본질적 고민에서 세계를 파악하고 실천하면서 시작되었다. 그 방법으로서 애매성과 추정, 적합성은 물론, 그 오류를 들추어내었다. 그리고 주요 영역으로 형이상학, 인식론, 가치론, 논리학을 제시하였다.

영역	이론	특성	사고과정
형이상학 (形而上學, metaphysics)	존재에 관한 논의	실재 (實在, Being)	논리학 (logic)
인식론 (認識論, epistemology)	지식의 문제	앎 (知識, Knowing)	
가치론 (價値論, axiology)	행위에 대한 이론 윤리와 미학	행동 (行爲, Doing)	

4 교육철학의 역할과 기능

　　교육철학이 교육의 문제를 철학적으로 탐구하는 작업이라면, 이는 위에서 언급한 철학의 영역과 궤를 같이 한다. 즉, 교육철학은 철학의 형이상학·인식론·가치론의 영역을 교육에 응용한다. 그것은 모든 지식과 경험에 적용되는 체계성과 전체성을 탐구하는 사변철학(思辨哲學)으로 탐구할 수도 있다. 선과 악, 아름다움과 추함, 올바름과 그릇됨의 의미, 그리고 이러한 속성들이 사물 자체에 내재한 것인지, 아니면 인간의 마음을 반영한 일인지를 밝히려는 규범철학(規範哲學)으로 성찰할 수도 있다. 또한, 교육에서 사용하는 용어들, 즉 '교육', '학습', '교사', '학교', '학생', '능력', '자질', '자유', '평등', '정의', '존중', '수월성' 등과 같은 단어들이 문장의 전후 관계에서 적절하게 사용되는가를 평가하기 위하여, 그 개념을 탐구하는 분석철학(分析哲學)으로 검토할 수도 있다.

　　그런데 교육은 실제로 무엇이 바람직한가에 관한 가설(假說, hypothesis)을 제시하는 데 그치는 일이 아니다! 실제로 필요한 변화를 일으키는 과정이다. 따라서 교육은 의도적으로 이루어지는 실제이며, 철학적 접근은 이를 타당하게 만드는 일에 기여한다. 교육철학을 한 마디로 정의하는 일은 간단치 않다. 그러나 기본적으로 교육의 '개념', '목적', '과정', '내용', '방법', '조직'이나 '정책'의 원리 등 교육 관련 분야의 문제해결을 철학적 방법으로 접근해야 한다. 다시 말하면, 교육철학 탐구는 교육문제와 논점들에 관한 '분석'과 '분류', '종합'을 지향해야 한다. 그것은 교육에 대해 관심이 있거나 교육에 참여하고 있는 사람들이 직면하는 문제와 실제 교육에 관심을 기울인다는 뜻이다. 따라서 교육철학에서 필요한 기술을 다음과 같이 고려할 수 있다.

① 교육적 개념 가운데 분명하지 않은 의미의 명료화
② 교육적 개념과 논증을 뒷받침하는 가정과 전제 조건, 그리고 전제의 발견
③ 교육적 판단의 근거가 되는 가치의 확인
④ 교육적 개념과 계획을 보는 대안적 방법 찾기
⑤ 교사들이 직면하고 있는 기본적 문제의 탐구
⑥ 교육적 개념들의 실제 결과와 관계, 그리고 성과의 도식화
⑦ 교육적 개념과 논증, 그리고 계획의 구분
⑧ 교육적 개념과 논증의 예나 표준적 사례분만 아니라 반대되는 예 찾기

이는 교육철학의 과제와도 연관된다. 그것은 '교육이란 무엇인가?', '교육은 무엇을 성취하려 하는가?', '교육의 목적을 성취하기 위해서는 어떻게 해야 하는가?'의 문제이다. 다시 말하면, 교육철학은 '교육의 본질[What is education?]', '교육의 목적[What ought education to accomplish?]', '교육의 방법[By what means can this education be done?]'을 다루는 학문이 되어야 한다.

20세기 중반에 활동한 피닉스(P. H. Phenix)의 경우, "교육철학이란 철학적 방법과 견해를 교육이라고 불리는 분야에 적용하는 일"로 정의하였다. 다시 설명하면, 교

육의 여러 양상을 하나의 포괄적 체계로 정리할 수 있는 개념을 탐구하고, 교육에서 사용되는 용어의 의미를 명백히 하며, 교육과 관련된 언어들이 어떤 전제나 가설에 근거하고 있는지 명시하고, 교육을 인간의 다른 여러 가지 관심 분야와 어떤 범주로 연결할 수 있는지 범주를 정하는 작업이다. 브라우디(H. S. Broudy)는 "교육철학이란 교육문제를 철학적 수준에서 조직적으로 논의하는 일"로 정의하고, 그 임무는 실재, 지식, 선, 미 등과 같은 철학적 기초를 이루는 심층에 이르기까지 중요한 교육적 논점을 탐색하는 작업으로 보았다. 무라다 노보루(村田 昇)는 교육철학의 성격을 "교육활동을 전체적·통일적으로 파악하고, 교육의 근원에 대하여 물음을 던져야 하며, 교육의 존재와 가치를 통일시키고, 교육의 의미와 가치에 대해 물어야 한다"라고 정돈하였다.

요컨대, 교육철학은 교육현상의 전체성과 궁극성을 체계화하기 위한 종합적 작업이다. 이에 다음과 같은 의미를 복합적으로 내포한다. 첫째, 교육의 실천 원리나 이론 체계를 정당화 하는 근거를 분석하고 검토하며 비판하는 작업이다. 둘째, 교육의 이론과 실천에 사용되는 개념들과 주장들의 논리적 타당성과 가능성을 밝히는 작업이다. 셋째, 교육에 관한 여러 논리적 요소들을 통합된 지식 체계로 조직하는 작업이다.

이렇게 볼 때, 교육철학은 먼저, 교육문제의 전제와 내포하고 있는 의미까지 분석·검토하고, 교육적 논의에 사용되는 개념이나 용어를 명확히 하여 논거를 통합하며, 서로 다른 견해를 비판적으로 비교하는 철학적 방법으로 교육의 근본 문제를 다루고, 동시에 감정적이거나 무비판적이며 설명적 수준을 벗어나 교육문제의 심층부까지 탐색하여 철학적 수준에서 교육의 기본 문제를 다루어야 한다.

5 교육철학을 탐구하는 이유

그렇다면, 우리는 왜 교육철학을 연구하고 공부하는가? 교육현장에서 활동하는 교사나 예비교사, 또는 여러 교육자에게, 무엇 때문에 교육철학이 요구되는가?.

다시 성찰하면, 교육철학은 인간형성에 관한 본질적이고 전체적이며 통합적인 사유체계이다. 따라서 다양한 교육현상에 대해 본질적인 것이 무엇이지 이해하고, 인생을 총체적으로 보고 개별 사실 사이의 상호 관련성을 파악하며, 교육의 이론과 실제 사이의 모순을 배제하도록 한다. 뿐만 아니라 새로운 교육의 전개, 연구 및 실천에 대한 교육적 지향을 시사한다. 기존의 교육적 사고에 대해, 근본적으로 문제를 제기하는 힘을 준다. 교육철학은 예비교사들에게 교육적 안목과 관점을 터득할 수 있는 지혜를 제시한다. 특히, 교사들에게 교직이 단순한 생계수단이 아니라 바람직한 인간 형성과 사회 개선에 공헌하는 일이라는 사실을 일깨우고, 인간과 사회에서 교육의 위치를 인식하게 하며, 다양한 교육이론의 비판적 검토를 통해 교육적 신념과 원리를 정하게 하고, 교사의 지성과 비판정신을 자극하여 교육의 방향을 개척하는 데 기여한다. 이런 차원에서 교육철학을 공부해야 하는 이유를 다음과 같이 정리할 수 있다.

첫째, 교육문제 해결을 위한 사고를 계발시켜 준다. 현대의 우리 교육은 여러 가지 복잡한 문제를 안고 있다. 교육의 목적과 방향이 상실되고, 교육의 기준과 원칙이 흔들리고 있을 뿐만 아니라, 교육의 내용과 방법 측면에서도 시대 상황에 대처하지 못하는 사태가 발생하고 있다. 이런 다양한 문제에 대해, 교육심리나 방법, 측정이나 평가 등을 비롯한 여러 교육과학은 교육문제를 정확하게 진단하고 합리적인 해결 방안을 제시하고 있다. 그러나 교육의 근본문제나 본질에 대한 성찰을 근원적으로 해소할 수는 없다. 무엇보다도, 인간은 왜 교육을 받아야 하는가? 현재의 우리 교육은 인간다운 인류를 기르는 교육인가? 교육을 통해 정의로운 사회를 건설할 수 있는가? 등의 궁극적인 교육문제에 대해 교육과학은 답하지 못한다. 이에 교육철학은 교육받은 인간, 합리적 삶, 이상적 사회상 등에 대한 지속적인 사고와 탐구를 통해, 현재 교육의 근본문제를 해결하는 데 도움을 준다.

둘째, 교육적 언어의 분석과 명료화를 가능케 한다. 교육은 대부분 말과 글, 즉 언어·문자를 통해 전달된다. 교사들은 교실현장에서 교육적 언어 구사를 통해 '교수-학습'을 전개한다. 그러나 교사들이 사용하는 언어는 분명하지 않거나 모호한 경우가 많다. 교육활동이 원만하게 이루어지기 위해서는 교육에 쓰이는 언어들이 명료해야 하고, 그 용법에 대한 합의가 이루어져야 한다. 교육철학은 교육에 사용되는 언어들을 분석함으로써, 그 의미를 분명히 할 수 있고 선명하게 만드는 데 기여한다.

셋째, 교육활동에 대한 구체적인 방향을 제시한다. 교육철학은 현재의 교육에 대한 비판과 자각에 토대를 두고 있다. 상당수의 사람들은 현재 진행되는 교육행위에 대해 만족하지 못하고 때로는 바람직하게 여기지 않는다. 그러므로 교육활동에 종사하는 사람은 현실 교육에 대한 비판을 통해, 보다 가치 있고 바람직한 교육을 추구하게 된다. 교육을 통해, 무엇을 성취하려고 하는가? 교육과정에서 야기되는 문제들은 무엇인가? 이런 물음을 제기하면서, 우리는 교육철학을 통해, 현재의 교육상황을 보다 건전한 모습으로 만들어가려는 비판정신과 미래를 예견할 수 있는 예견력을 길러, 진보적인 교육의 방향과 전망을 모색할 수 있다.

넷째, 교육활동 비판의 근거를 제시한다. 어떤 사물이나 대상을 비판하기 위해서는, 그것을 비판할 수 있는 적절한 기준이나 근거가 있어야 한다. 교육현상이나 교육활동에 대해, 설득력 있게 비판하기 위해서는 합리적 근거가 필요하다. 예컨대, '체벌은 가끔씩 교육적일 수 있다!'라는 주장이 있다고 가정할 때, 그것을 비판하기 위해서는 체벌 반대에 대한 지적·심리적·도덕적·역사적 근거를 제시할 수 있어야 한다. 우리는 교육철학을 통해, '왜 이것이 아니고 저것이어야 하는가?' '왜 이것보다 저것이 보다 교육적인가?'에 대한 이유들을 탐색할 수 있다.

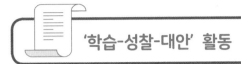

'학습-성찰-대안' 활동

❀ 1단계 【학습】 요약 정돈; 본문을 학습하고 핵심내용을 정리하시오.

♣ 2단계 【성찰】 문제 비판; 1단계의 '본문 학습'과 '핵심내용 요약 정돈'을 근거로, 아래 표의 철학적 영역에 맞추어 성찰하시오.

기본 영역	본문 내용 (개별사유)	통합 성찰 (공통토의)
형이상학	형상;	
인식론	인식;	
가치론	가치;	
논리학	논리;	

❀ **3단계【대안】** 교육철학 재고; 1단계와 2단계의 '학습-성찰' 활동을 바탕으로, 시대정신을 고려한 교육철학을 도출하시오.

구분	내용	대안 제시
개별 제안		
공동 논의		

제2강

서구고대교육의 탄생

1 소피스트의 출현

교육은 삶의 원초적 현상이자 삶을 추동하는 힘이라고 했다. 때문에 교육은 인생의 전모를 담아내려고 노력한다. 그렇다면 인간에게서 삶은 교육적 인생을 어떻게 사느냐의 문제로 귀결된다. 탄생부터 아동기, 청소년기, 장년기, 노년기를 거쳐 죽음에 이르는 인간의 삶에서 교육은 어디에 자리하는가? 교육은 순수하게 개인의 문제인가? 사회나 국가와 같은 조직 공동체는 어떻게 교육에 관계해야 하는가? 교육에 관계해야 한다면 그 수위는 어느 정도여야 하는가? 이런 논의들이 쉬운 사안인 것만은 아니다. 동서고금을 막론하고, 어쩌면 인간 사회에서 가장 해결하기 어려운 문제일 수도 있다.

교육에 관한 사유나 관점이 인간에게 자각되고, 본격적으로 논의되기 시작한 것은 고대 그리스 문화에서 발견된다. 페르시아 전쟁에서 승리한 그리스는 정치적·문화적으로 발전을 거듭하며 문명을 성숙하게 이끌었다. 기원전 5세기에는 그리스 문화에서 가장 위대한 업적이 성취되고, 아테네의 민주정치가 활짝 꽃피운 시기였다.

교육과 직결되는 존재도 출현하였다. '지자(知者)' 또는 '지식을 가진 사람', 나아가 '지식을 주는 사람'이라고 불리는 소피스트(Sophist)가 그리스 각지에 등장했다. 소피스트는 일종의 직업적 교사였다. 이들의 등장은 그리스의 여러 도시가 정치·경제·문화적으로 번영하면서 사회의 지적 수준이 높아진 동시에 지식을 전문적으로 제공하는 지적 요구가 높아졌음을 의미한다. 옛날의 사상이나 가치관을 신봉하는 사람들은 상당히 괴로웠다. 하지만 문명의 진보를 거스를 수는 없었다. 그들도 어쩔 수 없이 새롭게 등장하는 문화와 풍습을 수용하면서 새로운 교육방법을 심각하게 고려하였다.

　이전의 교육은 아동·청소년이 강인하고 건전한 신체를 만들도록 하는 일을 장려했다. 하지만 새로운 교육은 그것을 경시하고, '변론'이나 '논쟁'의 기술을 알려주는 데 관심을 두었다. 그러자 자연스럽게 변론이나 논쟁술과 거리가 먼, 그리스 전통의 신화나 전설, 부모의 말씀을 순순히 받아들이는 형식의 교육에 대해서는 비판의 수위가 높아졌다. 옛날부터 중요하게 여겨온 것들이 가치를 잃고, 관습이나 생활 규칙이었던 사안이 이제는 더 이상 지켜야 할 확고부동한 가치가 아니었다. 어떤 사안일지라도 변론이나 논쟁을 통해, 변할 수 있는 것이 되어 버렸다. 모든 사안이 급격하게 변하는 가운데, 사람들은 인생을 어떻게 살아야 하는지 고심하였다. 도덕적으로 타락한 인간들, 특히 아동·청소년의 삶이나 교육의 방식에 사람들은 골머리를 앓고 있었다.

　이러한 새로운 교육 문화를 주도한 세력이 다름 아닌, 새로운 도시 출신으로 교육전문가를 자처한 '소피스트'들이다. 소피스트들은 그리스의 식민지 곳곳에서 '오리엔탈(Oriental) 문화'를 접하였다. 동방(東方)의 문명을 단순하게 마주하기보다는 교류가 깊었다. 때문에 기존의 그리스 전통이나 그리스 사람들의 관습에만 얽매여 생활할 필요가 없었다. 이런 문화적 사조에 반대하며, 순수한 아테네 시민의 자부심으로, 아테네 시의 구제를 열망한 사람이 등장하였다. 그가 바로 소크라테스이다. 소크라테스와 그의 제자들은 아테네 청소년들의 타락을 가만히 보고 있을 수만은 없었다. 이에 청소년들을 도덕적으로 변화시키려는 강렬한 열정을 드러냈다.

2 소크라테스; '무지(無知)의 지(知)' 전파

소크라테스(Socrates, 기원전 470~기원전 399)는 인류의 스승이자 성인으로 우리에게 각인되어 있다. 하지만 그의 삶에 대한 기록이나 청소년 교육에 관한 내용은 명확하게 알려져 있지 않다. 저작물을 제대로 남기지 않아 그의 철학사상이나 교육은 제자들의 작품을 통해 유추할 수밖에 없다. 특히, 플라톤의 『국가』를 비롯한 『향연』, 『소크라테스의 회상』 등의 작품을 통해 추정한다. 소크라테스가 본격적으로 활동을 시작할 무렵의 당시 아테네에는 소피스트들이 소송에서 이기기 위해 법정에서 필요한 변론의 기술이나 지식을 유료로 가르치고 있었다. 소피스트들은 사상적으로 새로운 측면을 지녔지만, 어떤 사안이 옳은지 그른지를 도덕적으로 판단하는 일을 중요하게 여기지 않았다. 단지 소송에 이기기 위한 변론술을 가르쳤고, 아테네의 전통이나 가치관, 종교 등을 소홀히 하였다.

그런 상황에서 소크라테스는 소피스트들을 향해 비판의 목소리를 높였다. 소크라테스의 생각은 아주 간단했다. '국가를 구출하는 일은 청소년의 도덕적 구제에서 시작해야 한다!' 소크라테스가 청소년의 교육활동에 뛰어든 계기는, '소크라테스 이상의 현자는 없다'라는 델포이의 신탁에 반박하기 위해, 현자와 평판 좋은 정치가, 그리고 예술가를 찾아 그것을 확인하는 과정에서였다. 하지만 그는 결과에 매우 실망했다. 그들은 각각의 전문 영역에서는 많은 것을 알고 있었지만, 인생의 소중함, 성품의 착함, 아름다운 가치 등에 대해 전혀 알지 못했다. 소크라테스는 심각하게 고민했다. 그리고 '자신이 델포이의 신탁에 대해 모른다는 사실을 알고 있는 사람이 현자이다'라는 결론을 도출했다. 이런 생각은 아테네의 청소년들 교육으로 이어졌다. '자신이 알고 있다고 생각하는 착한 일이나 아름다운 사안이 무엇인가? 실제로 자신은 그것에 대해 모른다는 자각과 성찰로 탐구하라!' 그것은 유명한 '네 자신을 알라!'라는 언표로 전해온다. 청소년들을 향한 소크라테스의 간절한 교육적 권장이었다.

그러나 당시의 정치가들에게는 소크라테스의 활동이 매우 위험한 사상으로 보였다. 진정한 모습, 착함이나 아름다움을 지향하는 청소년에 대한 교육방법과 그 근저에 있는 사상이 불온하다고 여겨졌다. 소크라테스는 나라의 일은 법률과 지성으로 수행되어야 한다는 확신을 가지고 있었다. 때문에 지식과 통찰력을 지닌 사람만이 통치의 권리를 가져야 했다. 아울러 아테네의 민주정체, 특히, 제비뽑기로 결정하는 민주적 선거제도에 호의를 가질 수 없었다. 오히려 덕 있는 사람이 통치하는 스파르타의 방법이 우수하다고 생각하였다. 이런 사유에 기초한 소크라테스의 활동은 민주정체를 신봉하는 사람들에게 위험한 인물로 보이게 하는 원인이 되었다.

당시 철학자들은 인간보다 자연 연구에 철저하여, 인식의 원천을 '객관적인 것'이라고 전제하고 있었다. 그러나 소피스트들의 활동과 더불어 '주관성'을 중심으로 하는 새로운 원리가 등장하였다. 소피스트들의 주장은 다음과 같다. "세상 사물은 자아에게 그렇게 보이는 것에 지나지 않는다. 따라서 보편적으로 타당한 진리는 존재하지 않는다. 주관은 객관세계보다 위에 있는 것이다!" 이런 인식은 지금까지 객관적으로 존재한다고 생각했던 사유를 흔들어 놓았다. 즉, 국가의 법률이나 관습, 종교나 민간신앙과 같은 것에 대해, 확고부동한 전통이 아니라 주관에 따라 언제든지 변할 수 있는 것으로 만들었다. 무엇이 착하고 무엇이 아름다운가? 무엇이 옳은가? 이른바 '진(眞)·선(善)·미(美)'는 개인들의 자아가 임의로 결정한다!

엄밀하게 말하면, 이러한 징후는 필로폰네소스 전쟁 시기 때부터 나타났다. 전쟁은 이미 다양한 분야에서 에고이스트(egoist)를 만연하게 만들었고, 사회도덕도 점차 희미해져 갔다. 사람들은 국익이나 공익보다 개인의 이익을 위해 행동하고, 당파 사이의 싸움은 일상적으로 벌어졌다. 법률은 다수자가 마음대로 결정했다. 국가의 질서도 마음대로 구속할 수 있고, 도덕적 정서는 정치교육의 결과로 보았다. 신들에 대한 신앙인 종교는 자유로운 생활을 억압하기 위해 인간이 발명해낸 것으로 여겨졌다. 자연과 이성에 맞는 필연성과 보편타당성조차도 우연적이고 인위적 규정으로 끌어내렸다. 그러나 시민들에게 많은 지식을 전파하고, 인식론이나 논리학, 언어학 등, 여러 분야에서 연구방법론의 맹아를 만들어낸 그들의 업적을, 무조건 단순하게 사회를 타락시킨 차원으로만 격하할 수는 없다.

사실, 변론술 학교의 설립자인 이소크라테스(Isokratēs)는 물론, 소크라테스나 플라톤(Platon)도 소피스트의 활약에 반발하면서 교육활동을 전개하였다. 그러나 아리스토파네스(Aristophanes)가 소크라테스를 소피스트로 그릴 정도로 소크라테스와 소피스트들에게는 공통점이 있었다. 겉으로는 아이러니(Eironeia)를 이용하여, 알고 있는 사실이나 당연한 사안으로 여겨지고 있는 것을 의심했다. 그렇게 논파해 나가는 방법을 사용하여, 인식의 주체로서 주관을 객체보다 중시하였다. 소피스트들은 주관적 반성으로 어떤 고정되어 있는 규정을 해체하여 해소시키고, 객관적 기준을 불가능하게 만들려고 하였다. 반면, 소크라테스는 생각을 보편적인 것으로 보려고 하였다. 자유롭고 객관적 사상이야말로 모든 것의 척도임을 인식하고, 윤리적 의무와 행위는 개인의 의견과 취향에서 오는 것이 아니라 정신의 본질에 있는 올바른 지식에서 유래하는 것으로 보았다.

여기에서 소크라테스는 후세에 '문답법(問答法)' 또는 '산파술(産婆術)'이라 불리는 교육방법을 사용하였다. '무엇이 옳은가? 무엇이 좋은가? 무엇이 아름다운가?' 등등에 관하여, 자신이 알지 못하는 사안을 알게 하고, 그 탐구를 향하여 청소년 자신이 스스로 그것을 발견하게 만드는 방법을 취하였다. 이런 '문답법' 또는 '산파술'이 성립하기 위해서는 하나의 전제가 있어야 한다. 청소년 스스로가 먼저 '진·선·미'를 추구하며 살아가려는 기준의 설정이다. 이는 소크라테스가 인간을 보는 관점과 연관된다.

플라톤의 『향연』에는 소크라테스가 지오디마라는 여성에게 들은 이야기를 가지고 '에로스(Eros)'의 배경에 대해 말한다. 인간은 에로스마다 항상 아름다운 것, 지혜, 완전을 추구하는 존재이다! 비너스 탄생의 축하연에서, 재지와 부를 가진 아버지 포로스와 빈궁의 신 페니아를 어머니로 하여 탄생한 에로스는 지와 무지의 중간에 선 자, 이른바 '애지자(愛知者)'이다. 그 사랑, 즉 에로스는 모든 사람에게 공통된 것이다.

소크라테스의 '알면서도 부정을 행하는 자는 없다!'라거나 '알면서도 거짓을 말하거나 부정을 행하면, 모르고 그런 것보다 낫다!'라는 유명한 명제는 소피스트들의 교육활동 논리와 유사한 측면을 보여주기도 한다. 윤리적 행위는 의식적 행위여야만 한다는 사유는 소크라테스나 소피스트 양자가 공통적이다. 소피스트들은 어떤 객관적 규칙을 불가능하게 만들려고 하였다. 하지만 소크라테스는 사고가 보편적 차원에서 움직인다는 점을 강조한다. 모든 윤리적 행위는 개인의 의견이나 취향에서 유래하는 것이 아니다. 정신의 본질로 자리하는 올바른 앎에서 온다.

'알면서도 부정을 행하는 자는 없다!'라는 언표에서 볼 때, 사람에게 나쁜 행위를 시키는 것은 인식이 부족해서이다. 어떤 사람도 좋아서 악당이 되는 것은 아니다. 악인이라는 것은 자신의 의지가 부족할 때 만들어진다. '알면서도 거짓을 말하거나 부정을 행하면, 모르고 그런 것보다 낫다!'라는 언표에서 볼 때, 이는 '알고 부정을 행하는 자는 알지 못한 채 행하는 자보다 좋다'는 논리이다. 후자의 경우는 참된 지식이 없으므로 덕이 부족하다. 그러나 전자의 경우는 덕이 일시적으로 손상되었기 때문에 그렇게 행동한다.

소크라테스에게 선(善)이라는 인식은 착한 삶, 착한 행위를 필연적으로 야기한 생각이다. 이때 '덕은 지식이다'라는 명제는 모든 덕의 동일성을 낳는다. 왜냐하면 어떤 행위의 정당성을 결정하는 인식은 동일하기 때문이다. 그 귀결로서 '덕은 가르칠 수 있다!' 즉, 덕은 모든 사람에게 속한 사안이고, 가르침과 연습을 통해, 누구나 손에 넣을 수 있다. 다름 아닌, 훌륭한 덕성으로 함양할 수 있는 것이다.

3 플라톤; '철인 왕 이데아'의 추구

플라톤(Platon, 기원전 427~기원전 347)은 서구철학의 원천으로 자리매김되는 인류 최고의 철학자이다. 그러기에 화이트헤드(Alfred North Whitehead, 1861~1947)는 서구 철학을 '플라톤의 각주'라고 표현했다. 플라톤은 소크라테스의 제자이자, 젊은 친구이기도 했다. 그런 만큼 플라톤이 소크라테스의 사상을 계승하고 발전시킨 것은 사실이다. 그의 저작물에 소크라테스의 생각이 많이 드러나지만, 그 내용에서 어떤 부분이 소크라테스 고유의 생각인지 명확하지는 않다. 분명한 것은 플라톤의 철학이 소크라테스의 사유와 행위를 포괄하면서 그 특성상 교육과 밀접하다는 점이다. 특히, 『프로타고라스』, 『고르기아스』, 『메논』, 『향연』, 『국가』, 『법률』은 그의 교육사상을 엿볼 수 있는 주요한 저작들이다.

인간에 관한 소크라테스의 견해는 아주 단순했다. '사람들은 에로스와 같은 본래부터 완전한 진(眞)·선(善)·미(美)를 추구하는 존재이다. '무지(無知)의 지(知)'라는 그의 자각성(自覺性)을 전제로 어디까지나 착하게 살도록 지도하자!' 플라톤은 소크라테스의 사유를 보다 진전시켰다. '무지의 지'를 강조하는 작업을 넘어, 추구해야 할 최고선에 대해 새로운 사유의 방법을 전개하였다. 그것이 다름 아닌 '이데아(idea)'론이다.

'이데아'라는 말은 소크라테스가 '류(類)'나 '종(種)'이라는 의미로 사용하였다. 그러나 플라톤은 '피타고라스(Pythagoras)'파 사람들이 말하는 '질량(質量; 物質)'에 반대되는 개념으로 도입하였다. 즉, '형상(形狀)'에 관한 사유의 방법이다. 이는 다른 것보다 위에 있는 모든 존재들의 '범형(範型)'이다. 진정한 의미로 존재하는 불멸의 존재이다. 그것을 이데아라 한다. 현실에서 '선행을 실천한 사람', '좋은 사람'의 행위나 사람들과 별도로 '선함'이라는 보편적 실재가 존재한다. 그것이 분배됨으로써 현실의 행위나 사람은 각각 '선한 행위'나 '좋은 사람'으로 일컬어진다. 이데아는 '선함'에 대한 것뿐만 아니라 '아름다움'이나 '강함', '우아함' 등에 대해, 각각 순수한 '아름다움', '강함', '우아함' 등이 존재하는 것으로 상정된다. 그리고 '선'의 이데아가 이데아계의 핵심 지위를 차지한다. 지식에서도 '참된 앎(episteme)'만이 실재에 대한 지식이다. 그 나머지는 '억견(臆見, doxa)'으로 상황에 따라 변하면서 참이기도 하고 거짓이기도 한 상대적 지식이다.

플라톤에 의하면, 대부분의 사람은 '참된 앎'을 가질 수 없다. 이데아를 보는 것 자체가 불가능하다. 국가의 정치를 담당하는 최고지도자만이 이데아를 볼 수 있는 사람이다. 여기에서 이른바 '철인 왕(哲人 王)'을 요청하는 사유의 방법이 등장한다.

철인 왕에 관한 사유는 『국가』에 잘 드러난다. 플라톤이 50세 전후에 6~7년의 세월에 걸쳐 집필한 10권으로 이루어진 대작이다. 『국가』에서는 말 그대로 '이상적 국가, 또는 훌륭한 정치체제는 무엇인가?' '그것을 만들 수 있는 인간 양성은 어떻게 가능한가?' 등을 자세하게 논의하고 있다. 이는 모든 악과 불행의 원인을 '무지(無知)'로 파악한 소크라테스의 사유를, 플라톤이 정치와 교육의 세계에서 전개한 내용으로 볼 수 있다. '진정으로 좋은 것은 무엇인가?' 이는 개인이나 국가를 막론하고, 정말 간절하게 알 필요가 있는 사안이다. 그만큼 알기 어려운 사안이기도 하다. 따라서 그것을 아는 작업이 철학의 제1과제이다. 여기에서 플라톤의 교육철학, 그 사유의 방법적 근거가 있다. 플라톤에 따르면, 인간은 모두 형제이다. 하지만 태어날 때 신에 의해 주어진 본성 때문에 세 가지 부류의 인간으로 나눠진다.

첫째, 출생 때 금(金)을 혼합한 존재이다. 그들은 이성적 능력이 풍부하여 장래의 통치자나 보호자로 임명될 사람이다.

둘째, 출생 때 은(銀)을 혼합한 존재이다. 그들은 기백이 왕성하여 수호자의 보조자 또는 조력자인 군인이 될 사람들이다.

셋째, 출생 때 구리[銅]나 쇠[鐵]를 혼합한 존재이다. 그들은 욕망이 왕성하여 농민이나 직공이 될 사람들이다.

이 '금·은·동'의 타고난 본성은 바꿀 수 없다. 군주나 지배계급인 수호자가 될 본성을 지니고 태어났지만, 그 지위를 얻지 않고 재물을 모으거나 다른 짓을 하면, 국가는 질서 체계를 유지하지 못하고 흐트러지게 된다. 그러나 인간의 부류가 절대적으로 고정된 것이 아니다. 금에서 은의 아동이 태어나고, 은에서 금의 아동이 태어날 수 있는 것처럼, 어떠한 부류의 사람에게서도 다른 부류의 아동이 태어날 수 있다. 그러므로 태어난 아동은 그 본성에 따라 처우해야 한다. 그리하여 군주에게는 지혜의 덕, 군인에게는 용기, 농민이나 직공에게는 절제의 덕이 갖춰지고, 지배자와 피지배자 사이에 다툼이 없고 모든 사람들이 각각의 본분을 지킨다면 정의의 덕이 성립한다.

'지혜, 용기, 절제, 정의'의 네 가지 덕을 갖춘 경우, 그 국가는 완전한 선을 갖춘 이상국가가 된다. 이런 정의를 통해서만 행복에 도달할 수 있다. 플라톤에 의하면, 이러한 이상 국가를 실현하는 일은 어렵기는 하지만 불가능한 것은 아니다. 진정한 지식의 탐구가 가능한 철학자가 정치권력을 얻어 국가의 통치자가 되거나 정치를 할 군주가 진정한 철인이 되거나 하여, 한 사람에게서 철학과 정치를 일치시키는 철인 왕이 출현하면 이뤄질 가능성이 있다.

그렇다면 어떻게 해야 철인 왕이 출현할 수 있는가? 그것은 군주가 될 본성을 지니고 태어난 사람을 철인이 될 때까지 교육시킴으로써 가능해진다. 그 교육은 우선 '음악'과 '체육'에서 시작한다. 음악은 '정신에 관한 교과 전체'를, 체육은 '육체에 관한 교과 전체'를 의미한다. 흔히 말하는 심신(心身)의 조화적 발전과 성장을 도모하는 일이다. 이런 교육적 기초를 바탕으로 20세~30세 무렵까지는 '산술, 기하, 천문, 화성학'을 추가로 교육한다. 이후 30세~35세까지 5년간은 '변증'을 배우고, 모든 인식의 근원인 '선의 이데아'를 알 수 있도록 한다. 이러한 교육을 받은 사람은 또 35세 이후 50세까지 15년간 실무를 수련한다. 그 시점에서 육체적으로도 건강한 사람이 철인 왕이 되어 국가 통치의 임무를 맡는다.

그렇다고 모든 사람이 수호자가 되는 본성으로 태어나는 것은 아니다. 때문에 이러한 교육은 일부 사람들을 위한 것이 된다. 그런 의미에서 플라톤의 교육론은 특별한 계급계층에 국한되는 귀족주의적 특성을 지닌다. 모든 사람에게 고르게 적용되는 평등한 교육론은 결코 아니다. 그러나 가능성의 차원에서 볼 때, 다른 해석이 가능하다. '누구나 무엇이 선인지 알 수 있다!'라는 전제가 있고, 그것을 알 수 있는 능력을 지닌 사람을 찾아 그 사람에게 맞는 교육을 실시할 수 있는 것이다. 그러므로 타고난 본성인 각자의 소질에 따라, 일정한 내용과 순서로 준비하는 것은, 플라톤 철학이 추구하는 교육과정 이론의 전형이다.

4 아리스토텔레스의 '자유민을 위한 교양'

아리스토텔레스(Aristoteles, 기원전 384~기원전 322)는 '행복(幸福)'과 '중용(中庸)'으로 우리에게 익숙한 현실주의 철학자이다. 플라톤이 소크라테스의 제자였던 것처럼 아리스토텔레스는 플라톤의 계승자였다. 그러나 철학과 교육적 지향은 플라톤과 상당히 달랐다. 플라톤은 이상 국가를 실현하기 위해 철인 왕의 육성에 열정을 기울였다. 반면, 아리스토텔레스는 최선의 국가제도를 만듦으로써 국민의 양성이라는 관점에서 교육 본연의 자세를 고민하였다. 플라톤이 지도자를 중심으로 하는 엘리트 교육에 중점을 두었다면, 아리스토텔레스는 자유인을 양성하는 차원의 시민교육에 기본적인 관심이 있었다.

아리스토텔레스의 교육에 관한 사유는 그의 저술 여기저기에 퍼져 있다. 그 가운데 『정치학』 제7권과 제8권에 비교적 정리된 형태의 교육이론이 엿보인다. 『정치학』 제7권의 마지막 부분에는 다음과 같은 문제를 제기되어 있다. "우리가 고찰해야 할 일은 첫째로 아동들에 관한 규정을 만들어야 할 것인지 말 것인지이고, 둘째로 그들을 보살피는 일은 공적으로 다루는 것이 유익한지, 오늘날 대부분의 국가에서 행하고 있듯이 사적으로 하는 방법이 유익한지이며, 셋째는 그 보살핌은 어떠한 노력을 어느 정도로 해야 하는가이다."

그리고 제8권의 서두에서는 입법자가 특별하게 노력을 기울여야 하는 일로, 청소년의 교육에 대해 몇몇 규정이 필요함을 주장한다. 나라가 그것을 게을리 하면 국가제도가 깨진다는 것이 그 이유였다. "국민은 각 나라 제도에 따라 교육을 받아야 한다. 왜냐하면 여러 국가제도의 고유한 성격이 그 국가제도를 유지하는 것이 보통이고, 또한 원래 그 국가제도를 만들어내기 때문이다. 예를 들어, 민주적 성격은 민주적 국가제도를 만들어내지만, 과두적 성격은 과두적 국가제도를 만들어낸다. 그리고 당연히 더 좋은 성격은 더 좋은 국가제도의 원인이 된다."

여기에서 나아가 교육은 공적으로 배려되어야 한다고 본다. 아리스토텔레스는 강조한다. "전체로서 국가의 목적은 하나이다. 때문에 모든 국민의 교육은 동일해야 한다. 그 교육에 대한 배려도 공적인 것이므로 사적인 것이 되어서는 안 된다는 점은 분명하다. 오늘날에는 후자의 방법으로 각 개인이 자신의 아동들을 사적으로 배려하고, 무엇이든 사적으로 좋다고 생각되는 학습을 사적으로 가르치고 있는 형편이다. 그러나 공적인 차원에서 그 습득도 공적으로 이뤄져야 한다. 동시에 국민은 누구라도 자신을 자신의 것이라고 생각하지 말고, 모든 국민은 나라의 것이라고 생각해야 한다. 왜냐하면 개별 사람은 국가의 부분이기 때문이다. 그리고 본래 각 부분에 대한 배려는 전체에 대한 배려를 목적으로 해야 한다. 이 점에 대해 라케다이몬(Lakedaimon; 스파르타) 사람을 칭찬할 수 있다. 왜냐하면 실제로 그들은 아동들에 대해 최대한의 노력을 공적으로 이뤄내고 있기 때문이다. 그러므로 교육에 관한 입법을 하지 않을 수 없고, 교육을 공적인 것으로 하지 않으면 안 된다는 것이 명백하다."

그러나 아리스토텔레스는 라케다이몬 사람들의 나라, 즉 스파르타만큼은 덕을 닦지 않았다고 말한다. 라케다이몬의 입법자들은 '모든 사안을 정복과 전쟁을 목표로 하여 입법하였기' 때문이다. 군사를 중시하는 나라의 대다수는 전쟁을 하고 있을 때는 안전하지만, 지배권을 획득하면 몰락한다. 이는 평화로운 사회를 칼과 함께 살고 있는 동안, 날선 칼날을 잃는 것과 같다. 그런 상황에 대한 책임은 여가를 즐길 수 있도록 교육하지 않은 입법자의 탓이다. 입법자는 군사에 관한 입법이나 그 외의 다른 입법이나 모두 여가나 평화를 위해 제정하듯이, 전반적으로 상황을 고려하여 한층 노력을 기울여야 한다. 이런 점을 고려할 때, 교육은 공적으로 배려되어야 하지만, 그것은 전쟁이나 정복만이 아니라 여가나 평화도 동시에 목표로 해야 한다.

플라톤과 마찬가지로 아리스토텔레스도 통치자와 피통치자는 그 교육의 방법이 달라야 한다고 인정하였다. 그리스인들 사이에서 볼 때, 육체적으로나 정신적으로 남들보다 뛰어난 사람은 눈에 띄지 않는다. 때문에 모든 사람이 '순번으로 지배하거나 지배받는 일'은 똑같이 부여되어야 한다. 지배하는 자가 지배받는 자와 달라야 하는 것은 의심의 여지가 없다. 그러나 어떤 방식으로 그 차이가 존재해야 하는지, 지배·피지배의 순서도 어떤 방식으로 결정해야 하는지, 고찰해야 한다.

여기에서 지배는 두 종류가 있다. 하나는 지배하는 자를 위한 것이고, 다른 하나는 지배받는 자를 위한 것이다. 전자는 주인의 노예에 대해 지배하는 일이고, 후자는 자유인의 지배이다. 그리고 주인으로 노예를 지배하는 것보다 자유인을 지배하는 것이 훨씬 훌륭한 일이며, 보다 덕에 부합한다. 아리스토텔레스에 의하면, 민주제의 국가제도는 근본 원리가 자유이다. 그 자유의 첫째는 지배받거나 지배하는 일이다. 자신이 좋은 대로 사는 일, 할 수 있으면 누구에게도 지배받지 않는 것이 자유이다. 하지만 그런 것은 이뤄질 수 없는 일이다. 차례대로 지배하고 지배받는 것이 자유가 된다.

그리고 통치자로서 국민의 덕은 최고선으로서 인간의 덕과 같다. 동일한 사람이 이전에는 피지배자가 되고 이후에는 지배자가 되어야 하기 때문에, '입법자가 노력을 기울여야 한다는 것'은, 어떤 상황에서 인간은 선한 사람이 되는가? 그리고 최고선의 생활목적은 무엇인가?라는 점과 관련된다. 요컨대, 지배자가 될 자질을 지닌 인간을 향해, 교육은 선한 사람을 만드는 일을 목표로 조직되어야 한다.

아리스토텔레스에 의하면, 사람은 세 가지 점에서 '선하고 유덕한 사람'이 된다. 타고난 '본성'과 '습관'과 '이성'이 그것이다. 이 가운데 타고난 본성은 변할 수 없는 것이므로 운 좋은 사람에게 한정된다. 나머지 두 가지는 교육의 문제이다. 교육은 인간의 발달, 즉 자연스런 성장의 순서에 맞추어 진행된다. 우선적으로는 육체이다. 다음은 이성을 가지지 못한 영혼의 부분이다. 마지막으로 이성을 가진 영혼의 부분으로 행해야 한다.

건강한 육체를 만들기 위해, 결혼은 남자의 경우 37세 무렵, 여자는 18세 무렵에 행하는 것이 최적이다. 결혼하는 계절로는 겨울이 좋다. 임산부는 육체를 위해 매일 어느 정도 걷는 것이 좋다. 거꾸로 정신은 안정을 취하는 것이 적당하다. 아동이 태어나면 유분이 풍부한 음식을 먹고, 알코올 기운이 있는 음식은 가능한 적게

먹는다. 어릴 때부터 차가운 기운에 버틸 수 있도록 익숙하게 해주는 것이 좋다. 또 5세까지의 유아에게는 성장을 방해하지 않도록 어떤 학습이나 노고에도 빠지지 않도록 하지만, 몸이 게으름에 빠지지 않도록 충분할 만큼 운동을 시켜야 한다. 그 운동은 특히 놀이에 따라야 한다. 그러나 놀이도 자유인답지 않은 것이거나 힘든 것이거나 연약한 것이어서는 안 된다.

아리스토텔레스는 교육내용에 관한 기본 원칙을 제시하였다. '무엇을 위해 그것을 배우는가?' '자유인의 신체나 영혼, 지성 같은 것 가운데 덕의 사용이나 실천에 도움이 되지 않는 것은 피해야 한다!' 자유인으로서 갖춰야 할 지식이 여럿일지라도, 두세 개는 분산하는 것이 좋다. 교육적 완성을 위해 모든 지식을 지나치게 투여하는 것은 폐해를 가져올 수 있다. 유용한 것일지라도 일정한 조건에서 자유인의 아동들에게 가르쳐야 한다. 또한 어떤 사항에 대해 논평할 수 있도록 하기 위해서는 자신이 그것을 어느 정도는 직접 해보아야 한다.

교과에서는 독서, 체육, 음악, 미술의 네 가지가 있다. 독서와 미술은 생활에 유용한 과목이고, 체육은 용기를 기르는 데 도움이 된다. 미술은 아름다움을 감상하고 얻을 수 있으며, 기술자들이 일을 판단하는 데 유용하다. 또한 신체는 전문 선수와 같은 체질을 요구하는 것이 아니라 가벼운 단련에 쓰여야 한다. 음악은 여가 생활에서 고상한 즐거움을 위해 유용하고, 또 영혼의 성격이 바랄만한 특성을 지닐 수 있게 해준다. 혼자 노래하거나 연주하는 것은 일부의 사람들이 말하는 것처럼 천한 일이 아니다. 실제로 그 일에 관계하지 않고 우수한 비판자가 되는 것은 불가능하거나 어렵기 때문에 함부로 비판해서는 안 된다. 단지 악기만을 다루거나 연주만을 하기 위한 전문적 교육, 즉 기술을 겨루는 목적의 교육은 배척하였다. 그 경우, 연주자는 자신의 덕을 위해서가 아니라 청중의 쾌락만을 위해 연주한다. 그것도 세속적 쾌락을 위해 연주하게 되기 때문이다. 이는 자유인에게 어울리지 않는다.

'학습-성찰-대안' 활동

✿ 1단계 【학습】 요약 정돈; 본문을 학습하고 핵심내용을 정리하시오.

❀ 2단계 【성찰】 문제 비판; 1단계의 '본문 학습'과 '핵심내용 요약 정돈'을 근거로, 아래 표의 철학적 영역에 맞추어 성찰하시오.

기본 영역	본문 내용 (개별사유)	통합 성찰 (공통 토의)
형이상학	형상;	
인식론	인식;	
가치론	가치;	
논리학	논리;	

✿ **3단계 【대안】** 교육철학 재고; 1단계와 2단계의 '학습-성찰' 활동을 바탕으로, 시대정신을 고려한 교육철학을 도출하시오.

구분	내용	대안 제시
개별 제안		
공동 논의		

서구근대교육의 근원

1 르네상스와 교육

'르네상스(Renaissance)'는 말 그대로 '재생(再生)' '부흥(復興)'이란 뜻이다. 이때 '재생'이나 '부흥'의 핵심내용이 문예(文藝) 또는 학예(學藝)이기 때문에, '문예부흥' 또는 '학예부흥(學藝復興)'이라고도 한다. 1350년대에 이르러 일부 이탈리아 사람이 오랜 세월 동안 사실상 죽어 있었던 그리스와 로마의 문화적 업적을 새롭게 인식하고, 고전(古典)문화의 재생이나 부흥을 주도한 데서 비롯되었다.

이런 르네상스의 지적 이상(知的 理想)을 압축하여 표현해주는, 보편적이고 근본적인 용어가 비로 '휴머니즘(Humanism)'이다. 르네상스 휴머니즘은 중세 스콜라철학을 대체하려는 의도를 강력하게 담고 있다. 스콜라 철학은 '논리학'과 '형이상학'을 강조하였는데, 휴머니즘은 이를 '문학', '수사학', '역사학', '윤리학'에 대한 연구로 대체하려고 한다. 그런 학문 탐구 현상의 변화는 새로운 교육을 낳는 기폭제로 작용하였다.

14~15세기 무렵 이탈리아에서 발흥한 르네상스는 15~16세기에는 스페인, 프랑스, 영국, 독일 등 알프스 서부와 북부의 여러 나라에 걸쳐 일어난다. 그런 운동은 예술과 학문에서 일대 혁신운동을 일으키며 교육으로 이어졌다. 물론, 그 이전의 12~13세기에 이미 유럽의 몇몇 상업도시에서는 '제1의 르네상스'가 싹터 새로운 문화운동의 시기를 맞이했다. 하지만 정치적 압력을 비롯한 사회상황으로 인해

크게 흥성하지는 못했다. 그렇다 할지라도 12~13세기에 발흥한 도시학교와 볼로냐 대학, 살레르노 대학, 파리 대학, 옥스퍼드 대학 등 고등교육기관의 발생은 교육사적으로 큰 의미가 있다. 특히, 14~16세기의 르네상스는 신(神) 중심의 중세 문화에서 인간(人間) 중심의 근대 문화로 전환하는 단초를 이루었다. 인간의 개성과 자아의 각성, 자연을 새로운 시각에서 발견하는 시기로, 교육적 사유의 일대 도약을 예고한 시기였다.

르네상스는 교육적 차원에서 이해하면, 인문학 연구에 기초한 인문주의, 이른바 휴머니즘에 기초한다. 하지만 그것은 19세기 이후의 인도주의적 의미를 포함하는 휴머니즘과는 다르다. 어디까지나 그리스·로마의 고전에 보이는 인간관에 기초하고 있다. 즉, 고전의 세계관이 교육으로 이어지면서, 서구 고대 그리스에서 유래하는 인간과 교육의 문제를 발전적으로 계승한 양식으로 보아도 무방하다. 특히, 15세기 이탈리아에서는 교육이론이 쏟아져 나왔다. 교육이론의 성황기라고 불러도 좋을 정도로 인문학 연구에 기초한 교육이론이 많은 학자들에 의해 제기되었다. 예를 들면, 1404년에 발간된 베르제리우스(P. Vergerius)의 『자유인의 도덕과 자유학예』, 1460년 베지오(M. Vegio)의 『아동교육론』 등을 들 수 있다.

이 외에도 교육철학이나 사상을 강조하는, 발라(L. Valla, 1406~1457), 폼포나치(P. Pomponazzi, 1462~1524), 피치노(M. Ficino, 1433~1499), 미란돌라(P. Mirandola, 1463~1494) 등 저명한 인문학자들이 출현하였다. 이들은 기독교 사상과 고대 그리스를 비롯한 여러 지역의 다른 종교 고전에서 볼 수 있는 사상의 결합을 시도하였다. 그리고 인간과 동물을 구별하면서, 이성과 자유의지의 소유 여부를 구별의 기준으로 삼고, 인간의 존엄성을 주창하였다.

이런 휴머니즘이 발달하는 가운데, 14세기 말인 1396년 피렌체 대학에서 그리스어 강좌가 개설되었고, 15세기 초반인 1438년에는 동로마교회와 서로마교회가 교회합일을 시도하였다. 그러나 첫 회의는 결렬되었고, 대신 플라톤의 원전을 포함한 그리스 원전이 서로마 교회에 처음으로 소개되었다. 1453년에는 콘스탄티노플이

함락되었지만, 도시가 멸망하기 이전에 난리를 피해 이탈리아로 이주한 기독교 학자들도 이탈리아의 르네상스에 자극을 주었다. 1450년대부터 피렌체에서는 플라톤 철학이 강의되었다. 그 후 1460년대에는 파도바에 헤브라이어 학원이 생겼으며, 피렌체에서는 피치노(M. Ficino)가 플라톤 아카데미를 개설하여 운영하였는데, 이들 그룹은 피렌체 플라톤주의를 대표하는 인물이었다. 피렌체의 플라톤주의는 에라스무스(D. Erasmus)가 배운 네덜란드의 도시 데펜터의 '공동생활형제단(Brüder des Gemeinsamen)'이나 에라스무스와 친밀했던 콜레트(J. Colet, 1466~1519), 모어(T. More, 1478~1535)에게 큰 영향을 주었다.

또한 르네상스 시기에 그리스어를 배운다는 것은 교회가 금지하는 이교(異敎)의 고전과 닿아있음을 뜻한다. 하지만 이는 오히려 진리나 지식의 보고로 통하는 문의 열쇠를 손에 넣는 것으로 여겨졌다. 발라는 실제로『성서』의 그리스어의 본문과 라틴어 번역, 이른바 불가타(Vulgata)역본을 비교해 라틴어 번역에 오역이 있음을 지적하였고, 나중에 학문은 물론 그리스어 능력을 함양하여 법왕청 소속의 학자가 되기도 하였다. 발라에 의해 시작된『성서』의 문헌학적 연구는 디타플스(J. L. d'Étaples, 1450~1536), 콜레트, 에라스무스 등에게로 이어졌다. 이 가운데 본격적으로 광범위한 영향력을 미친 학자는 에라스무스였다. 에라스무스는 콜레트의 바오로 서한의 연구에 자극을 받아, 파리에 돌아가 그리스어를 배우고 다시『성서』연구에 전념하였다.

2 에라스무스; '자연 - 방법 - 연습'의 교육

에라스무스(Desiderius Erasmus, 1469~1536)는 르네상스 시기 최고의 지성인이자 휴머니스트이다. 그만큼 그는 이전의 휴머니스트들의 영향을 많이 받으며 자랐다. 에라스무스의 조국인 네덜란드에는 14세기부터 '공동생활형제단'이라는 단체가 있었다. 이 단체는 사회봉사와 함께 각지에 기숙사를 설치하여 사회도덕 진흥을 목적으로 활동하였다. 당시 '공동생활형제단'의 기숙사 생활은 아그리코라(R. Agricola, 1443~1485)나 쿠자누스(N. Cusanus, 1401~1464)와 같은 저명한 휴머니스트들을 많이 배출해 명성이 높았다.

에라스무스는 수도원학교를 거쳐 9살 때 데펜터의 공동생활형제단의 기숙사에 입학하였다. 이 기숙사의 교사진은 이탈리아 르네상스의 사상적 영향을 받은 이들이었다. 이들은 고대 그리스·로마의 이교(異敎) 내용 가운데 기독교에 유용한 것을 활용하였고, 에라스무스도 그러한 분위기 속에서 교육을 받았다. 그들의 작업은 기독교와 다른 종교의 사유를 융·복합한 사상이었다. 그 후 에라스무스는 아우구스티누스 회의 수도원에 가서 많은 고전을 접할 수 있었고, 영국의 콜레트나 모어, 그리고 이탈리아 여러 도시의 휴머니스트들과의 교류했다. 이는 에라스무스의 사상적 성장과 학문 연구에 큰 역할을 하였다.

에라스무스의 저작물은 방대하지만, 교육론으로 집필한 것은 『학습방법론』(1512), 『기독교 병사제요』(1516), 『기독교 군주교육론』(1516), 『기독교적 결혼교육론』(1526), 『유아교육론』(1529), 『아동의 품성 세련에 대하여』(1530) 등이 있다. 이 밖에도 『우신예찬』(1509)이나 『평화의 호소』(1517)도 그 바탕은 교육과 관련되어 있다.

에라스무스의 교육이론은 조용하게 탄생되었다. 학교라는 공식적인 기관을 위한 거창한 학설이나 정책이 아니었다. 그는 독일의 어떤 군인 장교 아내에게서 남편에게 읽어주기 위한 글을 써 달라는 요청을 받았다. 그 의뢰의 결과로 나온 저술이 『기독교 병사제요』이다. 여기에 인간의 교육가능성과 그 필요성을 제기하는 내용이 진지하게 담겨 있다. 에라스무스는 말한다. '기독교의 병사가 되려는 사람은 사도 바울을 시작으로 하는 사도(使徒)나 교부(敎父)의 저작을 읽고, 그들이 보여준 삶을 배워야 한다!' 그러면서 '삼원론(三元論)'에서 내세운 새로운 인간론을 전개하였다.

르네상스 시기 이전까지의 인간론은 이원론(二元論)이었다. 즉, 인간을 '영(靈; 정신)'과 '육(肉; 육체)'의 두 가지로 이루어진 존재로 인식했다. 하지만 에라스무스는 양자의 중간에 혼(魂)을 두고, 그것이 어느 쪽으로 기울어지는가에 따라 인간의 모습이 결정된다고 주장하였다. 이는 나중에 『자유의지론』(1524)을 암시하는 근거가 되고, 양자가 어울려 인간의 주체성과 존엄성을 주장하는 이론으로 탄생한다. 자유의지는 신의 은혜로 주어진 인간의 특성이다. 따라서 자신의 존재방식에 대하여 자신이 책임져야만 한다. 또한 존재방식을 자신이 취할 수도 있다. 여기에서 인간의 교육가능성과 필요성이 도출된다. 이에 대해 루터(Martin Luther, 1483~1546)는 『노예의지론』(1525)을 통해 인간은 신과 대등해질 수 없고, 원죄를 짊어진 인간의 구제는 인간을 초월한 존재에 의지하지 않으면 불가능하다고 주장하였다.

또한, 에라스무스는 세 번째의 영국 방문 도중에 모어의 저택에서 『우신예찬』(1509)을 저술했다. 『우신예찬』은 유머와 풍자를 섞어 당시 사회와 문명을 비판한 저작이지만, '교육론'의 성격을 지니고 있다. 그가 볼 때, 이 세상의 불행이나 비참한 일은 성직자나 학자를 비롯한 사람들 사이의 무지와 어리석음에서 유래한다. 참된 행복은 재물이나 육체적 쾌락에서 오는 것이 아니라 경건한 생활을 통해 얻을 수 있다. 때문에 참된 기독교도는 경건한 바른 생활을 배워야만 한다.

에라스무스에 의하면, 당시에는 부유한 사람조차도 교육에 무관심하였다. 저택이나 승마용 말과 같은 물질적 측면에 큰돈을 쓰고 돈벌이를 위해 전문가에게 조언을 구하는 사람일지라도 아동의 교육에 쓸 돈이 없다고 생각하는 사람들이 많았다. 아동에게 물질적으로 부족하지 않고 맛있는 음식을 주면 충분하다고 여겼다. 이들은 가장 소중한 아동의 정신적 측면에 대한 교육을 잊고 있다! 언젠가는 부모의 재산을 물려받을 아동에게, 유산을 제대로 사용하는 방법을 가르치지 않는다면, 그 집안은 망해갈 뿐만 아니라 무엇보다도 그 아동을 건전한 인간으로 키워낼 수 없다. 사람이 영생을 누릴 수 있는 것은 아동들의 생명을 통해서이다. 아동에 대한 부모의 책임은 본능이나 습관뿐만이 아니라 '신의 계율(divine law)'에 의해 부여된다.

벌이나 개미와 같은 곤충은 먹을 것을 수집하거나 둥지를 짓는 방법에 대해 가르칠 필요가 없다. 하지만 인간은 가르치지 않을 경우, '먹는 일, 걷는 일, 말하는 일'조차 불가능하다. 자연은 인간 이외의 동물들에게 종의 존속에 필요한 다양한 수단을 제공했다. 그것은 본능적 능력이다. 인간에게는 이런 본능적 능력을 적게 주는 대신 이성을 부여하였다. 이성적 능력의 부여는 교육으로 자신의 존속과 행복 등을 획득하도록 부담지우는 작업이다. 따라서 교육받지 않은 인간은 동물 이하의 생물로 전락할 뿐이다. 때문에 아동의 교육을 태만히 하는 부모는 아동을 정신적으로 살해하는 부모이다. 사회적으로는 그 사회에 폐해를 미치는 일이고, 신에 대해서는 죄를 범하는 짓이다.

나무나 풀과 같은 식물의 경우에도 마찬가지이다. 적절하게 손질하지 않으면 좋은 열매를 맺지 못한다. 개나 말, 소와 같은 가축도 훈련시키지 않으면 사람에게 도움이 되지 않는다. 리쿠르고스(Lycrugus)의 일화처럼, 순수 혈통의 개일지라도 훈련이 부족하면 사냥하려는 의지를 잃고 눈앞에 놓인 먹이에 끌려버린다. 반면, 잡종견이라도 훈련을 받은 개는 눈앞에 먹이를 주더라도 사냥하려는 의욕이 충만하여 짐승을 잡기 위해 내달린다. 이런 사례에서 보듯이, 자연은 강력하다. 그러나 교육은 보다 더 강력하다!

에라스무스는 세 가지 차원에서 교육을 고려한다. 그것은 다름 아닌 '자연', '방법', '연습'이다. 첫째, '자연'은 인간의 타고난 능력과 착함을 향하는 경향성을 지닌다. 생득적(生得的) 능력과 선(善)의 지향성이라 할 수 있다. 둘째, '방법'은 다른 사람으로부터의 조언과 교사에게서 이루어진 학문이다. 달리 말하면, 그것은 학습(learning)이다. 셋째, '연습'은 자연에 의해 세워지고, 방법에 의해 형성된 기질을 실제로 사용하는 일이다. 즉, 심적 경향(disposition)을 실제로 사용해 보는 작업에 해당한다. 성질이나 기질, 경향성을 구현하는 사안이다. 이때 자연은 방법을 통해서만 실현되고, 연습은 방법의 원리에 인도되지 않으면 여러 가지 오류에 빠질 수 있다.

에라스무스는 다음과 같이 말한다. "우리의 성격이 타고나면서 정해져 있다고 생각하는 것은 아주 큰 잘못이다. 또한 교육을 받지 않아도 실제의 경험으로부터 현명해질 수 있다고 믿는 것도 마찬가지로 잘못이다. 철학을 가르치는 일은 혼에 눈을 불어넣는 작업이다. 길 앞에 빛을 비추어 어떤 길이 올바르고, 어떤 길이 잘못된 것인지를 알려주는 일이다." 모든 사안에 대해 스스로의 경험으로 배운다고 말할 경우, 대신 갚아야 할 빚이 커질 수도 있고 때로는 너무 늦게 갚게 될 수도 있다. 항해술을 습득하기도 전에 배가 난파되거나 성병에 걸린 후에도 방탕한 생활을 하는 데 대한 반성과도 같다. 따라서 선조들의 경험과 지혜를 학문으로 배우고 그것을 실천하는 일이 중요하다. 그것이 바로 방법과 연습을 대변한다.

그렇다면 그런 교육은 언제 시작해야 하는가? 에라스무스의 『유아교육론』에 그 단초가 보인다. 『유아교육론』의 정식 명칭은 매우 길다. '아동을 탄생 직후부터 자유인에 어울리는 방법을 가지고, 덕과 학문을 향하여 교육해야 하는 데에 대한 제언'이라는 긴 제목이었다. 그것은 자유인을 교육의 목표로 설정하고, 자유인에게 어울리는 교육의 내용과 방법을 제언한 교육론이다. 여기에서 교육은 아동의 탄생 직후부터 행해야 하는 일임을 강조했다.

당시에는 어린이에게 교육하는 일을 달갑게 여기지 않았다. 즉 7세 무렵까지의 유아에게 교육을 받게 하는 것은 지나치게 가혹한 일로 보았다. 교육을 한다 해도 효과가 적을 것이라는 의견이 지배적이었다. 이는 고대 그리스의 헤시오도스의 설로 대중들에게 잘 알려져 있었다. 특히, 아이를 기르는 엄마나 그와 유사한 상황의 기혼 여성들 사이에서 유행하는 이야기였다. 하지만 에라스무스는 앞에서 언급한 것처럼, 새로운 인간론, 심지어는 새로운 아동관에 따라 조기교육이 중요하다는 점을 역설하였다. 인간은 얼마든지 선한 방향이나 악한 방향으로 나아갈 수 있다. 그러므로 태어난 직후부터 교육을 시작하면 아동은 선한 행동을 쉽게 몸에 익히고 어리석은 행동을 멀리 할 수 있다! 이런 점에서 그가 생각한 교육의 논리는 정말 간단하다.

인간의 자연성, 즉 본성은 이성에 따라 살아가지만, 아동의 모방능력은 본성에 부여되어 있다. 그런데 모방능력은 선행(善行)보다 악행(惡行)을 본뜨거나 본받는 것이 보다 강력하다. 나쁜 습관을 몸에 한 번 익혀버리면, 아무리 좋은 습관을 가르쳐도 그것을 몸에 받아들이기 어렵게 된다. 따라서 좋은 습관을 가르치기 전에 나쁜 습관을 교육으로 없애지 않으면 안 된다. 이러한 의미에서 가능한 빨리 교육을 시작해야 한다. 더구나 유아기는 인간의 일생 가운데 특별한 시기이므로 조기교육이 더욱 필요하다.

나무가 어릴 때는 매우 유연하다. 마찬가지로 사람도 유아기 때는 심신(心身)에 유연성(柔軟性)이 풍부하다. 앵무새는 어렸을 때가 아니면 말을 깨우칠 수 없다. 마찬가지로 인간의 기억력도 어릴 때가 훨씬 강하다. 아동기에 깨우친 것은 성인이 되어서도 잊지 않는다. 노인이 되어 금방 잊어버리는 것은 아동기 때 깨우치지 않았기 때문이다. 이는 아동을 어른의 축소형으로 보는 풍조 속에서도 아동을 어른과 다른 특이한 존재라는 점을 지적하는 것이다.

에라스무스가 강조한 교육목표는 '자유인'이었다. 자유인에게 어울리는 교육, 그것은 '자유교육(Liberal Education)'으로서 일종의 교양교육이다. 에라스무스는 왜 그런 주장을 할 수밖에 없었을까? 당시에는 교양보다는 정답을 강요하는 교육이 일반적이었다. 자유인에게 어울리는 교양은 상대적으로 교육의 저편에 있었다. 자유교육을 위해서는 먼저 그것을 실행할 수 있는 교사가 필요했다. 고대 로마인들은 부모가 직접 자식의 교육을 담당하거나 고대 그리스처럼 노예에게 교육을 맡길 수 없는 상황일지라도, 가족이 교육을 우선적으로 책임져야 한다고 생각하였다. 그러나 가족 가운데 교육을 담당할 적임자가 없다면 타인에게 교육을 맡길 수밖에 없다. 가정교사를 고용하거나 학교에 보내야 한다. 물론, 수도원이나 수도사(修道士) 그룹도 청소년의 교육을 실시했다. 하지만 당시의 부모들이 교사를 선택하는데 신중하지는 않았다.

에라스무스는 당시 세상의 부모들을 신랄하게 비판한다. 교육에서 세 가지 종류의 잘못을 저지르고 있다고 꼬집는다. 첫째, 자식교육에 정말 무관심한 부모, 둘째, 기회를 놓쳐 너무 늦어버린 시기에 자식교육을 생각하는 부모, 셋째, 적합하지 않은 사람에게 자식교육을 맡기는 부모이다. 이러한 부모들이 지닌 인식의 오류를 피하기 위해, 부모는 교사를 선택하는 데 신중해야만 한다. 친구나 지인이 소개하는 사람을 그대로 믿고 가정교사를 고용하거나 그 사람이 경영하는 학교에 아이를 쉽게 보내지 말아야 한다. 어떤 경우에는 교육을 담당할 적임자가 아니거나 충분한 교육적 능력을 가지지 않은 사람들이 개인의 이익추구를 목적으로 교육에 종사하기도 한다. 수도원이나 수도회와 같은 기관도 예외는 아니었다.

당시의 교사들은 대체로 아동의 공포심에 호소하는 방법으로 교육을 실시했다. 체벌로 아동의 마음을 바꿀 수 있다고 믿었다. 때문에 학교는 일종의 고문하는 장소가 되어, 회초리를 휘두르는 소리나 교사의 성난 목소리, 아동의 비명이나 울음소리로 가득 차 있었다. 그런 형태는 학생들 사이에서도 동일하게 벌어졌다. 선배가 신입생에게 오물이나 오줌을 마시도록 강제하면서 환영회를 하는 등 악습이 반복되었다. 이는 자유 교양인을 양성하는 교육과는 거리가 멀었다. 소나 말을 부리는 사람조차도 그 동물에 대해 무조건 막무가내로 회초리를 휘두르지는 않는다. 그렇게 하면 일반 사람은 물론이고, 노예일지라도 반항하거나 반란을 일으키게 될 마련이다. 스코틀랜드나 프랑스의 학교 교사들은 세계적으로 유명할 정도로 체벌을 많이 사용하며, 인간의 행동을 변화시킨다는 명목 하에 교육을 한다. 하지만 이들은 말한다. '죽을 때까지 회초리로 때려도 바꿀 수 없는 사람들이 있다'는 사실도 알아야 한다!

에라스무스는 자신의 직접 경험을 통해, 애정이나 친절, 설득에 의한 방법이 체벌에 의한 교육보다 효과적이고, 자유인의 교양교육에 어울리는 방식이라고 주장하였다. 그리고 다음과 같이 말한다. "『구약성서』에서 '회초리를 아끼는 자는 그 아동을 미워하는 것이다'라는 언급은 고대 유태인에게는 적절할 수 있겠지만, 지금 그 격언은 보다 자유롭게 해석해야 한다. 회초리는 교육적으로 안내하기 위한 친절한 말로서 바꾸어야 한다. 때로는 질책의 말도 필요하겠지만, 상냥함이 가득한 언표로 대체할 수 있다. 앞으로는 현대적 의미의 규율을 교육하는 수단으로 되어야만 한다. 칭찬이나 충고는 아동의 타고난 능력을 이끌어내는데 필요한 도구로 작용해야 한다. 아동이 도덕과 학문을 사랑하도록 인도하는 일이 교육이다. 아동의 선행에 대해 칭찬하고 악행에 대해 충고하는 말은 아동이 그냥 듣기만 하고 끝나는 일이 아니다. 칭찬받아야 하거나 충고받아야 하는 사안으로부터 아동은 많은 것들을 배워야 한다.”

체벌하지 않는 교육방법이 왕이나 제후를 비롯한 귀족의 자제에 한정되는 일은 아니다. 모든 아동들에게 평등하게 적용되어야 한다. 왜냐하면 아동들은 모두 같은 사람이고, 하나님이라는 신(神)이 한결같이 심판하는 동일한 부류의 인간이기 때문이다. 교육의 과정에서 최후 수단으로 체벌을 부과하더라도, 그것은 인간적으로 억제된 도구로 최소화해야 한다. 반면에 너무 친절해서도 안 된다. 도덕적 고결함을 유지하는 동시에 지나친 충고나 비난으로 아동이 치욕감을 느끼지 않도록, 아동들을 존중할 수 있는 장치를 확보해야 한다. 특히, 유아를 가르칠 때는 아동의 성장에 따라 음식이나 음료 등 물리적으로 양육하는 재료를 서서히 바꾸어가야 한다. 정신적 측면의 교육내용도 성숙의 속도와 능력의 정도에 따라 진행해 나가야 한다.

이런 차원에서 아동들의 학습의욕을 북돋아 주기 위해, 에라스무스는 다음과 같은 공부를 권장하였다. 고대의 교육자들처럼, 아동이 좋아하는 쿠키를 문자의 형태로 굽거나 상아를 문자 형태로 조각하여 장난감을 만들었던 사례를 생각하면 쉽게 이해할 수 있다. 그것은 바로 즐거운 ‘놀이’의 방식이다. 아동의 교육은 놀이처럼 하면 좋다! 활쏘기를 좋아했던 영국의 어떤 현명한 부모가 자식을 교육했던 사례도 참고할 만하다. 부모는 활쏘기 과정에서 자식이 문자 형태로 만든 표적에 화살을 맞힌 후 그것을 정확하게 발음하면, 아이가 좋아하는 것을 보상으로 주었다. 이는 교육에서 게임의 요소를 도입한 것이다. 또한, 아동들 사이에 경쟁을 시키는 일도 생각해 볼 만하다. 올바른 일에 대해 아동들이 먼저 처리하거나 이기려는 의욕은 명예나 치욕에 호소하는 작업에 해당한다. 아동교육에서 가장 해로운 사안은 아이가 공부를 싫어하게 만드는 분위기이다. 교육에서 중요한 조건은 학생이 교사를 좋아해야 한다. 학생은 교사를 좋아하기 때문에 공부가 즐겁다고 여기게 되고, 그런 공부가 축적되어 학문 자체가 즐거워지는 데로 나아간다. 아울러 불명예나 치욕을 부끄러워하고, 칭찬을 구하려고 노력하려는 일로 나아가도록 하는 것이 중요하다.

에라스무스가 '교육'이라고 하는 것은, 일반 사람이 생각하는 것처럼 처음부터 바로 '읽기, 쓰기, 셈하기'의 형식적 학습이나 문법, 규칙을 암기시키는 일이 아니다. 아동의 발달단계나 흥미, 관심에 따른 내용을 그 능력에 어울리는 수준으로 가르치는 작업이다. 그것은 철저하게 때에 맞추어 실시하는 적시성(適時性)을 고려한다. 처음에는 부모나 주변 사람들의 행동을 보고 모방한다. 그런 모방에는 말할 때 바르게 발음하고, 예배를 볼 때 무릎을 꿇고 예단으로 시선을 향하는 방식, 대인관계에서 존중과 배려와 같은 것을 포함한다. 즉, 일상의 도덕이나 규칙을 배우는 일이 우선이다. 바로 교과 학습으로 들어가는 것이 아니다. 이 과정에서 생후 얼마 동안은 바르게 말하고 행동하는 방식을 습득한다. 이 기간의 보육이나 교육에서 간호사나 부모를 비롯한 주변 사람들의 영향력은 매우 크다.

어릴 시절부터 언어에 대해 명확하고 정확하게 교육하는 일은 정말 중요하다. 성장하면서 다양한 영역에서의 판단능력이나 여러 분야의 지식을 습득하는 힘을 몸에 익히게 해주기 때문이다. 언어를 소홀히 하는 일은 신학을 비롯한 여러 학문을 진지하게 탐구할 수 없게 하고, 심지어는 쇠퇴를 가져오게 만든다. 에라스무스는 이런 언어의 학습에 그리스어와 라틴어를 포함시켰다. 언어 학습은 성인에게는 상대적으로 어려운 문제이다. 그러나 유아들은 상대적으로 쉽게 배울 수 있고, 앵무새에게 보이는 것과 유사하게 아동에게는 모방 본능이 있어 언어 학습을 즐길 수 있다. 르네상스 휴머니즘 시기의 많은 학자들은 고전어 학습을 중시하였다. 그만큼 고전어로 저술된 수많은 저술은 학문과 덕성의 보물창고라고 생각했기 때문이다.

아동들에게 구체적으로 사용된 교재는 고대 그리스·로마의 우화, 시와 희극, 경구(警句) 등이 주류를 이루었다. 아동들은 이런 고전 작품에 기꺼이 귀를 기울이고, 유머를 통해 철학적 원리나 도덕률을 배워나갔다. 특히, 언어 학습은 언어를 바르게 사용하는 성인들 사이에서 아동이 양육될 때 그 습득 속도가 빠르고, 그림이나 일러스트를 동반하면 보다 효과적이다. 이는 시청각을 사용하는 방법이 교재 활용에서 상당히 중요함을 지적한 것이다.

또한, 에라스무스의 교육적 사고에서 눈여겨볼 대목이 있다. 다름 아닌 아동의 개인차와 교사의 역량 문제이다. 에라스무스는 아동의 개인차, 그것도 아동과 다른 아동의 차이뿐만 아니라, 한 아동의 능력에서도 분야마다 차이가 있음을 지적하였다. 이에 교사는 마땅히 그에 대응할 수 있는 고도의 역량을 갖추어야 한다. 교사는 아동의 흥미, 관심, 능력, 아동의 삶에 필요한 적절한 사안 등을 고려하여 교재를 선택하고 제시해야 한다. 그것은 교사에게 적절한 교재선택을 포함하는 고도의 교육 능력을 필요로 하는 것이다.

인간은 이성을 지향하며 생활한다는 점에서 공통성을 지닌다. 하지만, 어떤 사람은 수학에 우수하고, 또 어떤 사람은 신학, 또는 시학, 수사학, 군사학 등 제각기 다른 영역에서 우수성을 발휘할 정도로 개인차가 있다. 음악, 수학, 지리 등 특정한 학문영역에서는 그 적성이나 특별한 능력이 유아 때부터 드러나는 경우가 있다. 또 문자나 단어 등의 발음이나 읽는 방법 측면에서는 더딜지라도, 고차원적 내용이나 이론을 이해하는 아동이 있을 수도 있다. 이처럼 개개의 아동은 각자가 지닌 개성을 지니고 있을 뿐만 아니라, 한 아동에게서도 분야에 따라 능력의 차이가 있다. 교육에서는 이런 점에 충분한 주의를 기울여야 한다.

그만큼 교육을 담당한 교사는 충분한 역량을 갖추어야 한다. 교사는 가르쳐야 하는 내용을 충분히 몸에 익히지 않고, 회초리에 먼저 의지해서는 곤란하다. 아동의 능력, 흥미, 적성, 필요 등에 부응하는 교육내용의 선택을 비롯하여 교사는 상당히 높은 수준의 능력을 갖추어야 한다. 이는 교육내용에서 선택한 여러 고전 작품에만 정통한 것이 아니라, 아동이 어떤 내용을 요구하는지, 무엇을 성취할 수 있는지, 아동의 현재 모습을 통찰하는 능력이나 아동에 대한 지식을 충분히 갖출 것을 요구하고 있다. 때문에 교육은 앞에서 언급한 것처럼 교사가 아동으로부터 호감을 받는 데서 성립한다. 아동은 처음에는 교사가 좋아서 그 교사가 가르치는 학문을 좋아하게 되고, 점차 다양한 영역에 이르기까지 학문 자체를 좋아하게 된다. 그것은 우리가 좋아하는 사람으로부터 받은 선물을 소중히 여기는 차원과 같다. 이런 점에서 교육은 선물을 주고받는 것과 같은 상황에서 잘 이루어질 수 있다.

3 몽테뉴; 판단력과 덕성 함양

몽테뉴(Michel Eyquem de Montaigne, 1533~1592)는 우리에게 『수상록(Essais)』이란 작품으로 잘 알려져 있다. 그는 르네상스 말기의 프랑스 문인으로 에라스무스가 주장한 교육사상에 영향을 받으며 성장한 윤리주의자이다. 아버지는 1528년경까지 약 10여 년간 이루어진 프랑소와 1세의 이탈리아 원정에 종군하였다. 종군 이후 군인 귀족으로서 지위를 확립하였고, 보르도 시에 돌아와 부시장을 거쳐 시장이 되었다. 몽테뉴의 부친은 시정에 힘쓰는 동시에 지역의 '귀엔(Guyenne)학교' 정비에도 힘을 쏟았다. 몽테뉴가 배운 곳이 바로 이 학교이다.

귀엔학교는 상당수의 교수진을 파리에서 초청하여 진보적 교육을 실천하는 유명한 학원으로 발전했다. 몽테뉴의 부친은 국가의 요직에 있으면서도 학문과 고전 문예의 중요성을 인식하여, 아들의 교육에 각별히 신경을 기울었다. 당시 여러 지식인들의 훌륭한 교육방식을 조사하여 자식교육에 적용하였는데, 매우 진보적이고 혁신적으로 보였던 에라스무스의 교육방식을 채택하였다.

몽테뉴의 어릴 때 이름은 미셸이었다. 미셸이라는 이름은 그 당시 프랑스 지방의 풍습에 기초하여, 세례를 받을 때 마을에서 가장 가난한 남성에게 붙여진 이름이다. 몽테뉴는 세례 후, 바로 어느 농가에 양자로 보내졌다. 이 또한 당시 관례를 따른 것으로 그는 자연 환경 속에서 건강하게 자라났다. 2세 때 부모가 살고 있는 대저택으로 돌아왔고, 프랑스어를 배우기도 전에 철저하게 라틴어 교육을 받았다. 일류급 가정교사와 두 명의 조수가 달라붙어 라틴어 교육을 했다. 몽테뉴 앞에서는 가족은 물론이고 그 누구조차도 프랑스어를 입에 담지 못할 정도로 철저하게 교육하였다. 그리스어 교육도 유사한 형태로 진행되었다.

몽테뉴는 『수상록』에서 다음과 같이 말한다. "아버지는 나에게 고전어 교육을 인위적으로 시켰습니다. 그러나 새로운 방법, 즉 오락이나 게임의 형태로 배우도록 하였습니다. 나는 장기나 바둑을 통해, 산술이나 기하를 배우는 것처럼, 그리스어의 어미변화를 공과 같이 던지거나 받으며 놀면서 배웠습니다. 이유는 단순합니다. 아버지는 나의 학문이나 삶의 의무를 누구에게 강요당하지 않고 나 자신의 욕구를 통해 맛보도록 했습니다. 나의 혼을 완전한 평화와 자유 가운데 가혹함이나 강제함 없이 자라도록 했습니다. 정말이지 아버지는 이를 너무나 엄격하게 지켰습니다." 이와 같이 몽테뉴의 아버지는 자식인 미셸을 위해, 고전어의 조기교육은 물론 에라스무스가 주장했던 자유 교양교육, 체벌이 없는 교육을 실행하였다.

이탈리아 르네상스 시기에는 이미 아동의 인격을 존엄하게 여기는 새로운 교육이 태동하고 있었다. 과거에 비해 상당히 진보적인 교육적 논의가 휴머니즘 사상에서 나타나고 있었던 것이다. 몽테뉴의 아버지도 이탈리아 원정 시기에 이런 교육사상을 접하고, 당시 지식인들로부터 이런 교육 사조를 소개받아 쉽게 수용하였다.

몽테뉴는 6세 때 귀엔학교에 기숙생으로 입학하여 13세에 졸업하였다. 그 과정에서 아버지로부터 개인교사를 배정받으며 특별하게 학교생활을 하였다. 라틴어를 습득하여 시 쓰기나 문학작품의 내용을 자유롭게 다루었다. 귀엔학교를 마친 후, 그는 같은 학원 내에 있는 톨루즈 대학(University of Toulouse)의 인문학부에서 철학과정에 2년 정도 다닌 것으로 추정된다. 그 후 15세~20세까지 파리로 유학을 가서 연구했고, 때때로 저택으로 돌아와 사교와 놀이를 몸에 익혔다. 38세 무렵에 보르도의 고등법원 평정관을 그만두고, 39세부터 저택의 3층 서재에 은거하며, 약 10여 년간 사색과 집필을 하였다. 그 결과가 유명한 『수상록』이다.

몽테뉴의 '교육론'은 『수상록』 전반에 걸쳐 전개된다. 구체적 형태는 제1권의 25장~26장에서 집중적으로 논의되고 있다. 25장 「현학에 대하여」에서는 "학문 가운데 가장 어렵고 중요한 문제는 자녀 양육과 교육에 있다"라고 하였고, "아동의 교육은 부모 스스로가 아니라 타인에게 맡겨야 한다"라고 강조하였다. 아동을 부모가 직접 교육하는 일은 옳지 않다. 그것은 어떤 사람이라도 확인할 수 있다. 부모가 지니고 있는 본연의 애정 때문에 부모는 자식을 엄격하게 교육할 수 없기 때문이다. 아무리 현명한 부모들이라도 그렇게 되기 마련이다.

타인에게 맡길 경우에도 문제가 없는 것은 아니다. 진짜 문제는 교사이다. 몽테뉴는 "아동에게 어떠한 교사를 붙여 주는가에 따라 교육의 성과가 결정된다."라고 보았다. 그만큼 교사의 역할을 높이 평가하였고, 확실한 역량을 지닌 교사의 선택을 중시하였다. 그 역량을 판단할 때, 중요한 것은 대상에 대한 지식이 아니라 인격이나 판단능력을 기준으로 해야 한다. "자녀교육을 위해 교사를 선택할 때, 지식이 머리에 가득 찬 사람보다는 지식을 확실하게 처리하는 사람이 중요하다. 이러한 두 능력은 모두 필요하지만, 진지하게 고려할 사항은 지식보다 인격과 사리판단을 추구하는데 기여할 수 있는 능력에 유의해야 한다."

지식의 양보다 덕성과 판단력을 중시하는 관점은 몽테뉴 교육론의 핵심을 형성한다. '알고 있는 것'이란, 원래 '무엇인가를 묻는 일'이기도 하다. 그는 르네상스 말기에, 당시의 교사나 철학자 등 주요 인물들 사이에 유행하던 현학적 취미를 비판하면서, 교육이나 학문에 관한 자신의 견해를 분명히 하였다. "가장 학식 있는 사람이 반드시 가장 현명한 사람은 아니다! 판단력이 없다면 지식은 어떤 역할도 할 수 없다! 교육도 탐구도 연구도 자신의 작품을 산출하는 데 기여해야 한다! 자기의 판단을 만들기 위해 하는 작업이다!" 아는 것은 그만큼 판단력이나 덕성을 함양하는데 기여하는 역할을 해야 한다. 그러나 당시의 철학자들은 지식의 주입이나 지식의 습득 자체를 교육의 목적으로 설정했고, 판단력이나 덕성을 심각하게 고려하지 않았다.

어느 시대를 막론하고, 철학자들은 세속적이지 않은 측면으로 인해 다양하게 비판받아 왔다. 하지만, 고대의 철학자들은 세속적 능력을 갖지 못한 것이 아니라, 세속적 생활을 초월한 고매한 사상에 따라 생활하였다. 반면, 당시의 철학자들은 보통 일반의 생활보다 저급하고 비속하며 세속적 능력을 가지고 있지 않았다. 고대에는 지자(知者)와 현자(賢者)가 일치하였다. 그런데 르네상스 말기의 상황에서, 몽테뉴는 말한다. "지금의 교육방식으로는 학생이나 교사가 지식을 알 수는 있다. 그러나 보다 유능하지 않게 된다. 이는 놀라운 일이 아니다. 정말 요즘 부모들의 교육에 대한 마음 씀씀이와 지출은 자식들의 머리에 지식을 주입하는 것만을 겨냥하고 있어, 판단력이나 덕성을 기르는 일은 조금도 문제 삼지 않는다!" 세상은 선량한 사람보다 학문 지식을 지닌 사람이 더 존경받는다. "운문이건 산문이건 관계없이, 그리스어나 라틴어를 알고 있는가?"를 문제로 삼고, 보다 중요한 가치인 "그는 그것으로 훌륭해지거나 현명해졌는가?"의 문제는 뒷전으로 밀려났다.

몽테뉴는 교육을 통해, '앎의 목적이 판단력과 덕성을 함양시키는 일이어야 한다'고 주장하였다. 그것을 함양하는 교육내용은 '역사'와 '철학'이 중심이다. "인간의 판단력은 세상과 만나면서 명석한 분별력을 얻을 수 있다." 사람들과의 '만남'을 통해 얻는 것이 많다고 생각한 몽테뉴에게, 역사는 "무엇보다 좋은 시대의 위대한 사람들과의 만남"을 가능하게 만드는 학문이었다. 그것은 학습방법으로 이어진다. "카르타고가 멸망한 연도만을 기억하기보다 한니발이나 스키피오의 성격을 파악하는 일이 더욱 의미가 있다. 로마의 정치가인 마르켈루스가 어디에서 죽었는가보다 그 곳에서 죽은 것이 왜 그의 의무에 합당치 않은가를 새겨야 한다. 이처럼 아동에게 역사적 사실만을 기억시키기보다 그 사실에 대해 판단하는 일을 가르쳐야 한다." 몽테뉴는 어디까지나 지식의 양보다 판단력의 함양을 교육의 목표로 설정하고 있었다.

철학도 마찬가지 역할을 한다. 몽테뉴는 "철학이야말로 인간의 행위를 재는 시금석이 되어야 하고, 자유 교양학과 가운데 인간을 자유롭게 하는 학문"으로 자리매김하였다. 그것은 "인생을 살아가는 방법과 활용방법을 가르쳐 주고, 직접적이고 전문적으로 그것을 돕는 학문"이다. 나아가 철학은 세상에서 생각하는 것보다 훨씬 재미있는 학문이다. 몽테뉴는 그 이유를 다음과 같이 설명한다. "아동의 오성을 넉넉하게 할 제1의 사상은 무엇인가? 그것은 그의 품성과 판단력을 올바르게 함양하고, 자기 자신을 알며, 훌륭하게 죽고 사는 법을 가르치는 사상이어야만 한다. 철학을 아동의 삶과 가깝게 하지 않고, 어려운 것, 또는 얼굴이나 눈썹을 찌푸리는 지식체계로 묘사하는 것은 매우 잘못된 일이다. 철학을 즐겁고 축제 분위기로만 설명할수는 없지만, 슬프고 앙상한 얼굴로만 드러나는 것은 철학이 그곳에 머무르지 않는다는 증거이다. 철학이 머무르는 정신은 그 건전함으로 인해 신체도 건강하게 만든다!" 때문에 교육과정의 편성에서도 철학은 우선적 지위를 차지한다. "아동에게는보다 현명하고, 보다 좋게 하는 철학을 가르친 후에, '논리학, 자연학, 기하학, 수사학' 등이 무엇인가를 가르쳐야 한다. 그렇게 한다면 아동이 어떤 학문을 선택하더라도 이미 판단력이 있기 때문에 그것을 터득할 수 있다."

'판단력의 함양'과 더불어 교육의 궁극목적으로 설정한 '덕성[품성]의 함양'에 대해, 몽테뉴는 이전과 다른 새로운 견해를 제시한다. 덕성 함양의 본질은 '절제(節制)'에 있다! 몽테뉴는 말한다. "진정한 덕성의 가치는 높고, 그 실행이 용이하며, 유익하고, 쾌적하다는 점에서, 조금도 어려운 일이 아니다. 아동에게도 성인과 마찬가지로, 또한 우매한 사람이나 영리한 사람이나 마찬가지로 가능한 일이다. 덕성 함양에 도달할 수 있는 수단은 '절제'이다. 결코 단순 노력이 아니다! 덕성은 인간의 삶에서 다양한 쾌락을 기르는 어머니이다. 덕성은 그 쾌락을 바르게 할 때, 확실하고 순수함으로 자리한다. 절도를 지키는 가운데, 항상 생기발랄하다. 우리는 덕성이 물리친 쾌락을 끊어 버리고 덕성이 인정하는 쾌락으로 나아가야 한다. 그리고 덕성은 본성이 바라는 모든 쾌락을 어머니와 같이 듬뿍, 싫증날 정도가 아니라 만족할 정도로 자유롭게 할 수 있도록 만든다. 술꾼이 만취하기 전에, 대식가에게 복통이 일어나기 전에, 방탕한 자의 머리털이 빠지기 전에, 멈추는 절제는 쾌락의 적들을 사라지게 한다."

이런 덕성의 함양에도 철학이 관여한다. 그것도 적시성(適時性)을 고려하여 이루어져야 한다. 때문에 몽테뉴는 다음과 같이 말한다. "우리는 인생이 지나고 나서야 살아가는 방법을 배운다. 많은 학생은 아리스토텔레스의 절제에 관하여 배우고도 그 교훈에 이르기 전에 타락하고 만다. 변증법과 같이 어렵고 지루한 논의는 모두 버려야 한다. 이런 지적 훈련에 빠질 때, 우리의 생활이 좋게 될 리 만무하다. 오히려 철학의 단순한 이론을 취해야 한다. 그것을 적절하게 선택하여 공부하는 방식을 기억해야 한다."

그렇다면, 어떻게 교육해야 하는가? 교육방법론으로 볼 때, 몽테뉴의 사유는 획기적 전환을 시도한다. 모든 사물이나 장소가 교재가 된다! 판단력과 덕성의 함양 과정에서 역사와 철학은 교과로서 매우 중시되었다. 하지만 몽테뉴에게 교육은 교과서에만 의존하는 양식이 아니다. 모든 시간과 장소, 사물, 사람들과의 교제 등, 실제 생활이나 사물을 통해 행하는 일이었다. 즐거운 동시에 어느 정도의 엄숙함을 가지고, 강제나 체벌과 같은 공포에 호소하는 것이 아니라 아동의 자주성을 존중하면서 실천되어야 한다.

몽테뉴는 당시의 학교에 대해 매우 비판적이었다. 아동들이 학교에 가는 것에 대해, 오히려 어리석어지고, 책을 짊어진 당나귀처럼 된다고 혹평하였다. "아동에게는 거실이건 정원이건, 식탁이건 침실이건, 홀로 있건 친구와 사귀건, 아침이건 저녁이건, 모든 시간이 동일하다. 그게 아니라 모든 장소가 교육과 연관되어 공부할 수 있도록 해야 한다. 왜냐하면 아동의 판단력과 덕성을 형성하는 가장 중요한 과목인 철학은 어디에나 스며들어 해석할 수 있는 특징을 지니고 있기 때문이다. 철학에서 인간의 의무와 임무에 대해 이야기하는 부분은, 이야기의 재미로 인해 연회나 유희의 자리로 물러날 수밖에 없다는 것이 현자의 일반적인 생각이었다. 플라톤은 『향연』에서 철학을 끌어들였다. 그리고 그것이 무엇보다도 높은 수준의 건전한 논의임에도 불구하고, 사람들을 유쾌하게 만든다. 시간과 장소에 어울리게 회식하는 사람들을 즐겁게 하였다. 우리는 그것을 보고 있다."

그런 만큼, 우리의 수업도 마구잡이로 시간과 장소에 구애받지 않고, 여러 행위를 조직해내야 한다. 그렇지 않으면, 언제 자연스럽게 교육을 진행할 수 있겠는가?

유희나 운동조차도 공부의 중요한 부분이다. 경주, 씨름, 음악, 무용, 사냥, 승마, 무술 등도 그렇다. 언제 어디에서건 교육을 통해, 우리는 인간의 예절이나 사람을 사귀는 능숙함, 단정한 몸가짐 등이 정신과 함께 가꾸어지기를 갈망한다. 그것은 정신을 단련하는 일만도 아니고, 육체를 단련하는 일만도 아니다. '오직 인간을 단련하는 작업이다!' 정신과 육체, 이 둘을 따로 단련해서는 안 된다.

몽테뉴는 당시의 학교에서 회초리를 쓰는 교육을 비판하였다. 이른바 '체벌 없는 교육'을 주장하였다. 그러면서도 교육은 '부드러움 가운데 엄함'이 필요하다고 강조하였다. "교육은 부드러움 가운데 엄함을 담아내야 한다. 보통학교에서 이루어지는 것처럼 교육해서는 안 된다. 학교는 아동들에게 공부[학문]를 권장하기보다 실제로는 공포와 잔혹함을 주고 있다. 이 폭력과 강제를 멈춰야 한다. 이런 학교만큼 아동들의 좋은 천성을 위험하게 타락시키고 마비시키는 교육은 없다.

아동이 교사의 꾸지람과 치욕을 두려워하길 바라고, 그것이 아동에게 익숙하게 되어서는 안 된다. 그것보다는 오히려 땀이나 추위, 바람이나 태양 등 사람이라면 반드시 견뎌내야 하는 위험한 사안들에 아동이 익숙하게 만들어야 한다. 그런데 교사는 이를 가볍게 여기고 있다. 아동들이 사용하는 의류나 침구, 음식물 등, 지나치게 편리하거나 사치스러운 것을 빼앗아, 어려운 상황을 헤쳐 나가는데 익숙하도록 해야 한다. 나약한 미소년이 아니라 생기 넘치는 씩씩한 소년으로 길러야 한다. 이런 문제와 상반되는 대부분의 학교 규율에 대해서는 항상 불만이다. 그런 학교는 정말 청춘을 가둬버리는 감옥(監獄)과도 같다. 학생들은 방탕한 생활을 하지 않았는데도 벌을 받고, 오히려 방탕해져 버린다. 수업시간에 학교에 가보라! 벌을 받는 아동들의 울음소리와 역정을 내는 교사들의 고함만 들린다."

이러한 학교의 교육에 대해, 몽테뉴는 체벌에 의지하지 않는 자유로운 방법을 제시한다. 그것이 아름다운 학습 환경에서 즐거운 교육을 만든다. 몽테뉴가 꿈꾸는 교실은 다음과 같이 서술된다. "아동들이 수업하는 교실에 피가 번지는 회초리 대신, 꽃이나 나뭇가지를 곳곳에 둔다면, 얼마나 아름다울까? 어떤 학교의 교실처럼,

즐거움의 여신과 환희의 여신과 꽃의 여신과 미의 여신을 그려 놓으면 어떨까? 아동들이 인생을 꿈꾸며 가꾸는 교실에 즐거움이 없어서는 곤란하다!"

교육적으로 학습 환경을 풍성하게 만들지는 못할지라도, 학습 환경을 쾌적하게 만드는 일은 아동들의 인격을 존중하려는 의지의 반영이다. 학습 환경에 대한 배려 없이 교사중심의 교육방법은 단순하게 교사의 말이 지식의 원천이 된다. 때문에 학습 환경의 조성은 교사중심의 교육방법에서 벗어나, 아동이 교사의 말에만 주의를 기울이도록 하는 방법을 전제로 하지 않는다.

그렇다면, 몽테뉴는 학생을 어떻게 인식했을까? 다음에 언급하는 몽테뉴의 사유가 그것을 대변한다. "일반적인 가정교사는 깔때기에 물을 흘리듯, 끊임없이 아동의 귀에 교과내용을 주입하고, 아동은 교사가 말한 그대로를 반복할 뿐이다. 제대로 된 교사라면 이런 부분을 개선해야 한다. 그가 맡은 영혼, 즉 아동을 처음부터 그 능력에 따라 시험하고, 아동 자신이 사물을 경험하고, 선택하고, 실행하도록 해야 한다. 때로는 길을 열어주거나 자신이 길을 열도록 놓아두어야 한다. 교사가 혼자서 무언가를 고안하고 말하듯이, 학생도 말할 수 있는 기회를 주고, 그 소리에 귀를 기울여 주어야 한다. 소크라테스와 아르케실라우스의 경우, 먼저 제자들에게 말하도록 시킨 다음에 말하였다. '대부분의 경우, 교사의 권위가 학생의 교육이나 학습을 방해한다!'"

학생에게 해당 사항과 관련되는 발언이나 활동을 시키려 할 때는 반드시 학생의 능력이나 적성 등을 고려해야 한다. 몽테뉴는 다음과 같이 서술한다. "교사는 학생에게 자기의 앞을 달리도록 하고, 그 걸음걸음을 보아 학생의 능력에 자신을 맞추기 위해 어느 정도의 조건을 제시해야 하는지 판단해야 한다. 그것이 바람직한 교육이다. 교사와 학생의 이러한 균형감각을 고려하지 않으면, 교육은 전반적으로 엉망이 되어버린다. 이 균형감각을 잘 살려, 적합한 조건을 맞춰 가는 일이 무엇보다도 어려운 교육의 과제이다. 학생의 보조에 맞춰, 그들을 이끄는 교육이 가능하다고 의지를 다지는 일은 교사의 강한 정신에서 나온다."

또한, 교사가 무언가 하나에만 매달려 그것을 붙잡고 단언하는 것은 학생의 정신을 자유롭게 하지 않는 짓이다. 오히려 학생의 영혼을 구속할 수 있다. 학생들에게도 모든 사안에 대해 한 번은 의심하고 검증하도록 배려해야 한다. 이런 교육이 진행될 때, 진정으로 학생의 자주성이 존중된다.

당시 대부분의 교사는 단순한 권위에 의거하여 어떠한 일에 대해서도 아동의 머리에 넣도록 강요하였다. 고대 그리스의 아리스토텔레스의 철학적 원리나 스토아 학파 또는 에피쿠로스 학파의 학설조차도 학생들에게 교조적 원리가 되어서는 안 된다. 다양한 상황을 제시하여 학생이 스스로 판단할 수 있도록, 학생들의 눈앞에 펼쳐내 보여야 한다. 이렇게 했을 때, 학생들은 선택할 수 있다. 할 수 없다면, 깊은 회의(懷疑)에 빠질 것이다. 그렇지 않을 경우, 확고부동하게 말할 수 있는 것은 백치의 상황으로 전락할 뿐이다. 교육은 종교나 정치와 다르다. 교육은 특정한 내용을 믿어야만 하는 것이 아니라 학생이 스스로 납득하고 이해하는 태도로 임하는 일이다.

몽테뉴는 교육을 위해, 아동이 부모의 곁에서 떨어질 필요가 있다고 말한다. 이유는 두 가지이다. 하나는 부모나 가족 등 주변의 존재가 교사의 활동을 방해하는 요인이기 때문이다. "교사의 권위는 아동의 위에 절대적으로 있어야 한다. 그러나 부모가 아동의 곁에 오게 되면 교사의 권위가 중단되거나 방해받을 수 있다. 나아가 아동의 집안 재산이나 가문의식 등도 적지 않은 장애가 될 수 있다." 다른 하나는 교육적으로 필요한 자원을 보다 넓게 구하기 위해서이다. "교육은 국가나 국민성, 풍습과 같은 것을 조사하고, 지적 능력을 활용하는 방법이나 연마하는 것을 목적으로 한다. 따라서 아동이 유년시절부터 국내외 여기저기에 돌아다니며 견문을 넓히는 것이 좋다. 이때 다른 나라의 언어를 습득하는 일도 포함된다." 부모와 떨어져 공부한다는 것은 일종의 여행을 통한 교육이다. 여행은 대부분의 교육사상가가 공통적으로 중시한다. 여행은 다른 문화에 관한 충격을 경험하게 만든다. 문화충격과 경험이 다름 아닌 교육으로 승화한다.

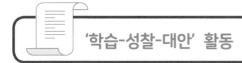

'학습-성찰-대안' 활동

✿ 1단계 【학습】 요약 정돈; 본문을 학습하고 핵심내용을 정리하시오.

❀ 2단계 【성찰】 문제 비판; 1단계의 '본문 학습'과 '핵심내용 요약 정돈'을 근거로, 아래 표의 철학적 영역에 맞추어 성찰하시오.

기본 영역	본문 내용 (개별사유)	통합 성찰 (공통 토의)
형이상학	형상;	
인식론	인식;	
가치론	가치;	
논리학	논리;	

❀ 3단계【대안】교육철학 재고; 1단계와 2단계의 '학습-성찰' 활동을 바탕으로,
시대정신을 고려한 교육철학을 도출하시오.

구분	내용	대안 제시
개별 제안		
공동 논의		

동양교육사상의 정초

1 동양사상의 기본; 유학, 도가, 불교

동양사상은 크게 세 가지 범주로 설명할 수 있다. 유학(儒學)과 도가(道家), 불교(佛教)가 그것이다. 이들 사상은 동양인들의 생활 속에 깊숙이 파고들어 삶의 지침 역할을 했고, 교육에도 큰 영향을 미쳤다. 어떤 차원에서는 그 자체가 교육이자 종교이기도 하다. 유학은 유교로, 도가는 도교로 불리며, 교육적·종교적 의미가 부여되었고, 불교는 기본적으로 종교였지만 불학(佛學)으로 학문성을 드러냈다.

특히, 유학은 자연의 질서체계를 인간 삶의 원리로 끌어들여 도덕 윤리의 덕목으로 삼았고, 일상의 건전함과 합리성을 끊임없이 도모하였다. 그렇기에 도가나 불교에 비해, 현실에 적극적으로 참여하였고, 사회의 운용과 조절에 관심을 두고 이론과 실천을 고민하였다. 유학자들(성리학자, 性理學者)들은 도가와 불교를 허학(虛學)으로 비판하고, 진실성과 현실성을 강조하면서 자기들의 학문 체계를 실학(實學)으로 자칭하였다.

유학은 공자(孔子)가 창시한 학문이자 종교이며 학파이다. 학문으로 말할 때는 유학(儒學)이라고 하고, 종교성을 가미할 경우 유교(儒敎)라고 하며, 학파를 지칭할 때는 유가(儒家)라고 표현하기도 한다. 유학은 공자 이후, 맹자, 순자를 주축으로 하는 원시유학(原始儒學: Confucianism)과 주자, 왕양명, 퇴계, 율곡 등의 신유학(新儒學: Neo-Confucianism)으로 분류할 수 있다. 어떻게 표현되건 유학이라는 큰 범주에서 볼 때,

그것은 공자의 사상을 발전시킨 사유의 체계이다.

공자 사상의 핵심은 인(仁)이다. 인은 자기 자신의 이기적 욕구를 억제하고 사회적 윤리 규범을 잘 지키는 일인 동시에, 다른 사람을 사랑하는 마음가짐이다. 그것은 자신의 성의를 다하고 남을 이해하고 배려하는 충서(忠恕)의 정신이다. 다시 강조하면, 충(忠)은 자신에게 최선을 다하는 '자기 충실'이고, 서(恕)는 타인을 용서하고 이해하며 사랑을 베푸는 '타자 배려'이다.

맹자(孟子)는 공자의 사상을 적극적으로 이어받아 성선설(性善說)과 왕도(王道)정치를 주장하였다. 맹자에 의하면, 인간의 성품은 선행을 실천할 수 있는 소질을 갖추고 있다. 그것이 인의예지(仁義禮智)라는 네 가지 단서[四端]이다. 또한 맹자는 백성을 가장 귀하게 여기고 국가와 정치의 근본에 두었는데, 이를 '민본(民本)'정치라고 한다. 만약 왕이 백성의 뜻을 배반하고 자신의 이익만을 추구한다면, 백성은 혁명을 통해 왕을 몰아낼 수 있다. 그것이 유명한 '역성혁명(易姓革命)'이다.

순자(荀子)의 경우, 공자 사상을 객관적으로 계승했다고 볼 수 있다. 순자는 맹자를 비판하면서 '인간의 성품은 악하다'는 성악설(性惡說)을 주장하였다. 이때 성악은 본능적 욕구나 자연적 성향과 같은 것으로, 인간이 욕망(欲望)에 빠지는 것을 경계한 말이다. 욕망은 일종의 제어하기 힘든 인간의 본성이다. 그러므로 인간성 자체가 악이라기보다는 외부의 사물에 이끌려 과욕을 부리고, 그로 인해 갈등과 투쟁, 쟁탈이 일어날 때 발생하는 삶의 모습에서 악의 원천을 발견할 수 있다는 의미이다.

도가사상은 노자(老子)와 장자(莊子)의 철학을 기본으로 하므로 노장(老莊)사상이라고도 한다. 중국철학에서는 유학이 관학(官學)이 되고 정통으로 자리 잡게 되면서, 도가는 정통에 반대되는 사유처럼 느껴지게 되었다. 노장 철학은 '무(無)', 또는 '무위(無爲)', '무아(無我)'라는 개념을 자주 사용한다. 때문에 '없다'라는 측면을 강조하면서 현실을 부정하려는 의지로 인식되기도 한다. 그러나 단순한 부정의 태도라기보다는 인간과 세계에 대한 새로운 이해 방식으로 생각된다.

노자는 만물을 '무(無)' 또는 '도(道)'에서 나왔다고 생각한다. 이는 우주의 근원이

'무' 또는 '도'라는 의미이다. 이는 인의(仁義)와 예(禮)를 삶의 길로 생각하는 유학과는 다르다. 도는 초감각적이고 절대적인 것이어서 말로 표현할 수 없다. 그러므로 억지로 이름을 붙여 '도'라고 한다. 인간도 만물 가운데 하나의 존재이므로 도로 말미암아 생겼고 도로 돌아가야 한다. 노자에 의하면 도의 운동은 '무위자연(無爲自然)'이다. 무위자연은 문자 그대로 아무 것도 하지 않음이 아니다. 그것은 인위적 조작, 즉 '억지로 행하지 않음'을 말한다.

장자는 노자의 도의 관념을 계승하여 자기사상을 전개하였다. 도는 자기원인으로 어디에나 있고, 자존(自存)하고 자화(自化)한다. 스스로 존재하고 저절로 변해 간다. 그러므로 억지로 자기를 내세우거나 차별 의식을 강조하지 않는다. 그것이 '무아(無我)'이자 '물아일체(物我一體)'의 정신이다.

불교는 불타[석가모니: 부처]의 깨달음과 이론을 중심으로 성립된 종교이다. 불교는 괴로움[고통: 苦]을 깨달음의 핵심으로 인식한다. 그런데 고는 일정한 원인에 의한 결과이다. 원인과 결과라는 인과 관계를 기본으로 형성된 사고를 연기(緣起)라고 하는데, 이는 불교의 근본 입장이다. 연기설은 구체적으로 표현하면, '인연연기설(因緣緣起說)'이다. 이때 인은 직접적 원인을 뜻하고, 연은 간접적 원인으로서의 조건을 뜻한다.

연기설에 의하면 모든 현상의 변화는 각각 이러한 인과 연의 화합에 의한 결과이다. 단독적으로 우연히 이루어지는 변화는 절대로 없다. 다시 말하면, 모든 변화는 서로 의지하고 서로 바탕이 되는 상태에서 일정한 인과 관계에서 일어난다. 이러한 연기설은 십이지연기설(十二支緣起說)로 잘 알려져 있다.

동양의 교육은 유학과 노장, 불교의 기본 사상에서 사유의 기초를 도출해 낸다. 교육의 바탕이 되는 이론과 사유가 유·불·도(儒·佛·道)로 상징되는 세 가지 가르침에 기본적으로 배태되어 있다. 동양사상의 특징이 그러하듯이, 동양의 교육사상도 철학과 교육, 사상과 삶, 사고와 교육방법 등, 교육만을 명확하게 구분하여 이해해서는 곤란하다. 각각의 사상이 지닌 특징과 아울러 교육적 사고의 위상을 고민하는 것이 적절하다.

2 유학과 교육사상

유학은 오랜 세월 동안 한국인의 근저에 자리하고 있는 정서 가운데 하나이다. 조선시대 500여 년의 지배적 이념체계였고, 현재까지도 한국인을 비롯한 중국, 일본, 베트남 등 동아시아인에게 큰 영향을 미치고 있는 전통적 생활양식이다. 일반적으로 유학은 '권위주의(權威主義)', '가부장제(家父長制)', '지배계층 중심의 정치이데올로기' 등으로 각인되면서 부정적으로 인식되어 온 측면이 있다. 그러나 그런 현상적 표출의 바탕에는 심층적인 철학적 사유가 잠재되어 있다. 특히, 내·외면적 능력을 이끌어내려는 교육적 욕구가 본질적으로 숨어 있다.

유학은 정치와 교육을 통해 인간의 문제를 해결하려고 노력한다. 정치와 교육은 흔히 '정교(政敎)'로 표현한다. 정치와 교육을 통해, 백성을 교화하고, 자연[天地]과 인간[聖賢이나 祖上]에 대한 제사로 동동체인 사회를 결속하고 그 지속과 발전을 꾀했다. 이 정치와 교육은 동일한 내용의 표리관계로 이해할 수 있고, 삶의 연속선상에서 파악된다. 그것의 언어적 표현이 내면적으로는 성스러운 인간이 되고 외면적으로는 훌륭한 왕이 되는 '내성외왕(內聖外王)'이다.

유학 이론은 그 집대성과 체계화를 기준으로 볼 때, 크게 두 부분으로 이해할 수 있다. 공자·맹자·순자를 주축으로 하는 '원시유학(原始儒學)'과 주자가 집대성한 '성리학(性理學)'이다. 원시유학은 본원유학(本源儒學), 공맹학(孔孟學), 수사학(洙泗學) 등 다양하게 불리는데, 인간 삶의 윤리도덕과 예에 근거한 '실천적' 측면이 강하다. 성리학은 성명의리지학(性命義理之學)의 준말로 정주학(程朱學), 육왕학(陸王學), 리학(理學), 도학(道學), 심학(心學) 등 다양한 명칭으로 쓰이고 있는데, 성격에 따라 강조점의 차이가 있다. 성리학은 심성(心性)의 수양을 과거 어느 유학보다도 철저히 하면서, 동시에 규범 법칙 및 자연 법칙으로서의 이치[理] 또는 본성[性]을 깊이 연구하여, 그 의리의 의미를 완전하게 실현하려는 유학 가운데 하나이다. 한 마디로 말하면, 존심양성(存心養性)과 거경궁리(居敬窮理)를 지극히 중요시함으로써 종래의 유학을 형이상학적으로 재구성·발전시킨 것이다. 이것이 한국 전통을 형성하고 있는 조선유학의 기본 뼈대였다.

▶ **유학의 기본 구조**

범주	유학의 체계	교육	정치	궁극적 인간 유형
자기와 타인	① 修己治人	修己	治人	君子[聖人]
내면과 외면	② 內聖外王	內聖	外王	君子[聖人]
인간과 세계	③ 成己成物	成己	成物	君子[聖人]
현대적 의미	① 자기 수양과 타인에 대한 배려 ② 내면의 성실과 외면의 충실 ③ 인간[개인]의 성립[완성]과 세계[사물]의 성공[완성]	① 자기 수련과 단련[연마] ② 성실과 진실 ③ 인격 완성	① 타인 이해와 관심[만남] ② 사랑과 베풂[시혜] ③ 물격 구성	① 자기 수양을 통해 타자와 관계하는 건전한 교양인 ② 성스러운 내면과 지도자다운 풍모를 지닌 리더 ③ 자기완성에서 세계 완성으로 나아가는 범세계인

원시유학이건 성리학이건, 유학에 공통적으로 부여되어 있는 것이 정치와 교육이다. 이는 유학이 정치와 교육을 시행하기 위한 이론이자 실천의 지침이라는 점을 일러준다. 그런 정치와 교육을 담당할 주체가 이른바 '성인(聖人)·군자(君子)·대인(大人)' 등 덕을 갖춘 인간유형이다. 동시에 교육과 정치의 최종 목표도 그런 인간 양성에 있다. 그 과정의 핵심은 자신을 수양하고 다른 사람을 다스리는 '수기치인(修己治人)'이다. 수기치인은 달리 표현하면, 앞에서 언급되었던 '내성외왕(內聖外王)' 또는 자

신을 이루고 남도 이루어주는 '성기성물(成己成物)'과 동일한 구조이다. 이중에서 수기(修己)·내성(內聖)·성기(成己)는 개인의 인격적 완성이나 자아실현이라는 교육의 측면에서 정돈할 수 있다. 치인(治人)·외왕(外王)·성물(成物)은 타인에 대한 이해와 배려, 관계의 조절이라는 정치의 측면으로 볼 수 있다.

유학에서 교육은 '인간은 짐승[禽獸]과 다르다'는 인식하에 '인간됨'을 지향하는 본질적 과정이다. 즉, 인간의 윤리 체계인 인륜(人倫; 五倫)을 밝히는 도덕적 측면을 강조하고, 인간관계의 질서를 회복하며, 일상생활을 지속적으로 영위하려는 생활의 합리적 운용으로 드러난다.

이러한 교육의 목적은 유학의 창시자인 공자에게서 발견할 수 있다. 공자는 15세에 인생의 지향을 배움[學]에 두었다. 이는 배움의 길을 다른 가치보다 우선순위에 두고 삶을 전개하려는 의도이다. 유학의 기본 경전인 『논어』에서도 첫 마디가 "학이시습(學而時習)"에서 출발한다. '학이시습'은 '배우고 늘 익힌다'라는 뜻이다. 그것은 유학이 '학－배움'의 이론임을 암시한다. 교육에서 핵심 사항인 '학습(學習)'이라는 말도 여기에서 유래한다. 아울러 유학의 보편적인 교육목적도 여기에서 기원한다.

유학은 대개 '입지(立志)－뜻을 세우다'를 배움의 첫 단계에 두고 있다. 그 가치의 핵심은 바로 도(道)이다. 도는 인간으로서 날마다 실천해야 할 당연한 길을 말한다. 사람이 일상생활에서 실천해야 할 당연한 길은 인륜(人倫), 인간의 윤리·도덕적 차원이다. 인륜은 부모에게 효도하고 형제 간에 우애로우며, 임금에게 충성하고, 친구 사이에 믿음이 있는 일과 같은 일상에서 구현되는 도덕이다. 이런 교육의 보편적 가능성은 공자의 교육태도와 깊게 연관되어 있다. 공자는 "모든 인간에게 가르침을 행한다"라고 했고, "인간은 태어날 때는 비슷하지만 교육에 의해 달라진다"고 보면서 교육의 중요성을 강조하였다.

맹자는 이런 사유를 적극적으로 받아들여 '인륜을 밝히는 일[明人倫]'을 교육자체로 인식한다. 인륜의 근거는 선(善)의 단서로서 이미 마음에 갖추어져 있다. 따라서 교육은 선천적으로 구유한 착한 마음을 바로 잡는 일, 자각 정신을 일깨우는 것과 관계된다. 즉, '해이해진 마음, 놓친 마음을 바로 잡는 일'이다.

이와는 반대로 순자는 인간의 개조를 선언했다. 성악설을 주장한 그는 인간의 욕망에 기초하고 있는 악함을 제거하여 선으로 돌려놓는 데 교육의 목적을 두었다. 그러기에 널리 배우고 날마다 세 번씩 자기 몸을 살펴 나아가면 슬기는 밝아지고 행실에는 허물이 없을 것이라고 보았다. 또한 태어날 때는 모두 같은 소리를 내지만, 자라나면서 생활 풍속이 달라지는데, 이는 교육의 힘에 의한 것이라고도 했다.

주자(朱子)가 집대성한 신유학의 경우, 맹자가 주장했던 '인륜을 밝히는 일'을 교육의 전통으로 삼았다. 유학교육을 체계화한『대학』에서는 교육의 1차적인 목적으로 '착한 마음을 밝히는 일'로 정했다. 이런 교육목적의 근원에 진실함[誠]이 자리하고 있다. 또한『중용』에서는 '일상생활에서 당연히 행해야 할 도를 닦는 일'을 교육의 의미로 규정했다. 착한 마음으로 인간의 내면에 부여된 품성은 진실하고 거짓이 없다. 이는 맹자의 '본성이 착하다'라는 말과 같다. 따라서 착한 본성이 발현되고 실천되는 일상의 생활이 선한 것은 분명하다.

유학에서 교육은 '소학(小學)'과 '대학(大學)'으로 구분된다. 현대적 의미에서 이해하면, 소학은 어린 시절부터 어른이 되기까지 진행되는 아동교육 또는 청소년교육에 해당한다. 대학은 성인교육과 비교할 수 있다. 소학에서는 '물 뿌리고 쓸어내고, 응낙하고 대답하며, 나아가고 물러가는' 일상 예절과 여섯 가지 삶의 예술인 '육예[六藝; 예법·음악·활쏘기·말 몰기·글하기·셈하기]'를 가르쳤다. 이는 일상생활의 실천적·형이하학적 삶의 양식이다. 대학은 '이치를 궁구하고, 마음을 바르게 하며, 몸을 닦고, 사람을 다스리는 방법'을 가르쳤다. 이는 이론적·형이상학적 학문의 체계이다. 소학과 대학은 아동과 성인이라는 교육의 대상에 대해, 상황과 때에 따른 교육내용이다. 하지만, 사실은 일상을 합리적으로 운용하려는 원칙이라는 측면에서는 동일한 구조를 갖는다.

소학에서 배움은 성현의 자질, 이른바 맹자가 말한 선한 본성과 잠재능력을 깨닫는 과정이다. 그리고 그것을 구체적으로 응용하기 위한 세계관의 형성은 대학 과정에서 터득할 수 있다. 주자는 그 구체적인 교육내용으로서 여덟 가지 조목의 과정을 제시했다. "지식을 다한다는 것은 사물의 이치를 세밀히 캐묻는 데 있다. 그러므로 사물의 이치가 따져져서 밝혀져야 지식을 체득할 수 있다. 지식이 체득되어야 뜻이 성실해진다. 뜻이 성실해져야 마음이 바로잡힌다. 마음이 바로잡혀야 몸이 닦아진다. 몸이 닦아져야 집안이 가지런해진다. 집안이 가지런해져야 나라가 다스려진다. 나라가 다스려져야 세상이 평안해진다."

이런 여덟 가지 조목은 '격물(格物)—치지(致知)—성의(誠意)—정심(正心)—수신(修身)—제가(齊家)—치국(治國)—평천하(平天下)'라는 말로 요약된다. 이는 유학교육의 구체적 목적이자 내용이고 방법이다. 여덟 가지 조목은 모두가 수신[修身: 수양]의 문제를 근본으로 삼고 있다. 이중 '격물—치지—성의—정심'이 수신의 핵심 방법이다. 격물·치지는 앎(知)의 방법이며, 성의·정심은 실천(行)의 방법이다. 격물의 대상은 소학에서 이야기한 '물 뿌리고 쓸어내는 쇄소(灑掃)'에서 '육예(六藝)'의 내용을 포함하여 우주 전체로 나아간다. 세상의 모든 존재, 인간의 행위, 천지자연의 현상, 운동 등 모든 대상을 탐구하는 일이다. 특히, 인간의 삶과 관계되는 윤리질서의 이해와 탐구는 격물의 우선적 대상이다. 환언하면, 교육은 쇄소(灑掃)에서 육예(六藝), 나아가 인의예지(仁義禮智)의 인간관계는 물론 우주의 질서까지도 모두 캐묻는 일이다. 물론 인간 각자가 구체적으로 접하는 사물을 캐물어 밝히는 작업이 선차적이다. 그러므로 유학의 교육을 '배우고 묻는,' '학문(學問)'의 과정이라고 한다.

이런 방법론을 통해, 인간은 단편적 지식은 물론 세계의 질서와 원리를 파악하여 자기 관점을 정립하며 지혜를 터득해 나갈 수 있다. 끊임없는 물음과 탐구 가운데 확 트이는 응용 능력이 생겨날 때, 지식을 터득하여 지혜의 단계로 나아가는 것이다. 그러므로 격물은 단순한 지식의 습득과정을 넘어 인간과 사회, 우주에 대한 이해의 방법이다. 이는 인간의 영특한 지혜를 바탕으로 하면서도 자신의 성실한 노력을 전제로 한다.

그러기에 공자는 진정으로 열의를 갖고 있지 않거나 노력하지 않고, 사물을 캐

묻는 제자에게는 자세하게 일러 주지 않았다. 중요한 것은 널리 배우고 성실하게 뜻을 다하며, 절실하게 묻고 가까운 것부터 생각하면, 지혜의 길로 갈 수 있다는 점이다.

유학에서 배움은 반드시 완성을 요구한다. 그러므로 공부를 남보다 백 배 천 배로 더하라고 권고한다. 이는 '배움―물음―생각―분별―진지하고 성실함'이라는 다섯 가지 과정의 유기적인 통일성 아래 진행하는 교육방법이다. 이처럼 유학은 격물치지(格物致知)와 성의정심(誠意正心)을 통해 성찰하고, 수신(修身)하는 교육의 내재적 가치를 중심으로, 제가치국평천하(齊家治國平天下)라는 타인의 다스림을 통해 사회적 질서를 조절하는 외재적 행위를 지향한다. 즉, 수기치인, 내성외왕, 성기성물의 가치를 구현하려고 노력한다.

이런 점에서 유학은 수기치인, 내성외왕, 성기성물을 추구하는 학문이다. 자기를 수양하고 타인을 배려하고 이해하는 이념적 원리는 동서고금을 통해 보아도 타당한 사고이다. 특히, 개인의 완성이라는 개인교육의 차원을 기본 바탕으로 타자에 대한 관심과 이해의 폭을 넓혀 나가면서 공동체 교육을 추구하는 교육의 체계는 현대교육에 시사하는 점이 많다. 또한 격물치지에서 평천하에 이르는 교육과정도, 사물의 탐구에서 인간과 우주의 다스림이라는 체계적 과정을 거치고 있어 매우 유기적으로 구성된 것으로 보인다. 이는 교육원리의 제시나 교육내용에서 도덕윤리 질서의 강조, 거시적인 차원에서 세계이해는 인문 사회적 측면에서 좋은 시사점을 준다.

반면, 현대적 관점에서 볼 때, 과학적 사고, 지식에 대한 객관적 태도, 실험 실습의 엄밀성 등, 그 내용과 방법에서 한계가 많다. 그것은 동양 전통의 농경 사회에서 배태된 학문의 한계이기도 하다. 현대는 우주첨단 과학기술 문명의 시대로 인공지능 사회이다. 빅 데이터나 생명공학의 발달은 인간과 세계의 이치와 법칙이 혼동을 겪게 만든다. 이런 시대에 체계적인 질서를 규명하던 유학적 사고가 어떤 의미를 지니는지 신중하게 고려할 필요가 있다.

3 도가와 교육사상

도가(道家)는 노자의 사유를 핵심으로 확립된 사상이다. 노자는 『도덕경』에서 자신의 사상을 피력하고 있는데, 『도덕경』은 크게 도의 본체[道體]와 덕의 쓰임[德用]으로 나누어 볼 수 있다. 도는 형이상의 실체이자 만물의 근원이며 우주 운행의 원리이다. 또한, 우주·천지·만물의 창조자일 뿐만 아니라 우주·천지의 운행이나 만물의 생성화육(生成化育)을 주재한다. 그러므로 도는 모든 운행의 도리이자 법칙이다.

도는 '대립(對立)'과 '복귀(復歸)'를 거듭하는 성질을 지니고 있다. 따라서 "돌이킴이 도의 움직임[反者道之動]"이라고도 한다. 도는 '최선의 상황은 물의 성질과 같다'라는 의미의 상선약수(上善若水)라고 하여, 물에 비유하기도 하였다. 물은 언제나 아래로 흐른다. 그것이 모여 강이 되고 바다가 된다. 한 방울의 물은 아무 것도 아닐 수 있다. 그러나 모여서 강이 되고 바다가 되었다. 약해보이는 물 한 방울이 바다로 모여들어 무서운 파도로 바뀔 수 있다. 이런 점에서 가장 약한 것은 가장 강한 것으로 전환될 수 있다. 노자는 부드러움을 강조한다. 그러면서 유약함이 강함을 이긴다고 가르친다.

도를 활용하는 덕의 쓰임에서 노자는 '텅 비고 고요하다'는 의미의 '허정(虛靜)'과 '행함이 없는' '무위(無爲)'를 강조한다. 도는 자연(自然: 스스로 그러함)을 따르고 비어 있으면서도 고요한 원리로 억지로 행하지 않고 자연의 법칙을 따를 것을 강조한다. 즉, 인간의 욕심과 농간, 조작을 버리고 허정한 자연, 순박한 자연의 품에 안길 것을 강조한다. 그래야만 모든 사람이 조화를 이루고 스스로의 생성화육을 도울 수 있다.

이러한 노자의 사상에서 일관되는 핵심은 '무위자연(無爲自然)'이다. 무위는 '가만히 앉아서 아무 것도 하지 않는다'는 의미가 아니다. 노자는 다음과 같이 무위의 의미를 인식하였다. "학문을 하는 자는 날로 더함이 있고 도를 닦는 자는 날로 덜어냄이 있다. 덜어내고 덜어내서 마침내 무위에 이르게 되고 무위에 이르게 되면 행하지 않음이 없다."

여기서 말하는 더함과 덜어냄은 지식이나 재능, 의례나 형식을 두고 하는 말이다. 더함은 '지식을 더 많이 알게 된다'는 의미이고 덜어냄은 '지식이나 재능을 감소시킨다'는 의미이다. 왜 지식이나 재능, 의례나 형식을 감소하는 것이 도가 되는가? 지식과 재능, 의례나 형식은 인간에 의해 인위적으로 만들어진 것으로 진실이 아닐 수 있다. 그러므로 허위를 벗기고 감소시키면 비로소 참된 무위의 경지에 도달할 수 있다. 무위는 성숙한 자의 경지를 말한다. 이렇게 볼 때, 무위는 아무 것도 하지 않는 것이 아니라, '억지로 허위를 더하지 않는다'는 말이다. 즉, 본질을 추구하여 부단히 허위의 껍질을 벗기는 행위이다.

장자는 노자의 사상을 깊이 있게 계승하였다. 워낙 많이 알고 지혜로운 자질을 지니고 있었기 때문에, 장자의 말은 바다와 같아서 끝이 없었다. 동시에 어떤 사안에도 걸림 없이 자유분방하였다. 그의 자유정신은, 자신을 높은 벼슬에 초빙했을 때 답한, 다음과 같은 언급에서 찾을 수 있다. "천금은 엄청나게 큰돈이며 재상은 엄청나게 높은 자리입니다. 당신은 하늘에 지내는 제사인 교제(郊祭)에서 제물로 쓰이는 소를 알고 있겠지요? 희생으로 쓰이는 소 말입니다. 몇 년 동안 잘 길러 비단옷을 입히고는 종묘로 끌고 가서 제물로 바칩니다. 그때 그 소가 하찮은 돼지새끼처럼 자유롭게 살고 싶어 한들 무슨 소용이 있겠습니까? 때는 이미 늦은 것입니다. 무슨 말인지 알겠습니까? 그대는 빨리 돌아가시오. 나를 욕되게 하지 마시오. 더럽혀질 판이었으면 내 차라리 진흙탕 속에서 헤엄이나 치면서 유유자적하지 않았겠습니까? 당신 왕에게 구속되어 살고 싶지는 않습니다. 평생토록 벼슬길에 나가지 않고 내 멋대로 즐기고 싶습니다." 이로 보아 장자가 얼마나 자기 세계를 구축하고 자유정신을 구가하려고 했는지 짐작할 수 있다.

장자의 중심사상은 한 마디로 얘기하면, '무(無)'에 있다. 무심(無心), 무용(無用), 무기(無己), 무위(無爲), 무지(無知), 무언(無言), 무시비(無是非), 무피차(無彼此), 무생사(無生死), 무내외(無內外) 등 '무(無)'자를 즐겨 활용한다. 그는 인간 세상에서 상식적으로 저질러지는 모든 일들에 대한 분별과 구분, 차별의 세계를 벗어난 자유자재의 해탈 세계를 추구했다.

흔히, 교육은 언어를 통해 전달되고 수신된다. 즉, 언어활동을 통해 어떤 개념이 대상에게 전달되는 심적이며 물리적인 과정 속에서 진행된다. 언어는 인간만이 유일하게 사용한다. 그러나 언어는 인간의 이중적 성격을 지원하였다. 인간은 일반적으로 언어를 통해 변명할 수 있는 계기를 갖는다. 이는 인간의 지식과 지혜, 언어의 발달 과정에서 볼 때, 진실의 적극적 해명이라고 볼 수도 있지만, 진실을 은폐하는 역할도 했다. 따라서 어떤 언어 속에 담긴 뜻, 또는 대화의 과정에서 말은 항상 참된 것으로만 볼 수는 없다. 우리는 그것을 일상에서 흔히 경험한다. 교육 상황 속에서도 마찬가지다. 어떤 개념을 설명하거나 행위를 해명할 때, 의문이 풀리지 않는다면 그것을 풀기 위한 말은 더욱 많아지고, 말이 많아질수록 또다시 무수한 억측들이 나돌고, 결국 진정한 의미는 말 가운데 매몰되기도 한다.

노자는 이렇게 언어를 통해 이루어지는 인위(人僞)의 세계를 경계한다. '길[道]'을 '바로 그 길'이라고 말하고, '이름[名]'을 '바로 그 이름'이라고 말할 때, 정말 그 길이고 이름인가? 이에 대한 의심이 그의 출발점이었다. 이는 마치 데카르트의 '회의(懷疑)'를 연상케 한다. 우리가 '한국 교육은 어떻다'고 말할 때, 그것이 정말 '한국의 모든, 또는 진정한 교육'이라고 말하기 힘든 것과 같다. 이에 노자는 다음과 같은 지침을 준다. "길을 바로 아는 성인은 '억지로 행함이 없음'을 일삼고 '말없는 가르침'을 편다."

말은 말하려고 애쓰는 사람에게서 나온다. 말하려고 억지로 애쓰지 않는 사람에게는 행위가 있을 뿐이다. 묵묵히 자기 실천을 하는 사람들에게서 그런 행위를 발견할 수 있다. 이에 앞서 노자는 현실의 아름다움과 추함, 선함과 악함이 인간 문화의 인위적 개념, 서로 싸우고 절대시하는 자기주장의 소산으로 보았다. 그러나 이런 가치가 개입하기 이전에는 '있음과 없음', '어려움과 쉬움', '높고 낮음'이 서로 끊임없이 낳고 이루는 과정을 통하여 개념적으로 고정되지 않는다. 때문에 아무런 폐단도 생기지 않고 무리나 억지도 없다. 이런 행위를 본받아 나오는 것이 훌륭한 사람의 행위이다.

그런 행위의 정점에 '말없는 가르침'이 있다. 이 말없는 가르침은 인간이 만들어 사용하는 언어 문자의 한계와 병폐를 일깨워 준다. 말하지 않고도 가르치는 '불언지교(不言之敎)'는 언어의 부정적 폐단을 줄이거나 없애기 위한 교육방법론이다. 달리 말하면, 언어라는 인위를 소극적으로 대하는 교육이다. 즉, 학생이 스스로 가르치고 배우며, 저절로 바르게 행동하며, 저절로 부유하게 노력하고, 저절로 순박한 모습으로 나아가게 할 수 있다. 이처럼 불언지교의 방법은 하나의 형이상학적 교육의 길을 제시한다. 다시 말하면, 가르침의 기술 가운데 가장 높은 경지의 교육예술을 보여주는 것이다.

그런데 어떻게 인간이 '무위[無爲; 억지로 행함이 없음]'를 일삼을 수 있는가? 교육은, 특히, 우리가 좁은 의미에서의 교육이라고 지칭하는 학교교육이나 의도적 교육은 적극적인 말과 행위를 통해 이루어진다. 문제는 역설이다. '행함이 없이 실행하라'고 한다면, 말 자체의 모순이 일어난다. 노자의 무위는 '아무것도 실행하지 않음'이 아니다. 그것은 '인위적' 또는 '의도적' 행위를 하지 않는다는 의미이다. 정말 행위를 하지 않는 것이 인간인가? 인간의 삶은 늘 작위(作爲)한다. 무언가를 짓고 만든다. 다시 문제가 엿보인다. 노자는 '작위'에 대립되는 '무위'를 강조한다. 이 역설 가운데 교육의 논리가 보인다.

노자가 이야기하는 무(無)는 단순히 텅 빈 공백이 아니다. 무위는 절대적으로 어떤 일체의 행동도 하지 않는 고요함 속의 '함이 없음'이 아니다. 아무 것도 하지 않는 불위(不爲)를 의미하는 것이 아니다. 사물이 활동하고 작용하는 자연스러운 흐름에 준거한다. 이를 위해서는 먼저 행위 주체자의 의식을 순화하여 무위의 경지를 체득해야 한다. 무위의 경지를 체득한 사람은 의도적으로 사물의 활동과 작용에 순응하려는 태도를 취하지는 않는다. 자신의 본성이 내키는 대로 행위할지라도 모든 일이 저절로 조화를 이룰 수 있도록 내맡긴다. 이렇게 볼 때, 무위는 오히려 모든 행위를 가능하게 한다는 점에서 진정으로 유효한 삶의 태도일 수 있다.

세상에서 말하는 배움을 하면 할수록 배울 것은 날마다 불어난다. 그런데 도를 실천하면 할수록 날마다 할 일이 줄어든다. 줄고 또 줄어들어 함이 없는 경지에까지 이르게 된다. 함이 없는 데까지 이르고 나서야 모든 것이 되지 않음이 없다.

노자는 인간의 배움에 대한 적극적인 반성을 촉구했다. 배움이 과연 인간을 올바르게, 인간답게 살아가는데 유용한가? 오히려 배우면 배울수록 지식과 욕망, 허위의식 등이 싹트고 인간 세계를 어지럽히는 것은 아닌가? 노자는 이 점을 경계했다. 배움 자체의 부정이 아니라 배움으로 인해 드러나는 폐해를 지적한 것이다. 지식을 많이 습득하면 습득할수록 힘을 가진다. 지식은 하나의 권력이다. 지식을 통한 욕망의 확대, 교육 자체가 하나의 권력을 재생산하여 끊임없이 인간 스스로는 인간을 피폐하고 말살하는 죽임의 구렁텅이를 지향한다. 때문에 노자는 "학문을 끊어라. 근심이 없을 것이다!"라는 극단적 발언을 하는데 이른다. 이렇게 오래 전에 배움에 대한 경종을 울려준 것이 노자의 무위 사상이다. 노자의 이런 사유는 사실, 인위로 하지 않음이라는 역설이자 자연스럽게 행하려는 삶의 적극적 표현이다. '무위'는 흔히 소극적인 삶의 대응방식으로 이해하기 쉽다. 그러나 역설적으로 인위를 넘어서는 적극성이 있다.

노자의 무위는 현실적인 인간의 정치나 교육 상태에 대한 대안이자 질타이다. 인간인 이상 인간에 대한 최소한의 간섭이나 관계가 없을 수는 없다. 따라서 가능한 한 간섭하지 않는 교육, 자유의 교육이 필요하다. 지나친 간섭과 꽉 짜여진 지식 교육보다 좀 느슨하고 자유로운 자율과 자치의 교육이 효과적일 수 있기 때문이다.

한편, 노자를 이어 무(無)를 중시하는 장자의 사고는 조금만 생각해보면, 유(有: 있음)라는 현실적 사고에 대한 반발이자 비판이다. 일상적으로 '있음'에 대한 단순한 부정이 아니라 그것이 진정 어떻게 무슨 의미로 존재하는가의 문제이다. 그것을 해명하는 말이 무위이다. 앞에서 언급했지만, 무위는 단순히 '아무것도 하지 않는다'는 소극적 의미가 아니다. 무위는 '함이 없어도 저절로 잘 행해지는' 적극적 행위의 다른 모습이다. 그리고 그 무위의 자연성이야말로 생명의 정신을 담보한다. 이 무는 세상 만물에 다양한 관점을 부여할 수 있다는 전제에서 출발한다. 그리하여 더 넓은 세계로 나아가 분별과 차별의 세계를 해체하며, 물아일체의 경지를 이루고 차별상을 망각하는 좌망(坐忘)의 세계로 나아갔다.

노자가 제시한 무위의 교육은, 현대 사회의 지나친 인위적 교육으로 인한 비인간화 교육에 대한 반성의 계기를 제공한다. 무위를 통해 보다 근본적으로 돌아가려는 태도, 자연스러운 교육을 중시하는 태도는 현대교육의 병폐에 대한 수많은 대안들을 상정하는 데 도움을 준다. 그것은 삶의 방식을 다양하게 인정하는 관점을 열어준다. 우리에게 인위적으로 설정된 하나의 목표물을 향해 나아가기보다 나의 자연성, 소질을 바탕으로 자신의 세계를 구축할 수 있는 눈을 열게 한다. 또한 보다 트인 눈으로 세계를 넓히고, 나의 관점 이외에 다른 관점도 얼마든지 있음을 인정하며, 타인을 이해하고 배려하는 사고를 가지도록 도와준다. 그리고 나와 너의 구분과 차별을 초월하여, 조화와 화해의 경지로 유도한다.

그런데 교육은 인간으로서 가치를 추구하는 가치 지향적이다. 이때 인위적 문화는 필수적으로 형성된다. 도가의 경우, 인위적 문화세계를 비판하고 무위를 주장한다. 어찌 보면 인위의 부정, 반문화적 특성을 지닌다. 교육이 아니라 반교육(反敎育)처럼 이해될 수도 있다. 이런 점에서 도가적 무위 문화, 자연스런 인간의 문화 세계는 어떻게 구가할 수 있는지 새로운 고민을 하게 만든다.

4 불교와 교육사상

불교를 창시한 부처[佛陀; 고타마 시타르타]는 '출생 – 늙음 – 병듦 – 죽음[生老病死]'으로 대표되는 인간의 고통을 자기의 것으로 받아들이고 해결하기 위하여 자신을 관찰하였다. 이때 관찰은 합리적 논리나 지성을 통해 획득되는 작업이 아니다. 종교적 삶 속에서 가능하다. 그렇다 하더라도 논리나 합리를 끝까지 추구할 필요는 있다.

그 한계의 끝에서 지성[이성]을 넘어서는 감성의 체념에 다다를 때, 인간 삶의 비약이 이루어진다.

불교의 사상은 인간의 참된 삶은 '다른 것과의 관계 속에서 생긴다.'는 연기법(緣起法)을 기초로 한다. 여기에서 파생된 교설이 불교의 기초이론을 이루는 삼법인(三法印)과 사성제(四聖諦)이다. 이 세상의 만물은 홀로 존재하는 듯하지만, 사실은 원초적으로 그물망처럼 얽혀있다. 석가모니는 모든 사물은 모두 인연이 화합해서 이루어진 것이며 모두 인과(因果) 관계를 일으키는 것이라고 하였다. 즉, 인생의 고통, 인간의 생명, 인간의 운명은 자기가 원인을 짓고 자기가 결과를 받는다. 이는 부처가 깨달은 진리로, 불교에서는 연기법이라고 한다. 그것은 '인간의 삶이 왜 어둠 속에서 헤매는가?' 그 원인을 밝혀냄과 동시에 그것을 벗어나기 위한 교설이다.

이 연기법의 대표적인 것이 12연기인데, 열두 가지의 연결 고리로 설명된다. 즉, 모든 존재의 역동적인 상의상관성(相依相關性)을 열두 마디의 '고리'로 설명한다. 열두 마디의 고리는 다음과 같다. '근본적 무지인 무명(無明) － 형성력인 행(行) － 의지 활동인 식(識) － 주관과 객관인 명색(名色) － 대상을 인식하는 장소인 육처(六處) － 접촉을 뜻하는 촉(觸) － 감각을 받아들이는 작용인 수(受) － 맹목적이며 충동적인 망집인 애(愛) － 집착을 뜻하는 취(取) － 사상 행위인 유(有) － 내세의 삶인 생(生) － 늙음과 죽음인 노사(老死)'이다.

이 열두 인연의 내용과 관계를 간략하게 설명하면, '무명'이란 어리석음과 무지를 말하는데, 행의 조건이 된다. 행은 의지활동을 가리키는데, 식의 조건이 된다. 식은 뱃속의 심식(心識), 정신 활동으로 명색의 조건이 된다. 명은 마음·정신이고, 색은 물질·육체를 뜻하는데, 육처의 조건이 된다. 육처는 눈, 귀, 코, 혀, 몸, 의지로 육입이라고도 하는데, 촉의 조건이 된다. 촉은 촉각으로 수의 조건이 된다. 수는 감수로 애의 조건이 된다. 애는 갈망, 탐애, 탐욕인데 취의 조건이 된다. 취는 추구하는 집착으로 유의 조건이 된다. 유는 업으로 유는 생의 조건이 된다. 생은 내세의 생으로 생사의 조건이 된다. 생이 있으면 반드시 늙고 죽음이 있다. 미래에 생이 이루어져서 그 후에 노쇠하고 사멸에 이르는데, 이것이 노사이다.

　이처럼 열두 부분은 계속 결과를 일으키기 때문에 원인이라 불리며, 서로 조건이 되기 때문에 인연이라고도 일컬어진다. 그래서 합하여 12인연이라고 한다. 12인연은 중생이 생사유전하게 되는 인과관계를 설명한 것으로 12개의 부분이 순서대로 인과의 순환관계를 이루고 있다. 어떤 생명체도 해탈하기 이전에는 이러한 인과율(因果律)에 의지하여 삶을 지속한다. "계속 태어나고 늙고 죽으니 윤회가 끝이 없다!" 12연기는 실로 시작도 없고, 끝도 없으며, 시간적으로나 공간적으로도 아무런 구애를 받지 않는다. 그러기에 12연기는 생명 현상의 총괄적 설명이며, 또한 생명체가 고통을 받는 원인이다. 그런데 이러한 12연기는 과거 - 현재의 인과 관계와 현재 - 미래의 인과관계라는 이중구조를 넘어서지 않는다.

　이러한 12연기를 관찰함으로써, 삶에 대한 인식과 태도가 정립된다. 그것은 크게 세 가지로 드러난다. 제법무아(諸法無我), 제행무상(諸行無常), 일체개고(一切皆苦)라고 하는 불교의 근본 교의인 삼법인이다. 이때 인(印)은 '불변하는 진리'임을 강조하는 표현이다.

　첫째, '제법무아'는 "일체가 무상으로 '나'라는 존재가 없다"라는 의미이다. 나는 실체가 아니다. 그렇다고 자기존재 자체를 부정하는 것은 아니다. 또한 긍정하지도 않는다. 부처는 어디까지나 '나의 본질을 파악할 수 없다[非我]'는 것만 가르쳤다. 인간의 참된 실존적 모습은 원인과 조건의 화합에 따라 변화·존속된다.

　둘째, '제행무상'은 "모든 것은 늘 변한다"라는 의미이다. 모든 현상은 순간적 존재이다. 찰나(刹那)마다 또는 일정한 기간을 두고 바뀌어간다. 불교는 이를 통해 '영원하다'는 사고 또는 '소유한다'는 관념을 포기하도록 가르친다.

　셋째, '일체개고'는 "우리들이 경험하는 모든 것은 '괴로움'이다"라는 의미이다. 괴로움이란 자기 생각대로 완전하게 되지 않는 것을 말한다. 경전에 따라서는 일체개고 대신에 '열반적정(涅槃寂靜: 열반에 들어 고요한 상태에 이름)'을 삼법인으로 제시하는 경우도 있고, 모두 합해 4법인으로 제시하는 경우도 있다. 어느 경우든 삶에 대한 올바른 인식으로 이끌기 위함이다.

　삼법인을 통해 인간 삶의 본질을 인식했다면, 어떻게 올바른 존재방식으로 유도할 것인가? 불교에서 가장 먼저 모습을 드러낸 실천적 교설은 네 가지 진리인 '고(苦)·집(集)·멸(滅)·도(道)'의 사성제(四聖諦)이다.

　첫째, '고제(苦諦)'는 '미혹된 범부의 생존은 괴로움의 덩어리뿐'이라는 말이다. 그렇다고 부처가 즐거움과 기쁨, 행복을 부정하려는 것은 아니다. 단지 이 말을 통하여 육체적·정신적 쾌락의 무상함을 강조하려 했을 뿐이다. 괴로움에는 크게 세 가지 종류가 있다. '육체적·정신적 고통'과 '애착하고 있던 것이 괴멸하는 데서 오는 고통', 그리고 '세간의 모든 것이 인연으로 얽혀 있음으로 인해 빚어지는 고통'이다. 이는 현실세계에 대한 인식을 보여준다.

　둘째, '집제(集諦)'는 '현실세계는 괴로움이 생기는 원인'이라는 말이다. 괴로움의 원인은 세 가지로 분류된다. 즉, 인간은 다시 태어나고자 하며, 쾌락을 갈망하며, 탐욕을 부린다. 이것은 미혹된 세계의 인과 관계 속에서 욕망에 물든 삶의 방식이 괴로움을 만들어낸다는 사실을 보여준다.

　셋째, '멸제(滅諦)'는 '욕망에 물든 세계가 사라진 상태가 이상의 경지'라는 말이다. 우리는 스스로 이러한 괴로움에서 벗어날 수 있다. 괴로움의 원인에 대해 올바른 이해와 수행을 통해 우리 스스로 괴로움의 뿌리를 끊고 열반(涅槃)에 이를 수 있다. 멸제에는 두 가지가 있다. 하나는 생전에 열반에 이르러 자신의 부정함을 벗어버리는 것으로, 잠시멸(暫時滅)이라 한다. 다른 하나는 깨달은 이가 마침내 죽음에 이르러 자신의 육신마저 모두 벗어버리는 것으로 구경멸(究竟滅)이다. 이는 인간 존재의 이상 세계에 대한 방향 설정이다.

　넷째, '도제(道諦)'는 '괴로움을 없애기 위해서는 수행이 필요하다'라는 의미이다. 즉, 괴로움을 끊는 방법에 관한 것이다. 이는 구체적 수행의 필요성에 대한 인식과 실천이다. 그렇다면 구체적 실천 방법, 깨달음에 이르는 도리는 무엇인가?

　그것은 '팔정도(八正道)'라는 여덟 가지 올바른 길로 제시된다. 첫째, 바른 견해인

정견(正見)이다. 이는 사성제에 대한 올바른 이해를 말한다. 둘째, 바른 사유인 정사유(正思惟)이다. 이는 욕망과 사사로운 견해, 그리고 무자비를 여읜 바른 생각을 말한다. 셋째, 바른 말인 정어(正語)이다. 이는 거짓말, 이간질, 욕설, 실속 없는 말 등을 삼가는 것이다. 넷째, 바른 행위인 정업(正業)이다. 이는 살인, 도둑질, 일체의 삿된 행동을 범하지 말아야 한다는 뜻으로 불교의 윤리관을 그대로 보여 준다. 다섯째, 바른 생활인 정명(正命)이다. 이는 점성술, 마술, 예언, 중매, 혼인집전, 그 외의 온당하지 못한 직업(예컨대, 백정)에 종사하는 것을 금하는 일이다. 여섯째, 바른 수행인 정정진(正精進)이다. 이는 끊임없는 노력으로 이미 일어났던 나쁜 생각을 미리 막는 것이다. 될 수 있는 한 선한 생각을 많이 해서 이를 잘 보전하는 것을 가리킨다. 일곱째, 바른 정신인 정념(正念)이다. 마음을 한 곳으로 모아 자신의 심신은 물론 주위의 일체 사물을 바로 관찰하는 것이다. 여덟째, 바른 정신통일인 정정(正定)이다. 이는 사선정(四禪定)에 이르기 위해 명상에 열중하는 것이다.

고제와 집제는 미혹(迷惑)의 인과관계를 나타내고, 멸제와 도제는 깨달음의 인과관계를 나타낸다. 이를 질병에 비유해서 설명하면, 고제는 병을 발견하는 일이고, 집제는 병의 원인을 파악하는 것이다. 멸제는 병이 난 후의 건강 상태를 가리키고, 도제는 좋은 약에 해당한다.

불교에서 인간의 현실은 '괴로움[苦: suffering]' 그 자체이다. 그 원인은 그릇된 행위에 있다. 그릇된 행위는 자신과 세계의 참 모습을 올바로 알지 못하는 정신적 미혹(迷惑)에서 기인한다. 불교는 이러한 자신과 세계의 참 모습을 올바로 알게 하려는 '깨달음'을 최고로 하는 가르침이다. 인간은 깨달음을 통해 우리의 행위, 즉 삶이 바르고 밝아져 자연스럽게 행복을 실현하게 된다.

이렇게 볼 때, 불교의 인간관은 존재(存在)의 관점에서는 '고관(苦觀)'이고, 당위(當爲)의 관점에서는 '각관(覺觀)'이라 할 수 있다. 따라서 불교사상에 기초한 교육의 방향이나 목적은 지식의 축적이나 전문기능의 습득이라기보다 '깨달음'이다. 달리 말하면, 정신적 자각이 그 본질이다.

불교적 깨달음은 '마음'에서 시작되어 '마음'에서 이루어진다. 그래서 불교를 '마음의 종교'라고 부른다. 이를 잘 드러내고 있는 것이 바로 유식론(唯識論)이다. 마음에서 마음으로 전하는, '이심전심(以心傳心)'의 방법으로 불교는 진리를 드러낸다. 마음의 깨달음이자 마음공부이다. 그것은 끊임없는 수행, 자기 조절과 해탈의 과정을 거친다.

다시 강조하면, 불교에서는 깨달음, 자아의 각성을 매우 중시한다. 마치, 소크라테스가 "너 자신을 알라!"고 설파했던 것처럼, 또는 실존철학에서 '각성'의 문제를 명석하게 분석했던 것처럼, 불교에서도 '각성(覺醒)'이 일차적으로 요구된다. 그런데 인간의 자아 각성은 직관적으로, 비약적으로 이루어진다고 한다. 이것을 불교에서는 '돈오(頓悟)'라고 한다. 비약적 각성인 돈오를 통하여 인간의 현실세계는 가치론적으로 새로운 의미를 지니게 되고, 삶의 전환을 가져온다. 그러나 이 돈오로써 삶의 문제가 끝나는 것은 아니다.

인간은 과거에서 현재, 미래를 지속적으로 살아가는 유기체이므로 몸에 밴 습성을 비약적 각성을 통해 모두 쓸어버리지는 못한다. 따라서 돈오 이후 끊임없는 수양을 통해 점차 닦아나가는 '점수(漸修)'가 요구된다. 불교적 관점에서 교육의 본질은 바로 인간의 깨달음, 내면적 자각을 전제로 한 문화 지식의 전수, 인간 행동의 변화, 사회의 유지와 혁신 등으로 볼 수 있다.

이러한 교육적 인간상의 정점에 불타(佛陀)가 있다. 그런데 불타는 깨달은 사람, 밝은 사람, 따뜻한 사람으로 지혜(智慧)와 자비(慈悲)를 상징한다. 깨달음은 본질적으로 스스로 깨닫는 자각을 의미한다. 그러기에 불타는 '자각적 인간형', 또는 '자주적 인간형'이다. 자주적 인간형은 불타 자신까지도 벗어 던진다. 특히, 선가(禪家)에서는 "본분을 바로 들어 보일 때는 부처나 조사(祖師)도 아무런 공능이 없는 것이다."라고 하여 스스로의 깨달음을 가장 중시했다. 이는 성불이나 해탈의 길에서 궁극적으로 불타의 구속으로부터 자유로울 것을 요구한다.

그러나 교육은 사람을 상징하는 '인(人)'이라는 글자 자체에서도 알 수 있듯이, 인간관계를 전제로 한다. 그런 교육 행위를 불교에서는 다음과 같은 비유로 설명한다. "달걀이 부화할 때, 병아리는 계란의 안쪽에서 부리로 문지른다. 어미 닭은 바깥에서 껍질을 쫀다. 그 문지름과 쫌이 시기가 딱 맞아 덜어질 때 달걀의 껍질이 깨지고 새 생명이 탄생한다. 이를 '줄탁동시(啐啄同時)', '줄탁동기(啐啄同幾)'라고 한다. 이는 불교가 내세우는 최고의 교육상황이자 작용을 비유한 것이다.

그렇다면 공부하는 사람이 가장 먼저 알아야 할 일은 무엇인가? 무엇을 배워야 하는가? 어떤 것을 깨우쳐야 하는가? 이런 사안에 대한 판단력과 변별력이 중요하다. 배우는 사람은 먼저 불타의 참다운 가르침을 깨달아야 한다. 그 마음이 뚜렷이 드러난 하나의 생각으로 공부하여 무엇을 얻어야 하는지 생각해야 한다.

교육을 가름하는 기준은 판단력이다. 우리는 어떤 것을 배워야 하고, 어떤 것을 교육에서 경계해야 하는가? 어떤 것이 이 시대에 필요하고 삶을 살찌우는가? 불교 선가에서는 불변하는 것과 인연에 따라 바뀌는 것을 깨닫는 일을 중시한다. 그리고 돈오점수(頓悟漸修)의 길을 취해, 교(敎)를 버리고 선(禪)의 길을 탐구하라고 강조한다. 부처의 말씀인 교를 선에 입문하는 하나의 방편으로 인식하고, 언젠가는 버려야 할 것으로 이해한다. 그래서 우리는 수많은 이론과 실천 가운데 '실천'에 무게중심을 둔다. 이런 맥락에서 말은 교(敎)와 이론으로, 말 없음은 선(禪)과 실천으로 도식할 수도 있다.

그렇다면 어떤 교육방법이 요구되는가? 선가(禪家)에 의하면, 공부하는 이는 활구(活句)로부터 시작한다. 즉, '의미 없는 말', '무언가 잘 모르는 그것', '말도 안 되는 말'로부터 출발한다. 이것이 선이다. '개가 불성이 없다', '뜰 앞에 잣나무', '삼 세근', '마른 똥 막대기' 같은 말들. 이 도대체 무슨 말인가? 의미맥락을 따지는 사구(死句)에서는 도대체 통하지 않는 언표이다. 선은 인간의 간절한 마음 자체에서 나오는 것일 따름이다. 마치 닭이 알을 품듯 하며, 고양이가 쥐를 잡을 때와 같이 하며, 주릴 때 밥 생각하듯 하며, 목마를 때 물 생각하는 듯 하며, 어린애가 엄마를 생각하듯 하는 것 등, 마음에서 저절로 우러난 것이지 억지로 꾸며 낸 것이 아니다.

그러나 이 교육은 세 가지 요건을 갖추어야 한다. 그것은 신심[信根]과 분심[憤志]과 의심[疑情]이다. 즉, 깨달은 사람이 되기 위해서는 믿음이 근본이 되어야 한다. 그리고 공부를 하는 이는 먼저 뜻을 세워야 하며, 교육적 화두를 의심해야 한다. 그렇지 않는다면 큰 병이 된다. 크게 의심하면 할수록 크게 깨친다. 그런데 우리 인간은 무언가를 알아맞히려 하고, 생각으로 헤아리려 하며, 깨달음을 기다린다. 이런 사고작용은 깨달음과 진리의 세계로부터 멀어져 가는 길일 따름이다. 중요한 것은 교육의 현상이 아니라 근본이다. 원래 목적했던 교육내용을 제대로 실천하고 있느냐? 깨달은 바를 마음으로 지속 시키느냐?의 문제이다.

불교는 깨달음과 각성, 12연기법과 삼법인, 사성제를 통해 교육내용과 방법에 의미심장한 시사점을 준다. 특히, 인간의 내면적 깨달음과 인연법에 의한 세계에 대한 이해는 우주 삼라만상과 인간에 대한 근본적 성찰을 하게 만들었다. 팔정도와 다양한 선문답은 진리의 세계에 다가가는 방법론을 제시하였고, 현세 인간과 교육에 대한 본질 탐구에 색다른 시각을 제공한다.

반면, 현실세계의 인간들이 불교적 깨달음을 얼마나 이해할 수 있을지, 지나친 형이상학의 세계로 설명되고 있어 구체적 세계를 살아가는 존재들에게 다가가지 못하는 한계가 있다. 교육은 끊임없이 무언가를 만들어가고 보완해가는 차원이 대부분이다. 그런 세계를 향해 그것이 허망한 사안임을 깨닫고 벗어던지라는 호소는 설득력이 적어 보인다. 따라서 불교의 기본사상인 연기법과 깨달음의 세계를 교육적 차원에서 재해석하고, 교육내용과 방법적 차원에서 어떻게 적용할 수 있을지 고민할 필요가 있다.

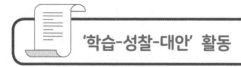

'학습-성찰-대안' 활동

❀ **1단계 【학습】** 요약 정돈; 본문을 학습하고 핵심내용을 정리하시오.

✿ 2단계 【성찰】 문제 비판; 1단계의 '본문 학습'과 '핵심내용 요약 정돈'을 근거로, 아래 표의 철학적 영역에 맞추어 성찰하시오.

기본 영역	본문 내용 (개별사유)	통합 성찰 (공통 토의)
형이상학	형상;	
인식론	인식;	
가치론	가치;	
논리학	논리;	

✿ 3단계【대안】교육철학 재고; 1단계와 2단계의 '학습-성찰' 활동을 바탕으로, 시대정신을 고려한 교육철학을 도출하시오.

구분	내용	대안 제시
개별 제안		
공동 논의		

제2부
전개와 발전

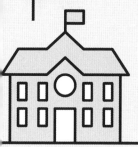

자연교육과 국민교육

1 자연성과 인위성

교육을 정돈할 때, 두 가지 차원의 거대한 시각이 있다. 하나는 인간의 '개인성'을 중심으로 그 발달과 성장 및 성숙을 다루는 관점이다. 다른 하나는 인간의 '공동체'를 중심으로 교육이 어떻게 작용하고 기능하느냐의 문제이다. 전자는 자연성, 즉 '본성(本性)'이나 자연법적 차원에서 개인교육의 문제를 탐구하는 작업이다. 후자는 '인위성(人爲性)'이나 성문법적 차원에서 국민교육의 문제를 탐색하는 일이다.

교육을 자연성이나 자연법(自然法)의 차원에서 다룰 때, 자연의 개념은, 그리스의 '퓌시스(phusis)'에서 시작되었다. 예를 들면, 플라톤은 『국가』에서 퓌시스를 인간의 '자연적 소질' 또는 '태어나는 본성'이라는 의미로 사용하였다. 플라톤의 영혼을 다룰 때 언급한 것처럼, 인간에게는 '금(金)', '은(銀)', '동(銅)/철(鐵)'의 세 가지 본성이 존재한다. 교육은 그 소질이 허용하는 범위에서 가능하다. 자연의 입장에서 보면, 그것은 소질을 벗어나 인위적으로 만들어지는 상황에서 움직이기는 어렵다. 현대적 시각에서 플라톤의 분류를 그대로 믿을 수는 없다 하더라도, 교육에서 자연성은 교육현상을 분석하거나 해명할 때, 인간에게 본질적으로 내재하는 성질을 포함한 '자연'을 중시하는 사고이다.

서구교육에서 이러한 사고가 강조되기 시작한 것은 근대 이후이다. 르네상스를 거쳐, 근대사회에서 인권이 존중되고 사회도덕이 재편되면서, 자연성이나 자연법적 원리는 매우 중요한 이론으로 등장하였다.

반면, 교육의 인위성, 즉 성문법(成文法)적 특성은 자연성을 기저로 하는 교육과 사뭇 다르다. 그것은 개인적 본성, 즉 본질적으로 내재하는 개인의 특성에 주안점을 두기보다는 외부로부터 부여되는 사회적 목적을 지닌다. '내부로부터 자연스럽게 발출되느냐? 외부로부터 인위적으로 부여되느냐?'라는 질적 차이가 존재한다.

개별적으로 가정에서 이루어지는 교육이나 교회 또는 수도회 등의 교육단체, 길드(Guild)나 상공업조합, 기타 교육을 목적으로 하는 자발적 단체 등, 사적 기관에 의한 교육은 사교육(私教育)이라 한다. 이와 달리 국가나 지방공공단체 등, 공공기관이 실시하는 교육, 기타 공적으로 비용을 받고, 공공기관에서 감독을 받는 교육을 일반적으로 공교육(公教育)이라 부른다. 이처럼 인위적으로 성문법에 의해, 전 국민을 대상으로 교육해야 한다는 사상은, 멀리는 고대 그리스의 스파르타에서 실행되었고, 중세 가톨릭 세계나 식민지 초기의 아메리카 퓨리턴에 의한 제정일치 체제에서도 공적 비용을 활용한 교육을 당연시하였다.

그러나 동일한 사회 내에서도 제각기 다른 종교나 교파가 공존하고, 18세기의 시민혁명이나 계몽사상의 대두, 19세기의 근대국가 건설이나 산업혁명에 따른 사회경제의 변화, 과학기술의 발전으로 인해, 국민이나 공권력의 교육에 대한 개입 정도, 대상이나 교육내용에 대한 방법을 둘러싸고, 다양한 교육사상가들의 사유가 제기되었다.

예를 들면, 벨과 랭카스터에 의해 고안된 '조교법(助教法, monitorial system)', 일명 '벨-랭카스터법'은 대량의 아동들에게 저렴하게 초보적 지식을 전달하는 것을 가능케 하였고, 국민교육제도를 형성하는 단초를 제공했다. 당시 상부계층 사람들은 민중에게 지식교육을 부과하는 것에 대해 위험하다고 생각하였다. 조교법으로 인한 집단적 활동의 측면을 불안해했다. 하지만 그 교육내용에서 종교적 측면과 저급한 지식을 구분하자, 종교계 사람들의 관심을 사로잡았다.

그렇더라도 여전히 자파 이외의 종파가 공적 비용을 보조받으며 교육을 독점하는 상황에 대해서는 매우 경계하였다. 또한, 보다 역량 있는 교사로부터 보다 풍부한 내용이나 인간적 교양을 추구하려는 사람들은, 이와 차원을 달리하는 국제적 경쟁력을 높이려는 사람들에게 비판받았다. 이런 상황을 견뎌내며, 근대 이후의 교육은 단순하게 민중을 지배하기 위한 공교육에 그치지 않고, 인권으로서 공교육이라는 사상의 맹아를 싹틔웠다.

2 자연교육

(1) 코메니우스; 자연에 따른 범지학(汎知學)

코메니우스(Johann Amos Comenius, 1592~1670)는 유명한 『대교수학』(大敎授學, Didactica Magna)에서 "인간은 피조물 가운데 '최고의, 가장 완벽한, 가장 탁월한 존재이다!"라고 하였다. 이는 '인간'을 형성하기 위한 자연의 역할을 담보한다. 즉, 인간이 되기 위해서는, 현실적 인간이 갖는 '자연'에 따른 교수·학습방법을 빼놓을 수 없음을 강조한 언표이다. 그가 말하는 인간이 갖는 '자연'이란 인간 '최초의 기본적 성질'이다. 그 '자연'을 발전시키기 위해 외부에서 강제적으로 무언가를 가져오거나 추가할 필요는 없다.

예를 들어, 식물의 씨앗을 보자. 씨앗은 대지에 뿌리면 자연스럽게 발아하여 땅에 뿌리를 내린다. 그리고 어린 가지나 잎을 우거지게 하고, 꽃과 열매를 맺는 힘이 있다. 인간도 마찬가지이다. "인간은 성장과정에서 무엇 하나 외부에서 가져올 필요가 없다. 스스로 자신의 안에 감춰져 있던 것이 옷을 벗고, 차례로 펼쳐져, 하나하나의 것이, 그 모습을 명확하게 하는 것만으로 충분하다." 또한 "어떤 인간도 무언가를 알려고 하는 소망과 그 노력에 견디는 마음뿐만 아니라, 알고 싶다는 욕망 또한 심어져 있다." 즉, 인간에게는 모든 것이 갖추어져 있다!

다시 말하면, "촛대도, 심지도, 등유도, 부싯돌도 모든 것이 갖추어져 있다. 불꽃을 일으키고, 불을 지피고, 심지를 타게 하는 방법조차 충분히 마음가짐으로 갖고 있다면, 신의 지혜가 깃든 놀라울 정도의 보고(宝庫)가, 자신의 내면에서도, 큰 세계 속에서도, 즐거운 광경으로 펼쳐질 것이다." '불꽃을 일으키고, 불을 지피고, 심지를 타게 하는 방법'은 자연스럽게 이루려는 이치에 따르는 작업이다. 이것이 『대교수학』의 서두에서 코메니우스가 말하는 "약간의 노력으로, 유쾌하게, 착실하게" 학습하는 방법이다.

그렇다면 어떤 교육내용이 인간형성에서 바람직한가? 이에 대해 코메니우스는 "현세와 내세의 생명에 포함되는 모든 것"이라고 말한다. 이때 '모든 것'은 그의 '범지학(汎知學, Pansophism)' 이념을 구체화하는 『세계도회』(世界圖繪, Orbis Pictus)에서 세밀하게 지시하고 있다. 『세계도회』에는 「1. 신」에서 시작하여 「150. 최후의 심판」에 이르기까지 '그림[圖]'을 넣어 설명한다. 일반적으로 시각 교재의 선구적 작품으로 불린다.

코메니우스의 교육적 요지는 다음과 같이 정돈된다. '인간이 선천적으로 지니고 있는 여러 능력이 내부적으로 성숙하도록 기다리는 것이 인간이 지닌 '자연'에 어울리는 방법이다.' 이 경우, '여러 능력을 생득적으로 지닌 것이 개인에 따라 다른가?' 또는 '동일한 개인의 내면에 있는 여러 능력 사이의 구조는 어떻게 이해해야 하는가?' 등의 문제는 명확하게 드러나지 않는다.

(2) 루소; 자연의 생명 교육

루소(Rousseau, Jean Jacques, 1712~1778)는 '서구 근대교육사상의 시조', 또는 '아동의 발견자'로 알려져 있다. 왜, '시조'이며 '발견자'일까? 그가 살았던 18세기는 영국을 중심으로 일어난 계몽사상이 이전 사상과 대결하며 프랑스 계몽사상을 비롯한 다양한 철학이 생성되던 시대이다. 루소는 몽테스키외, 볼테르, 디드로, 달랑베르 등 계몽주의자들의 주변에 있었지만, 나름대로 독자적인 사상을 전개하였다. 즉, '이성(理性)에 의해서만 인간은 인간이 된다!'라는 프랑스의 합리주의에 대해, '감성

(感性)에 의해 인간이 된다!'라고 주장하였다. 감성은 자기와 타인의 관계를 형성하는 모태가 되고, 인간의 '자연 상태'를 형성한다. 이성과 문명은 "자연의 상태에서 멀어져 혼자서 걷기 시작할 때, 인간의 불평등을 촉진하는 것이 된다." 그의 교육관도 이런 사유에서 비롯한다.

'인간은 교육에 의해 만들어진다!' 이것이 교육에 관한 루소의 기본 관점이다. 이때 교육은 '자연', '인간', '사물'의 세 가지로 이루어진다. '자연'은 인간에게 내재하는 심신을 발달시키는 힘을 가리킨다. '사물'은 인간을 둘러싼 물질적 환경이다. '인간'에 의한 교육은 타인으로부터 의도적·무의도적으로 작용하는 일이다. 이 세 가지 가운데 인간의 힘으로 움직일 수 없는 것이 '자연'에 의한 교육이다. 따라서 이 세 가지가 상호 조화를 유지해 나가기 위해서는 '인간'과 '사물'에 의한 교육을 '자연'의 교육에 맞추어 나가는 것 이외에는 없다. 자연에 따르지 않는 교육이 이루어진다면, 그런 인간은 어떤 존재일까?

영·유아기의 아동은 수시로 울어댄다. 부모는 이를 달래기 위해, 아이를 흔들거나 어르기도 한다. 그럼에도 불구하고 울음을 멈추지 않는 경우에는 으름장을 놓거나 때리기도 한다. 루소는 이런 상태에 대해 다음과 같이 고민한다. "우리는 아이의 기분에 '맞추는 일'을 해야 하는가? 아이의 기분에 맞추는 일을 '강요'할 것인가? 아니면 이미 그렇게 하고 있는 것인가? 아이들은 명령을 받고 그 명령을 수행하지 않으면 안 된다. 따라서 아이들이 갖는 최초의 관념은 '지배'와 '복종'이다."

이렇게 영·유아기를 보낸 후, 아동들은 학교교육을 받는다. 그 결과는 암담하다. "아동에게 이것저것을 배우게 한 후, 즉 아동에게 두대체 무엇인지 확실히 알기 어려운 언어와 아무 도움이 되지 않는 것을 머리에 주입시킨다. 인위적으로 만들어낸 정념에 의해 갖추게 된 사안을 강제로 주입시키고, 이렇게 만들어진 인간을 교사의 손에 맡긴다. 그러면 교사는 이미 자라버린 인공적인 싹이 열매가 될 때까지 자라게 하고, 아동들에게 온갖 내용을 가르친다. 그러나 스스로를 알고, 스스로를 발전시키며, 생활에서 스스로를 행복하게 만드는 일은 가르치지 않는다. 그 결과, 아동은 학식은 풍부하지만 분별이 없다. 심신이 허약한 아동은 그 무능함이나 거만함에서 드러나듯이, 모든 악덕을 알리려는 것 같은 현실로부터 도망쳐버린다."

루소에 의하면, 영·유아기와 아동기 동안, 아동들은 도움이 되지 않은 내용만을 인위적으로 머리에 주입 당한다. 심신이 허약하면서도 건방진 태도를 지닌 인간으로 왜곡되어 성장한다. '자연이 만드는 인간'은 이와 다르게 '인간 본연의 모습을 지킨다!' 때문에 "아동들에게 가르쳐야 하는 학문은 한 가지일 뿐이다. 그것은 인간의 의무에 관한 학문이다."

'자연인'에 대립하는 인간은 '사회인'이다. 자연인은 '그 자신이 그대로 모든 것'인 데 비해, 사회인은 그 가치가 '전체, 즉 사회와의 관계 여하에 따라 결정되는 것'이다. 루소는 이 두 가지 개념과 각기 대비되는 개념으로 '인간'과 '시민'을 제시한다. 그리고 자신이 교육을 통해 기르려는 것은 '인간'이라고 주장한다. 그것은 '마치 자신만을 위해서만 교육받은 인간'이다. 자신만을 위한다 하더라도 자신의 입장만을 주장하는 이기적 인간을 기르려는 것은 아니다. 이는 '생활'할 수 있는 능력을 가진 존재를 목표로 한다. 여기서 '생활하다'라는 말은 '인생의 선과 악에 가장 잘 견딜 수 있는' 힘을 가진 존재로, '가장 잘 교육받은 사람'이다. 그것은 인간이 인생에서 돌발적 사건에 마주했을 때도, '운명의 타격을 견디며 부귀도 곤란도 개의치 않는', 스스로 생명을 지키며 살아갈 수 있는 능력을 만드는 작업이다. 인간은 스스로 생명을 지키며 살아가려는 능력을 본래 스스로 갖는 존재이다. 이것이 다름 아닌 '자연'이다.

이 '자연'의 인간 발달단계를 루소는 세 가지로 나눈다. 각 단계에서는 그에 따른 판단력이 길러진다. 세 단계는 '감성적(感性的)' 판단에서 시작하여, '오성적(悟性的)' 판단을 거쳐, '이성적(理性的)' 판단에 이른다. 유명한 교육소설 『에밀』에서, 에밀도 이 단계에 따라 성장한다. 유·소년기(제1권, 제2권)에는 '감성'에 따라, 소년기 후기(제3권)에는 '오성'에 따라, 청년기(제4권, 제5권)에는 '이성'에 따른 판단으로 행동한다.

이러한 여러 능력을 기르기 위해서는 어떻게 해야 하는가? 유·소년기에는 아동

자신이 '필요한 사안을 실천하여 타인의 도움을 구하지 않는 일'이다. 즉, 아동이 자력으로 할 수 있는 범위에서 자신의 욕망을 억제할 수 있도록 지도해야 한다. 아동이 필요한 사안을 할 수 있도록 하는 일은 신체를 자유롭게 하여 실천하는 것이지만, 무조건적 방임이 좋다는 말은 아니다. 아동이 다치거나 타락할 수 있는 장소에 가지 않도록 하는 성인의 주의가 필요하다. 이 단계에서는 무엇이 유쾌하고 무엇이 불쾌한 것인지, 감각을 통해 배워 나간다.

소년기 후기에 중요한 교육은 아동들에게 학문을 가르치는 것이 아니다. 학문을 사랑하는 취미를 가지도록 해야 한다. 이 취미가 더욱 발달했을 때, 학문을 배우는 방법을 가르칠 수 있다. 이것이야말로 확실히 무엇보다 좋은 교육의 기본 원리이다. 이 시기는 '하나의 대상에 주의를 지속적으로 향하도록' 배워나가는 시기이기도 하다. 소년에게 강제하는 것이 아닌, 소년의 요구에 따라 질리지 않도록 배려해야 한다. 타인으로부터 여러 가지 지식을 받는 교육이 아닌, 스스로의 요구를 기반으로 자연스럽게 배우는 것이다.

스스로 배우는 일은 타인에게 배우는 것보다 명료하며, 확실한 개념을 가질 수 있다. 그것은 청소년의 이성이 '권위에 복종하는 버릇'이 들지 않도록 한다. 뿐만 아니라, 청소년이 여러 가지 관계를 발견하고 관념을 연결하며 도구를 궁리하게 만드는 태도나 능력을 함양하도록 도와준다. 타인에게 배우는 일이 습관으로 되어버리면, 정신은 나태하게 될 뿐이다. 여기에서 교육은 가르치는 일이 아니라 인간의 자연성에 귀속하는 일이 된다. 그런 교육을 '소극적 교육(Negative Education)'이라 한다.

(3) 페스탈로치; 생활공간의 기초도야

페스탈로치(Johann Heinrich Pestalozzi, 1746~1827)는 루소보다 30년 정도 늦게 태어났다. 루소와 같은 스위스 태생으로 루소의 '자연교육' 사상에 영향을 받았다. 이에 모든 아동의 인간으로서 권리, 교육을 받을 권리를 고려하는 '아동존중' 사상을 전개하였다. 1746년 취리히의 뤼덴 광장에 있는 '검은 뿔피리'라 불리는 집에서 태어난 페스탈로치는, 처음에는 할아버지의 발자취를 따라 목사로서 사회에 도움이 되려고 생각하였다. 이에 꼴레지움 후마니타스에 입학했지만, 대학에서 연구를 하는 사이에 진로를 변경하였다.

페스탈로치는 캐롤라이나 대학에서 철학과 신학, 법률학을 배웠다. 또한 '애국자단'이라는 학생단체에서 사회를 자연의 평등으로 바꾸려는 루소의 사상에 공조하여, 사회 개선을 생각하며 법률가를 꿈꿨다. 그러나 병석에서 죽음을 목전에 둔 존경하는 선배의 충고에 영향을 받아, 농업가가 되어 농민 구제에 힘쓰려고 결의하였다.

22살 때, 취리히 교외의 황무지를 일구어 '노이호프'라 이름 붙이고, 부인 안나와 함께 땅을 개간하여 농원을 경영하였다. 그리고 그곳에서 가난한 사람들의 학원을 창립하고 교육을 실시하였다. 당시 학원 경영은 순조롭지 않았고, 결국 사람들의 신용을 잃고 학원도 실패로 끝났다. 페스탈로치는 모든 것을 잃어가는 고난 속에서, '비참한 상태에 놓인 아동들을 구할 수 있는 방법은 없을까?' 또 '이런 참혹한 상황에 놓인 인간은 무엇일까?'라는 생각에 잠겼다. 그 이후에 출간한 『게슈탈트 아동교육법』과 『은자의 황혼』에서 그런 내용을 깊이 있게 그려내었다. 특히, 『은자의 황혼』에서, 인간은 '신분이나 빈부에 관계없이 인간이 필요한 것, 인간을 성장시키는 것, 인간을 비루하게 만드는 것, 인간을 강하게 만드는 것, 그리고 약하게 만드는 것이 있음'을 모두 알아야 한다고 했다. 그것이 바로 '인간의 본질적인 것', 바로 '자연'이다.

이런 인식은 『인류발전에서 자연의 운행에 대한 나의 탐구』(1797)에서 구체적으로 드러난다. 페스탈로치는 인간이 갖는 힘으로 '동물적'인 힘, '사회적'인 힘, '도덕적'인 힘을 들고 있다. 세 가지 가운데 인간의 본성은 '동물적'인 힘에 기초한다. 즉, 동물적 '순진'과 동물적 '호의'가 기반이 되고, 그것이 타인에게 호의와 감사, 친애의 정을 갖도록 인간은 성장해간다. 그러나 인간은 '욕망'과 '충동'을 갖는다. 때문에 위협받거나 장애와 부딪쳤을 때, 인간의 동물적 힘은 사악하고 교활하게 되며, 의심을 가지는 동시에 폭력적이고 오만하게 된다. 나아가 앙심을 품고 잔혹하게도 된다.

'사회적'인 힘이란 질서 있는 사회생활을 영위해 나갈 수 있는 능력이다. '동물적'인 힘과 '사회적'인 힘의 관계에서 볼 때, 사회적 힘은 공적 이익을 이유로 사적욕망을 변호하고 현실사회의 모습을 만들어낸다. 그러나 사회의 타락을 막는 힘은인간의 '도덕적' 힘이다. 그것은 인간의 내면적 '순화'에 기여하려는 입장에서 움직이는 힘이다. 인간 각자에게 '내가 존재하기 때문에 있다!'라는 의미로, '나는 그것이 존재하기 때문에 존재한다!'라고도 말한다. 이러한 도덕적 힘을 갖는 각각의 집합체로서 사회는 도덕적으로 될 수 있다.

본성의 차원에서 세 가지 힘을 갖는 인간은, 이러한 힘을 움직이며 스스로를 '순화'하면서 살아간다. 이런 점에서 페스탈로치는 '인간은 선하다'라고 보았다. 선이라는 인간관을 내세운 페스탈로치는 교육을 어떻게 생각했을까?

먼저, 그는 가정(家庭)이라는 '생활공간'의 교육을 중시한다. 가정이라는 생활공간은 아버지·어머니가 휴식을 취하며 아동들과 단란하게 지내는 장소이다. 생활공간가운데, 아동들에 대한 어머니의 역할은 무엇보다도 중시된다.

『게슈탈트 아동교육법』의 표지에는 다음과 같은 언표가 있다. "아동에 대한 최초의 교육은 절대 머리가 아니다. 이성도 아니다. 그것은 영겁의 감각이다. 심정적인 것이고 어머니에 의한 것이다." 즉, 아동들은 어머니와의 관계를 통해 심정적인 것 가운데 사랑과 감사의 정서를 성장시켜 나간다. 이는 『은자의 황혼』에서 "어머니는 유아가 의무나 감사의 음성을 표현하기도 전에 감사의 본질인 사랑을 젖먹이의 마음에 심는다"는 언급과도 같다.

이처럼 어머니와 아동의 밀접한 연결, 어머니를 중심으로 한 생활공간의 건전함이 바로 교육의 기반이다. 그리하여 "마음과 머리와 손은 생활공간의 관계를 통해, 감성적으로 결합되고 생활상의 생업에 도움이 된다." 여기에서 '마음'은 도덕성이고 '머리'는 지성이며 '손'은 감성을 의미한다. 인간은 이 세 가지의 움직임이 조화롭게 발달을 이루도록, 생활 속에서 단련해야 한다. 그런 교육방법은 『백조의 노래』에서

'생활이 도야(陶冶)한다!'로 표현된다.

페스탈로치는 아동들이 생활에서 깨달은 것과 관련하여 다음과 같이 말한다. "나는 아동들에게 가르치는 일을 불가피하다고 느꼈을 때, 다수의 사람이 상호적으로 가르친다는 사실을 알았다." 그리고는 『게슈탈트 아동교육법』에서 "모든 교육은 아동 자신의 내면에서 이끌어내어 아동 자신의 내면에서 태어나야 한다"는 신념을 제기한다. 그것을 뒷받침하는 사실은 '자기 활동성'을 갖는 아동의 모습이다.

페스탈로치는 아동이 '직관능력(直觀能力)'을 갖고, 이에 기초하여 인식하고 직관한 것을 강하게 의식하고 있음을 알고 있었다. '직관능력'이란 모든 인식의 기반이다. 이 직관교육이 문자나 언어에 의한 교육보다 아동에게 유용하다. 그 교수법이 다름 아닌 '직관교수(直觀敎授)'이다. 이 방법은 직관능력을 기반으로 직관의 심화를 노린다. 직관은 모든 인식의 기초이고, 그 기초는 감성과 지성 등이 일체가 된 움직임이다. '직관교수'는 이런 움직임이 일련의 연마에 의해, 지성과 감성뿐만 아니라 덕성까지도 향상시켜 나가려는 이념을 갖는다. 페스탈로치는 직관을 '수(数)', '형(形)', '어(語)'로 인식하고 '직관의 ABC'라 이름 지었다. 이는 '읽기 – 쓰기 – 셈하기'의 기초가 된다.

기초를 도야하는 작업은 인간의 세 가지 능력인 '심정, 지성, 기술'의 조화와 균형을 이루는 일이다. 페스탈로치는 『백조의 노래』에서 '세 가지 능력의 조화로운 발달은 생활 속에서의 각각의 활동에 의해 이루어진다'고 말한다. 예를 들어, 심정은 사랑과 신앙에 의해, 지성은 사유(思惟)에 의해, 기술은 손발의 사용, 즉 도구에 의해서이다. 어떤 시대를 막론하고 '심신일체(心身一體)'의 조화를 이룬 발달이 교육의 이념으로 자리한다.

3 국민교육

(1) 콩도르세; 공교육 – 국민에 대한 사회의 의무

콩도르세(Condorcet, Marie Jean Antoine Nicolas De Caritat, 1743~1794)는 교회 권력 또는 국가 권력을 포함하여 여러 권력으로부터 자유로운 교육, 인간의 이성에 기초한 지식을 기르는 공교육을 구상한 인물이다. 그런 교육의 조직 원리는 프랑스 혁명 가운데 탄생하였다. 1774년 루이 16세 때, 콩도르세는 조폐총감(造幣總監)으로 임명되었다. 그는 자유방임(laissez faire)에 기초한 자유주의와 중농주의에 기초한 경제정책을 실시하려고 했다. 그러나 귀족들의 반대로 실패하고, 이후에 교육 분야에 힘을 쏟았다.

1791년, 정치잡지 「공인총서」에 「공교육에 관한 다섯 가지 메모」로 알려진 일련의 교육 논문을 발표했다. 같은 해 가을에는 입법의회 의원으로 들어가 입법의회에서 설치된 공교육위원회의 위원장으로 활약하면서, 「공교육의 일반조직에 관한 법안」을 정리하였다. 이는 오늘날에도 「콩도르세 법안」으로 불리고 있다. 그의 사상적 기초는 『인간정신 진보사』에서 보이는 인간 이성에 대한 신뢰에 있다. 교육사상의 경우, 「공교육에 관한 다섯 가지 메모」와 「콩도르세 법안」에 집약적으로 드러난다. 다섯 가지 메모는 '① 공교육의 본질과 목적, ② 청소년의 보통교육에 관하여, ③ 성인의 보통교육에 관하여, ④ 직업교육론, ⑤ 과학교육론'이다.

공교육에 관한 제1메모 '공교육의 본질과 목적'에는 콩도르세의 공교육에 대한 기본 사유가 드러난다. 그것은 '국민에 대한 사회의 의무'이다. 콩도르세에 의하면, 인간은 타고난 소질이나 타고난 가정의 문화적·경제적·사회적 배경의 차이로 인해, '불평등한 상태'에 처해 있다. 그러나 권리는 각자에게 평등하지 않으면 안 된다. 타인에게 종속되어서도 안 된다. 예를 들어, 소유권을 규정한 법률을 배우지 않은 사람은, 이를 알고 있는 사람과 동일한 방식으로 이 권리를 누리기 어렵다. 그들 사이에 분쟁이 생긴 경우, 그들은 절대 대등한 무기로 싸우는 것이 아니다. 그러나 법률의 기초를 모두에게 가르친다면, 이런 문제를 해소할 수 있다. 현실적으로 각각의 불평등이 존재하지만, 교육이 그 차이를 축소시켜야 한다는 뜻이다.

어느 정도의 지식을 가지면 그 차이가 줄어들 것이다! 이런 사유로부터 '모든 사람에게 교육을 보급한다'는 것이 평등 실현에 필수 불가결하다. 때문에 사회는 교육에 관여해야만 한다. 인류는 진리의 발견을 통해 진보해왔기에, 인류의 완성, 보다 높은 단계의 행복을 위해, 진리의 발견을 돕는 것이 사회의 의무이다. 그리고 자신의 타고난 능력을 완전히 발전시키기 위해서는 어린 시절부터 교육을 받을 필요성이 있다. 이전처럼 부잣집 아동만이 아니라 모든 아동이 공교육을 받을 수 있어야 한다. 그것이 중요하다.

이 과정에서 콩도르세는 지식교육과 넓은 의미의 교육을 구별하였다. 국가가 관여하는 것은 진리만의 가르침, 즉 지식교육으로 제한해야 한다. 도덕이나 정치, 종교 사상은 개별 가정이나 개인에게 맡겨야 한다. 『공교육의 원리』에서 그는 "교육은, 이것을 넓은 의미로 이해한다면, 단지 실증적 교육, 즉 사실의 진리나 계산하는 방법에 대해 가르치는 일만으로 제한하는 것이 아니다. 이는 일체의 정치론, 도덕적 또는 종교적 사상을 포함하는 것이다."라고 하였다.

그러나 지식교육 이외의 정치적·도덕적·종교적 사상은 사람들 사이에서 나뉘어져 있는 영역이다. 그 가운데 하나를 전 국민에게 강요하는 것은 다른 사람들의 권리를 침해하는 일이다. 다만, 그가 사상의 교육 자체를 부정하는 것은 아니다. 그것이 유일하고 절대적으로 옳은 것이 아니라 그 비판적 검토를 포함한다면, 당연히 이를 지식교육으로 볼 수 있다. 콩도르세는 유용한 지식의 축적으로 인류가 진보한다고 이해한다. 대를 걸쳐 보다 완전한 상태로 진보해 나가는 것으로 생각했다. 그러나 앞 세대의 사상을 다음 세대에 전달하면서, 그것만이 유일하게 옳은 것이라고 강요하는 것은 사람들의 자유를 빼앗은 일이다.

콩도르세는 현실사회에서 사람들은 태어날 때부터 불평등한 상태에 있음을 인정한다. 그러면서도 인간의 평등 실현을 추구하였다. 다른 조건에 처해 있는 사람들에게 똑같은 교육을 제공하는 일은, 불평등을 보다 확대하는 결과를 낳는다. 최소한의 공통된 내용을 교육하는 데 기회의 평등이 주어져야 한다. 특히, 경제적 핸디캡을 없애기 위해, 그것을 '교육무상'으로 할 것을 제안하였다. 그러나 교육의 자유를 중시하여 공교육을 의무로 하는 것은 피해야 한다고 생각했다.

또한, 여자도 남자와 평등한 교육기회를 향유해야 하고, 이를 '남녀별학'으로서가 아니라 '남녀공학'의 형태로 실현해야 한다고 주장하였다. 공교육이 관여하지 않는 많은 부분을, 가정이나 교회 등에서 분담하는 것을 전제로 한 그에게, 여성은 어머니로서 가정의 육아나 교육과 관련되며, 남편의 상담자이기도 하다. 언니나 누나로서도 자매나 남매와의 사이에 불평등은 불행이며, 원래 남녀 사이에 본질적인 차이는 없다. 공교육에 대해서도 동일한 권리가 적용된다. 특히, 남녀공학은 남녀별학으로 인해 발생하는 각종 타락을 예방하고, 도덕적 풍습의 차원에서 위험하기보다는 유익하다.

마지막으로 콩도르세는 공영 교육시설이 교육을 독점하는 것이 아니라 교육의 세계에도 자유 경쟁을 인정해야 한다고 주장하였다. 그는 공적 기관을 '① 재판소, 경찰, 행정기관과 같이 공권력을 직접 유지하는 것이 필요한 곳, ② 도시의 조명이나 길 청소 등 교통의 편의를 위해 필요한 것으로 경쟁에 맡기는 것은 가능하지만 그 경쟁이 현실적 이득이 없는 것과 같은 타 기관, ③ 공적 기관을 이용하려고 생각하지 않는 사람들의 의지를 방해하지 않는 정도로 경쟁이 존중받아야 하는 기관'의 세 종류로 분류하였다.

여기에서 교육기관은 세 번째 기관에 포함된다. 그 이유는 개인이 판단해야 할 성질이기 때문이다. 이는 공적 기관에서의 교육 독점을 배제하고, 부모에게 교육 선택의 자유를 인정해야 함을 의미한다. 그 이유는 『공교육의 원리』에서 "교육에 관한 모든 공권력의 독점적 영향은 자유에서도, 사회 조직의 진보에서도 위험하기 때문이다."라고 명시하고 있다.

(2) 아담 스미스; 국가의 교육 배려

아담 스미스(Adam Smith, 1723~1790)는 우리에게 '보이지 않는 손(invisible hand)'이라는 언표로 유명하다. 일반적으로 '자유방임'이라는 표현을 통해 중앙정부에 의한 개입을 최소화 하고, 국민활동의 여러 영역에서 자유경쟁을 주장하였다. 하지만 국방이나 교육 등의 일정 영역에서는 국가에 의한 개입을 인정했고, 오히려 필요하다고 생각하였다. 물론, 여러 요인에 의해 국가의 개입이나 공공시설에 관한 사업이 효율을 떨어뜨릴 수도 있다.

자유방임을 강조한 아담 스미스는 교육에 대해 어떻게 생각했을까? 그것은 다음과 같은 물음에서 시작한다. "그렇다면 국가는 그 국민의 교육에도 자유방임하면서 전혀 의식을 없애야만 하는가? 국가가 국민에게 무언가를 배려해야 한다면, 국가는 국민 각각의 계급에 따른 교육의 어떠한 분야에 관해서도 배려해야 하는가? 또한 배려의 방법은 어떠해야 하는가?"

사회의 상태가 개인이 충분히 말참견을 하는 상태가 된 경우라면, 개입은 불필요하다. 그러나 그렇지 않은 경우는 반드시 개입이 필요하다. "분업이 진행되면서 노동으로 생활하는 사람의 대부분, 즉 국민의 대다수가 하는 일은 지극히 간단하고, 빈번하게 두 개의 단순한 작업에 한정되어 버린다. 여기에서 사람들의 이해력은 대부분 그들이 일상적으로 행하는 일에 의해 길러진다. 그 모든 생활은 정말 단순한 작업이다. 때문에 결과도 거의 항상 같거나 작업 과정에서 특별히 곤란함을 겪지도 않는다. 곤란한 일이 없기에 그런 문제를 해결하는 기회도 주어지지 않는다. 이런 점에서 대부분의 사람들은 자연스럽게 문제해결을 위해 노력하지 않는 습관에 물들고, 될 수 있는 최대한의 바보가 되어 무지함으로 전락한다. 삶에서도 무감각하게 되어 어떠한 합리적 이야기에도 흥미를 느끼지 못한다. 또한 일상적 의무의 많은 부분에서도 정당한 판단을 할 수 없게 된다. 중대한 국가적 사안에 대해서도 이해하지 못한다. 특별한 노력을 하지 않아 능동적으로 행동할 수 없고 수동적이 될 뿐이다. 때문에 전쟁이 발발하더라도 자발적으로 국가 방위에 나서는 일은 불가능하다. 그의 생활은 단조롭고 획일적이어서, 용기도 없고, 불규칙적이고 불확실하고, 모험적인 군인생활을 싫어하게 된다. 이는 신체의 활발한 활동조차도 무디게 하고, 자신이 종사하던 직업 이외에 어떠한 직업이라도 그것을 건강하게 인내할 힘이 없어진다. 그가 종사하는 직업상 특별한 기술은 향상되어도, 지적이고 사회적이며 군사적 차원에 기여하는 것을 자기가 희생하는 것으로만 생각한다. 그러나 문명화 사회에서 정부가 국민의 그런 행동양식을 막으려는 노력을 하지 않으면, 노동하는 서민들, 즉 대다수의 국민은 반드시 게으르고 나태하고 무지한 상태로 떨어지게 될 것이다."

이 지점에서 아담 스미스는 심각하게 고민했다. 분업이 진행된 문명사회의 폐해를 어떻게 해소할 수 있을까? 전반적으로 일을 총괄하고, 감독하고, 운영해야 하는 복잡한 일을 하는 지위에 있는 사람이나 자금을 투자하는 것만으로 자신은 일하지 않고 타인의 직업을 감찰하면서 연구하는 여유와 그러한 의향이 있는 소수의 사람들의 경우에는, 나름대로 큰 능력을 지닐 수 있다. 하지만 서민은 다르다. 이런 사안을 간단하게 처리할 수 없다. 때문에 국가에 의한 개입이 필요하다!

아담 스미스는 강조한다. "서민의 교육은, 발달한 상업사회에서는 어떠한 지위가 있거나 재산이 있는 사람의 교육에 비해, 국가가 심사숙고할 필요가 있다. 지위나 재산이 있는 사람들은 그것을 발판으로 세상에서 두드러지게 되는 전문지식이 필요한 직업, 또는 장사를 시작하는 시기가 보통 18세에서 19세 정도이다." 따라서 그때까지 필요한 자격을 취득하거나 준비를 하는 시간이 있고, 부모들도 아동의 교육에 열정을 갖고 이에 필요한 비용을 기꺼이 부담한다. 그러나 서민에게는 이를 위한 시간이나 자금도 없다. 때문에 국가가 국민의 교육을 적극적으로 배려해야 한다!

하지만 "그들에게는 교육에 필요한 시간이 거의 없다. 서민들의 부모는 어린 시절의 자식을 기르는 일조차 어렵다. 그들은 어떤 경우에 처하더라도 생활에 도움을 주어야 하기에, 어떤 직업에라도 종사할 수밖에 없다. 직업을 구했다 하더라도 대체로 단순하고 획일적인 영역이다. 특별히 어려운 문제를 해결할 능력을 활용하는 일은 거의 없다. 동시에 그들의 노동은 매우 고된 경우가 많아 무언가 다른 일을 할 여유가 적다. 생각할 여유조차 거의 없고, 그런 마음이 들지도 않는다."

그렇다면 어떠한 교육을 실천해야 할까? 아담 스미스는 말한다. "서민은 어떤 지위나 재산이 있는 사람처럼, 충분히 좋은 교육을 받는 것이 불가능하다. 하지만 교육에서 기본적인 부분, 즉 '읽기, 쓰기, 셈하기'의 세 가지는 어린 시절부터 몸에 익히고, 단순한 직업에 익숙한 사람들조차 대다수는 그 직업에 고용되기 전에 이를 습득하던 때가 있었다. 국가는 아주 적은 경비를 사용하여 서민을 위한 교육을 할 수 있다. 기본적 능력을 습득할 수 있도록 교육을 장려할 필요가 있다. 그것을 의무로서 강제하는 교육정책도 가능하다. 국가는 이 '읽기, 쓰기, 셈하기'의 터득을 각 행정 단위별로 진행할 수 있다. 아주 적은 보수를 지불하고도 아동을 가르치는 작은 학교를 설립하는 것이 가능하다."

학교에서 봉사하는 교사의 보수에 관해서는 다음과 같은 의견을 제시한다. "교사에게는 봉급의 일부를 지불하고, 전부는 지불하지 않는 것으로 한다. 이유는 단순하다. 국가가 교사에게 봉급의 전부나 대부분을 지불하면, 교사라는 사람은 그의 일에 게으름을 피울 수 있기 때문이다." 교육제도가 발달하지 않았던 당시에는 교사에 대한 인식이 그랬던 모양이다. 이는 교사뿐만 아니라 어떠한 직업에도 해당한다. 아담 스미스는 강조한다. "어떠한 직업이라도, 이를 실천하는 사람의 대부분의 노력은, 항상 노력하지 않으면 안 되는 필요성의 정도와 비례한다. 이 필요성은 자신의 재산을 형성하는 일뿐만이 아니라 하루하루를 살기 위해 빵을 사는 일일지라도, 그 직업의 보수에만 의지하는 사람들의 경우에는 최대로 설정된다." 교사의 봉급도 이런 논리에 따른다. 전액을 지불하지도 않고, 또한 그 대부분을 국비로 지불해서도 안 된다. "사람들은 그 필요의 정도에 따라 노력의 정도를 변화시킨다!" 경제적으로 신분이 안정되면, 직무에 태만할 수 있다. 그것은 인류가 지닌 공통적 특성일지도 모른다. 이른바 상여금을 통한 근로의욕을 높일 필요가 있는 나라들의 경우, 특히 이렇게 표현할 수 있다.

어쨌건, 아담 스미스는 자유방임과 국가개입의 문제를 두고, 교육을 신중하게 고려한다. 국민의 대다수를 차지하고 있는 서민들은, 노동 분업의 폐해나 공부할 시간, 이런 것을 위한 경제적 여유가 없다. 때문에 인간으로서 지녀야 하는 여러 덕성을 몸에 익히는 일이 불가능하다. 이런 상황이 국가가 적극적으로 교육에 개입해야 하는 이유이다.

(3) 벤담과 밀; 최대다수의 최대행복

아담 스미스와 더불어, 경제에서 '자유'를 주장하는 학자들이 점차 유럽의 사상계를 리드하는 지식인 집단을 형성하였다. 벤담(Jeremy Bentham, 1748~1832)이나 밀(James Mill, 1773~1836)과 같은 철학적 급진파(Philosophical Radicals)라 불리는 사상가들이다. 그들은 정치·경제적 개혁을 주장하는 가운데 교육개혁의 문제도 언급하였다.

공리주의 철학사상의 기초 원리로 널리 알려져 있는 '최대다수의 최대행복(the greatest happiness of the greatest number)'이 그런 개혁의 중심에 있다. '최대다수의 최대행복'이라는 언표는 아담 스미스가 학생시절에 본보기로 삼은 글래스고 대학의 허치슨(Francis Hutcheson, 1694~1746)이 최초로 사용한 것으로 알려져 있다. 이 유명한 말을 개인이 아니라 사회 전체에 처음 적용한 학자가 바로 벤담이다.

이후 벤담과 친교가 있던 밀이 '조교법(助教法)'을 통한 민중교육의 진흥을 꾀하면서, 이 언표가 더욱 확산되었고 유행했다. 중간층 계급을 위해 제안한 중등교육의 개혁에도 같은 방법이 고려되었다. 그것도 랭커스터 파의 조교법을 사용하도록 제안하며, 『크레스토마시아(Chrestomathia)』(1816)에서 그 구상을 발표하였다. 내용은 간단하다. '유용한 지식을 가르쳐야 한다!' 그리하여 필요하다면, 공리공담에 빠질 수 있는 고전어를 배척하거나 경쟁의 원리를 도입하여, 성적에 따라 교실의 좌석까지도 바꿀 수 있다!

밀은 『대영백과사전』(1818)의 「교육론」에서 다음과 같이 이해한다. 교육은 가정, 학교, 사회, 정치의 제반 영역에 폭넓게 걸쳐 있다. 인간은 본래 평등했다. 그런데 교육으로 인해 개인적·계급적 차이가 발생했다. 이는 인간형성에 영향을 미치는 환경의 중요성을 논의한 것으로, 로크(1632~1704), 엘베시우스(1715~1771), 고드윈(1757~1836) 등의 사유를 참작한 것이다.

(4) 로버트 오웬; 환경결정론과 성격형성의 원리

오웬(Robert Owen, 1771~1858)은 생시몽, 푸리에와 함께 영국의 3대 공상적 사회주의자로 알려져 있다. 링컨셔 주의 스탠포드에서, 귀족이나 상층계급을 상대로 고급 직물을 파는 맥거포그 상점에서 일하면서, 하루 5시간씩 공부하였다고 한다. 맨체스터에서는 '맨체스터 문학·철학협회'나 '맨체스터 칼리지' 등의 지식인 모임에 들어가 계몽주의 사상을 흡수하여 자신의 공장에서 실천하고, 도덕이나 사상에 관해 나름대로의 견해를 표명하였다.

1800년부터 진행된 뉴 라나크 공장에서의 경험은 맨체스터 시절의 체험과 함께, 오웬에게 '환경결정론(環境決定論)'이라는 사유의 토대를 갖추게 만들었다. 여기에서 '성격형성' 원리를 중심으로 하는 교육적 사유가 싹텄다. 아담 스미스는 분업의 폐해를 시정하기 위해, 교육 분야에서 정부의 개입이 불가피하다고 생각했다. 그러나 오웬의 경우, 아담 스미스와 접근 방식에서 차이가 있다. 사회와 국민 개개인의 성격형성이라는 관점에서, 국민교육제도의 확립을 상층계급이나 자본가, 공장주들에게 호소하였다.

1813년에 발표한 「성격형성에 관한 제1시론」을 비롯한 네 개의 시론은 1816년에 한 권의 저술로 정리되어, 『새로운 사회관 또는 인간의 성격형성 원리와 그 실천의 적용에 관한 시론』으로 간행되었다. 오웬은 제1시론의 서두에서 "적절한 방법이 쓰인다면 어떠한 지역사회건 넓은 세계 전체건, 가장 선량한 성격이건 가장 열악한 성격이건, 가장 무지한 성격이건 가장 지성적 성격이건, 그 어떠한 성격도 갖출 수 있다!"라고 서술하였다. 이는 인간의 성격형성에 관한 원리이다. 사회의 성격은 적절한 방법을 사용한다면, 선하거나 악하게, 또는 무지하거나 지성적이도록, 어떠한 양상으로도 바꿀 수 있다는 의미이다. 한 마디로 말하면, 일종의 환경결정론에 기초한 성격형성의 원리이다.

환경으로서 사회의 성격은, 구성원인 사람들, 특히, 아동들의 성격형성에 결정적 영향을 미친다. 신흥 중산계급은, 자신들이 성취해온 것처럼, 가난한 노동자들도 노력을 통해 빈곤을 탈출할 수 있다고 생각했다. 그러나 오웬은 말한다. "사람들이 자기의 성격을 형성할 수 있다고 생각하는데, 이것이 가장 큰 근본적 오류이다!" 「제3시론」의 말은 의미심장하다. "각 개인은 자신의 성격을 형성하는 일에 책임진다고 생각한다. 개인은 자신의 모든 정서와 습관에 관해, 스스로 상을 주거나 다른 부분에 벌을 주거나 한다. 이와 같은 가정에 따라 인간은 행동하는데, 이것이 옛날부터 내려오는 세상의 관행이다. 지금까지 인간들에게 확립된 여러 가지 제도도 이런 오류의 원리를 기반으로 하고 있다. 이는 보잘 것 없는 결과만을 포함하는 오류가 아니다. 가장 커다란 근본적 오류이다."

오웬에 의하면, 인간의 성격은 환경으로 인해 형성된다. 그는 「제3시론」에서 다시 강조한다. "인간의 성격은, 예외 없이, 항상 그들의 의지가 미치는 곳에서 형성된다. 성격은 이전 사람들의 영향을 받아 구체적으로 형성된다. 인간의 행위를 통제하고 지도하는 힘인 관념이나 습관이 성격형성에 기여하기 때문이다. 그러므로 인간이 자신의 성격을 스스로 형성한 적은 한 번도 없었다. 하려도 해도 불가능한 것이다."

그리고 오웬은 이전 사람들의 성격, 즉 사회의 성격 그 자체는 적절한 방법으로 바꾸어 얻는 것이라고 믿었다. 「제2시론」의 언급은 다음과 같다. "인간의 성격에 범죄의 경향을 심는 환경을 없앤다면, 범죄가 발생하는 일도 없다. 이 환경의 질서나 규칙을 바로잡고, 절제와 근면의 습관을 형성하도록 고려된 환경으로 옮기면, 이 습관은 형성될 것이다. 공평과 정의라는 수단을 사용하면, 바로 하층계급의 전적인 신뢰를 얻는다. 변하지 않는 우정의 원리에 따라 조직적으로 전진하라! 그러나 범죄가 직접 사회를 좀먹지 않도록 하는 수단은 가능한 지나치게 가혹하지 않도록 사용한다. 그렇게 한다면 성인이 저지르는 범죄도 마찬가지로 사라질 수 있다. 이와 같은 방법이 실천에서 쓰였을 때, 언제든지 범죄와 여러 가지 해롭고 부정한 습관도 강력하고 효과적으로 교정될 것이다."

이런 사유는 오웬이 실제로 뉴 라나크의 공장에서의 경험과 실천을 옮긴 것이다. 오웬은 1800년대에 맨체스터로부터 뉴 라나크로 옮겨와, 공장의 부지 안에 거주하면서 노동자들과 함께 생활하였다. 당시 공장노동자들 사이에는 태만, 만취, 싸움, 빈곤, 부채, 절도, 장물취득, 불륜과 같은 다양한 종류의 범죄가 일상적으로 벌어졌다. 뉴 라나크의 공장도 예외는 아니었다. 공장의 지배인이 된 오웬에게, 그 공장의 실태는 '어떠한 성격이라도 개선할 수 있다'고 생각하는 교육원리가 실제로 실천되는지, 그 유효성을 살펴보기에 적격한 공간이었다. 오웬은 「제2시론」과 「제3시론」에서 그 공장에서 실천한 교육과 성과를 소개하고 있다.

오웬은 「상호신뢰와 우애의 방법」에서 뉴 라나크가 지닌 지역사회의 일반적 성격을 완전히 바꾸는 데 성공했다고 말한다. 모든 사람을 현명하고 선량한 사람으로 바꾼 것은 아니지만, 주민들은 몰라볼 정도로 개선된 사회를 만들었다. 술주정꾼은 길거리에서 사라졌으며, 법적 처벌은 한 건도 일어나지 않았다. 오웬은 공장 내 노동자의 주택을 청결하고 쾌적하게 바꾸었다. 의류나 식료도 공동구매하여 양질의 상품을 싸게 판매해 위생적인 주방을 마련하였다.

이러한 환경 개선을 바탕으로, 1816년에는 2~3년 전부터 마련한 교육시설을 '성격형성 학원'으로 공식화하였다. 강변으로 아동이 추락하지 않도록 방호벽을 설치하고 울타리가 있는 광장을 만들었다. 유아나 아동을 위한 운동장도 설치하였다. 그 학원은 유아학교(infant school)와 조교법을 사용한 아동학교를 비롯하여 성인을 위한 학급으로 구성되었다. 이 유아학교는 영국 최초의 유아학교로, 오늘날의 오픈 스쿨이나 인포멀 학교의 사상적 원류가 된다.

오웬은 1세~6세의 아동을 수용하는 유아학교의 교사로 활동하면서, 교육의 주요방침을 설정하였다. 『자서전』에는 다음과 같이 기록되어 있다. "어떠한 이유가 있어도 아동을 절대로 때리지 말라! 어떤 말이나 행동으로도 위협하지 말고, 욕설을 하지 말라! 언제나 유쾌한 얼굴로 친절하게, 말은 부드럽게 하며 아동과 대화하라! 또한 전심전력을 다해 유아에게 놀이 동료로서 행복하게 하라! 나이가 4세~6세인 아동들은 그 아래의 유아들을 특별히 보살피고, 또 힘을 합쳐 서로 행복할 수 있도록 가르쳐야 한다."

유아학교의 교육과정은 일상적으로 접할 수 있는 실물이나 모형, 그림 등을 통해 직접 관찰하는 수업을 실시했다. 이야기, 현장 답사, 야외 놀이, 낮잠, 4세 이상에게는 댄스, 피리 연주, 합창, 음악에 맞춘 행진, 군사훈련 등의 활동도 포함되어 있다. 실내에서는 그림, 표본, 모형 등이 전시되어 있고, 교외 산책도 이루어졌다. 유아학교는 재학하는 유아의 연령이 낮아 모니터로 이용할 수 없었지만, 유아에게 문자를 가르치는 일은 금지되어 있었다.

이 '성격형성 학원'은 많은 사람들의 이목을 끌었다. 방문자들이 특별히 주목한 것은 댄스, 음악, 군사훈련 등과 같은 세속적 교육내용이었다. 당시의 기독교 교회는 이러한 세속적 교육내용이 아이들을 타락시킨다고 보고 위험시하였다. 오웬이 재직한 공장의 투자자 가운데 퀘이커 교도들은 이러한 교육내용을 호의적으로 생각하지 않았다.

미국 독립과 프랑스 대혁명을 눈앞에 둔 상부계층들 사이에서는, 민중을 집단적으로 학습시키는 조교법에 대해 의혹의 시선이 집중되었다. 점차 민중에게 지식을 전하는 교육 자체를 위험스럽게 여겼다. 영국 국교회에서는 자파의 교의에 의거하지 않은 민중교육의 발전에 비판적이었다. 하지만, 자파의 종교교육을 행하는 조건에 부합하는 경우에는 오히려 민중교육을 지지하였다.

이러한 사회풍조 속에서 오웬은 자신의 '성격형성' 원리를 통치에 적용하기 위해, 국민교육제도를 마련해야 한다고 주장하였다. 국민의 성격형성에서 공공의 정신을 지향하는 것이야말로 「시론」을 공표하는 목적이었다. 『성격형성론』에서는 "범죄를 예방하는 일이 처벌하는 것보다 더욱 바람직한 결과를 가져온다!"고 하였고, 「제4시론」에서는 "무지와 범죄에서도 미리 예방하는 통치제도가 무지를 권장하여 범죄를 저지르도록 한 다음에, 무지와 범죄에 따라 처벌하는 제도에 비해 훨씬 낫다!"고 하였다. 더구나 "인간은 어떠한 정조와 습관, 어떠한 성격도 가지고 있는 대로 훈련시킬 수 있다"고 전제하면서, "모든 국가의 정부에게 우선적으로 긴급하게 부과할 하나의 의무가 있다면, 그것은 민중의 정조와 습관을 형성하는 적절한 교육방법을 당장 시행하는 작업이다!"라고 강조하였다.

이처럼 오웬의 '성격형성' 원리는 '모든 국가 통치자에게 그들이 인민의 교육과 성격의 일반적 형성을 위해 합리적 계획을 세워야 한다'고 지시한다. 이 계획에는 유아기의 시작 단계에서 아동이 거짓말을 하거나 속임수를 부리는 등의 습관이 정착하지 못하도록 막아야 한다. 달리 말하면, 아동이 여러 종류의 좋은 습관을 익히도록 훈련해야 한다. 이러한 사상을 바탕으로, 오웬은 교육을 다루는 행정기관의 설치와 교원양성기관의 설치를 제안하였다.

(5) 호레이스 만; 미국 공립학교의 아버지

호레이스 만(Horace Mann, 1796~1859)은 '미국 공립학교의 아버지'라고 불리는 인물이다. 메사추세스 주 프랭클린 마을의 농가에서 태어났다. 당시, 미국은 영국으로부터 독립하여, 메사추세스 주는 신생 아메리카 발전의 중심지였다. 호레이스 만은 어린 나이인 13세에 아버지가 사망하고, 15세까지 학교도 제대로 다니지 못했다. 학교에 출석할 수 있었던 시간이 1년에 8~10주 정도였다고 한다. 그러나 그는 프랭클린 마을의 공립도서관에서 공부했다. 이때, 순회교사가 개설한 학교에서 칼리지 입학을 준비했고, 1816년 브라운대학에 들어갔다. 1819년에 브라운대학을 수석으로 졸업하면서, 「인류의 존엄과 행복의 점진적 진보」라는 주제로 졸업강연을 하였다.

이후, 브라운대학에서 튜터를 하는 한편, 법률사무소에서 법률도 공부하였다. 그리고는 1812년부터 2년 여간 코네티컷 주 리치필드의 법률학교에서 본격적으로 법률을 배웠다. 1823년에는 변호사 자격을 취득하고, 메사츄세스 주 데햄에 법률사무소를 개설하여 변호사로 활동을 개시하였다. 1827년에는 31세의 나이로 메사츄세스 주 하원의원으로 당선되었고, 다음 해에는 데햄 지역의 학무위원을 겸하였다. 1833년에는 주 상원의원이 되었고 1836년에는 주 상원의 의장으로 취임하였다. 이 듬해인 1837년에는 메사추세스 주 '교육위원회(State Board of Education)'가 창설되었고, 그 설치에 힘쓴 호레이스 만은 초대 교육장이 되었다. 이는 미국 전역에서 최초로 주 교육위원회 설치이고, 그 교육위원회의 첫 번째 주교육장의 탄생이었다.

호레이스 만은 교육장으로 재임하며, 주 의회에 연차보고서나 자신이 편찬한 「공립학교잡지(Common School Journal)」(1838~1848), 강연 등을 통해, 교육의 공적 운영, 중립성, 무상 공교육제도의 확립에 공헌하였다. 그는 당시 미국에도 보급되었던 '조교법'에는 비판적이었다. 대신, 교원양성을 중시하여 주립 사범학교를 설립하였다. 또한, 자신이 대학 진학 직전에 공부했던 도서관 체험을 바탕으로 도서관의 역할을 높이 평가하여, 학교의 공립도서관 보급에도 힘을 쏟았다. 교육장 퇴임 후에는 연방의회의 하원의원을 역임하였고, 1853년에는 오하이오 주의 안티옥 칼리지의 초대학장으로 초빙되었다. 안티옥 칼리지에서는 이상적 대학의 실현에 힘을 쏟으며, 남녀공학, 흑인학생 입학을 추구하였다.

호레이스 만이 활동했던, 메사츄세스 주는 이미 식민지 시대부터 등록금 없는 공립학교를 설립하고 유지해야 한다는 사상이 팽배하였다. 그리하여 최초로 등록금 없는 학교가 설치된 것은 1647년으로 이미 200년 가까이 지난 일이었다. '민중을 위한 등록금 없애기'와 '만인 공통의 교육'이라는 광대한 이념이 미래세대에 대한 의무라 인식하고, 그것을 실천하기 위해 학교를 설립하였다. 이는 신(神)에 대한 의무를 위해 교회를 만드는 것에 비유되었다.

식민지 시대까지만 해도 메사추세스 주는 퓨리턴의 회중파 교회(Congregation Church) 단일체제의 제정일치 상태였다. 그러나 호레이스 만이 활약한 시대에는 이미 유니테리안(Uniterian Church)을 비롯한 다수의 종파가 공존하였다. 이러한 상태에서, 등록금 없는 학교 창설을 위해, 당시 모든 사람에게 그 경비를 부담시키는 일은 어려웠다. 자녀가 없거나 장성한 사람, 또는 자녀에게 학교교육을 시키지 않으려는 사람, 더구나 자녀에게 멀리 있는 사립학교에서 교육을 받게 한 사람들은, 타인의 자녀를 교육하기 위해 공립학교의 경비를 세금으로 부담하는 일을 반기지 않았다. 그러나 지식인들 사이에는, 인간의 지성 개발은 공화정치의 유지에 필수불가결한 사안으로, 이는 등록금 없는 학교를 통해서만 얻을 수 있다는 생각이 지배적이었다.

호레이스 만은 등록금 없는 공립학교를 설립하기 위해, 그 경비를 마련하는 근거를 두 가지 관점에서 정당화했다. 하나는 자연권으로서 아동이 '교육받을 권리'이다. 다른 하나는 '교육의 효용성'이라는 관점이다. 자연권으로서 교육받을 권리에 관해서는 자연법을 적용하였다. 그는 『민중교육론』에서는 다음과 같이 설명한다. "자연의 질서와 사람들 사이에 설정한 여러 관계에서 제시하고 있는 신의 의지는, 태어난 모든 아동의 교육권을 자연법과 정의에 기초하여 자리매김 하고 있다. 이는 모든 아동에 대해, 모든 가정적·사회적·시민적, 그리고 도덕적 의무를 완수하는 일이다. 또 이와 같은 본성을 기르는, 교육 받을 권리는, 그가 태어나자마자 생명의 유지에 필요한 영양이나 주거처럼, 보호를 받는 아동의 권리로 자리매김 되어 있다. 비유하면, 심장이 모든 것에 공유되어 있는 공기의 일부를 들이마셔 팽창하는 것과 같다. 또는 눈이 모든 것에 공유되어 있는 빛을 보는 것과 같다."

또한, 1841년 「제5년보」에는 많은 사람들이 조사결과를 보고, 교육을 통한 '생산성 향상'의 문제에 주목하였다. "교육받지 못한 노동자보다 교육받은 노동자가 생산력 측면에서 놀랄 만큼 우수함을 가지고 있다. 교육받지 못한 노동자도 지적인 사람에게 지도받으면 교육받은 노동자가 될 수 있다. 정신적 차원의 여러 능력이 청소년기에 훈련되고, 그것을 노동에 활용한다면, 노동과정은 단순히 빠를 뿐만 아니라 질적으로 우수해진다."

이외에 정치와 종교에 대한 '교육의 중립성'도 중요한 문제이다. 호레이스 만은 교육의 중립성에 관해 의미 있는 사유를 제시한다. 정치에 관한 지식이 없는 사람들은 '공화정치' 체제에 대해, '감독자나 문지기가 없는 소규모의 미친 수용소를 거대한 규모로 만든 것'으로 이해한다. 이렇게 두려움을 주는 정치에 관해, 그것을 정확하게 인식하려는 교육은 필수불가결하다. 그러나 교육이 당파성에 입각한 정당 사이의 논쟁에 휘말리면, 학교는 소멸해 버리기 쉽다. 때문에 학교는 '정치적 중립'을 지켜야 한다. 「제12년보」에서는 다음과 같이 말한다. "모두에 의해 승인되고, 신뢰받으며, 미국 정치의 공통 기반인 공화정치 체제론에 관한 신념이 모든 아동들에게 교육되어야 한다."

종교에 대해서도 마찬가지이다. 당시 호레이스 만을 포함한 메사추세스 주의 지식인이나 지도층 사이에는 유니테리안의 신자가 많았다. 하지만, 식민지 건설 초기에는 회중파가 주류였다. 1833년의 주 헌법 개정에 관해, 메사추세스에서는 신앙의 자유와 정교 분리가 확립되기까지 주 내의 종교는 주법에 따라 회중파로 정해져 있었다. 호레이스 만은 이런 문제를 교육적으로 고민하였다. 종교교육 그 자체는 불필요한 것이 아니다. 중립의 원리에 입각한 정치교육이 필요한 것처럼, 중립의 원리에 입각한 종교교육도 교육에서 반드시 이루어져야 한다. 왜냐하면 실천적 도덕은 종교가 없는 상황에서는 결코 빠르게 교육적 효과를 볼 수 없기 때문이다.

그러나 특정한 종파에 입각한 종교교육을 공립학교에서 행하는 것은 그 종파의 신자가 아닌 사람들까지 그 종파를 위해 세금을 지불하게 만든다. 또 종파의 학교는 종파마다 가지각색이고, 심지어는 주민 400명인 마을에 14개의 종파가 존재하기도 하였다. 이렇게 각 종파에 따라 학교를 설치한다면 각 학교의 학생 수는 아주 적게 되어, 작은 마을에서는 학교가 설립되지 않을 수도 있다.

(6) 후쿠자와 유키치; 실학주의 교육

서양의 국민교육은 동양에도 상당한 영향을 미쳤다. 서구 근대교육을 선구적으로 받아들인 일본은, 막부 말기에 네덜란드 학문, 즉 난학(蘭學)을 중심으로 서양교육을 받아들였다. 그것을 실천한 학교는 여러 곳이 있었지만, 그 가운데 후쿠자와 유키치(福澤諭吉, 1835~1901)가 운영한 '후쿠자와 학원'이 있다. 후쿠자와가 개설한 학원은 난학파라고 하였는데, 세간에서는 일반적으로 후쿠자와 주쿠(塾)라 불렸다. 이것이 일본 근대교육자 후쿠자와 유키치의 탄생이었다.

후쿠자와 주쿠를 창립한 초기에는 네덜란드(和蘭, Holland) 책을 강독하였다. 그러나 1859년에 5개국 조약이 맺어지고 외국인의 도래가 늘어나면서, 네덜란드 학의 시대는 조만간에 저물 것으로 판단되었다. 그 후에는 점차 영어로 된 글 읽는 법을 연구하면서 영어책을 중심으로 하는 교육으로 전환하였다. 이처럼 시대의 통찰, 네덜란드 학문에서 영어로의 과감한 전환을 통해, 일본 근대 공교육 사상에 기여한 것이 후쿠자와의 혜안이었다.

당시, 후쿠자와는 혼란스런 교육의 측면을 충분히 고려하였다. 네덜란드 학에서 영어로 된 학문에로의 전환 과정에서, 아직 영어에 익숙하지 않아 영어책을 자유자재로 읽을 수 없었다. 이에 '영어 – 네덜란드어'의 대역(對譯) 사전을 참고하여 교육에 임하였다. 여기에서 "교육은 실제로 가르치는 일과 같고 배우는 일과도 같다!"는 사유가 도출되었다. 가르치고 배우는 일을 함께 진행하는 '공학공교(共學共敎)'의 교육시스템이 개발된 것이다. 이 교육의 양식은 이후에도 지속적으로 답습된다.

후쿠자와는 1860년에 처음으로 미국을 방문하였다. 이후, 총 3회의 미국행을 경험한다. 최초의 미국행에서 그는 '웹스터사전'을 1권 구입하여 귀국하였다. 이후 1862년에는 유럽에 가서 영어책을 많이 구입해 왔다. 그만큼 후쿠자와 주쿠에서 영어로 진행한 교육은 학문적으로 충실해졌다. 후쿠자와는 1867년에 다시 미국에 방문하여 영어책 원서 수백 부를 구해 왔다. 이것으로 후쿠자와 주쿠는 새로운 교육의 시기에 접어들었다. 지리, 물리, 수학 책은 물론, 종전에는 보기 드문 경제, 역사와 같은 다양한 학문서적 수십 권을 구비하여 학생들이 공부할 수 있게 하였다.

뿐만 아니라, 후쿠자와는 유럽과 미국 등 여러 나라의 교육제도나 교육사상을 적극적으로 홍보하였다. 이는 계몽적 형태를 띠면서, 처음으로 서구의 교육사상을 일본에 소개한 것이다. 후쿠자와의 『서양사정 – 초편』에는 서양 각국의 학교교육에 관하여 다음과 같이 소개하고 있다.

"서양 각국에는, 중앙의 서울은 물론 시골의 촌락에 이르기까지 학교가 없는 곳이 없다. 학교는 국가[정부]에 의해 설립되어 교사에게 봉급을 주고 사람을 가르치는 곳이다. 또한 서민이 사회의 구성원이 되도록 학교를 세워 가르친다. 사람이 태어난 후 6~7세가 되면 남녀 모두 학교에 들어간다. 어떤 아동은 학교에서 기숙하기도 하고, 어떤 아동은 집에서 숙식하며 매일 학교에 다닌다. 처음으로 들어가는 학교를 소학교(小學校)라고 부른다. 거기에서는 문자를 배우고, 차츰 자기 나라의 역사, 지리, 산술, 천문, 시, 그림, 음악 등을 배운다. 이와 같이 7~8년 동안 여러 교과 학문을 점진적으로 익히고, 또 대학교(大學校)에 들어간다. 대학교에서는 이전과 다른 고차원의 학문을 배운다. 여기에서는 전반적으로 모든 학과를 배우면서도, 자신이 뜻하는 한두 과를 전공으로 연구한다. 군인이 되기를 원한다면 사관학교로 옮겨가고, 의사가 되고 싶다면 의학교로 옮겨가는데, 전문적인 한 가지 직업만을 맡는다. 위와 같이 6~7세부터 처음으로 배우고, 18세 무렵부터 20세가 되면 직장으로 간다. 위와 같이 소학교에서 대학교에 들어가는 것이 일반적 순서지만, 때로는 대·소학교를 서로 겸하는 경우도 있다. 서울에서 가장 큰 학교인 킹스 칼리지와 같이 학생이 500여 명인 곳도 있다. 위층에서는 대학교 수업을, 아래층에서는 소학교 수업을 한다."

후쿠자와가 서양의 공교육을 소개한 모습은 매우 구체적이다. 이는 일본 근대 공교육을 설치하는데, 다양한 차원에서 영향을 미쳤다. 후쿠자와는 가정교육이나 학교교육, 사회교육의 각 분야에 걸친 저서나 논문도 여러 편 남겼다. 특히, 『시사신보』(1899년, 메이지 22년) 8월 5일부에 발표한 「문명교육론」은 후쿠자와의 교육관을 간결하게 집약한 논설이자 교육사상이다. 핵심은 다음과 같다. "세상에서 교육하는 일은 정말 중요하다. 사람은 배우지 않으면 슬기롭게 되지 않는다. 때문에 학교를 세워 가르쳐야만 한다."

이때 교육은 단순하게 사물에 대한 지식을 가르치는 일에만 국한되지 않는다.

사물을 '대하는 능력'을 기르는 작업이 무엇보다도 중요하다. 다시 말하면, 사물에 관한 지식을 직접 가르치는 일도 어려운 작업이다. 하지만 그에 해당하는 작업을 마주하여 당황하지 않고, 능숙하게 사물에 관한 지식을 이해하여, 그것을 다루는 능력을 함양하는 일이 더욱 중요하다. 이런 점에서 학교는 아동들에게 단순하게 사물에 관한 지식만을 가르치는 장소가 아니다. 즉, 지식교육만을 위한 공간이 결코 아니다. 타고난 자질의 발달을 방해하지 않고, 그 성숙을 위한 공간이 되어야 한다. 즉, 학교는 지식교육을 포함하여 인격성숙을 전반적으로 고려하는 교육을 지향한다.

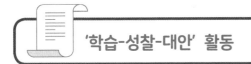

'학습-성찰-대안' 활동

✿ 1단계 【학습】 요약 정돈; 본문을 학습하고 핵심내용을 정리하시오.

❀ 2단계 【성찰】 문제 비판; 1단계의 '본문 학습'과 '핵심내용 요약 정돈'을 근거로, 아래 표의 철학적 영역에 맞추어 성찰하시오.

기본 영역	본문 내용 (개별사유)	통합 성찰 (공통 토의)
형이상학	형상;	
인식론	인식;	
가치론	가치;	
논리학	논리;	

✿ 3단계【대안】교육철학 재고; 1단계와 2단계의 '학습-성찰' 활동을 바탕으로, 시대정신을 고려한 교육철학을 도출하시오.

구분	내용	대안 제시
개별 제안		
공동 논의		

제6강 서구교육철학의 토대

1 관념론과 실재론

서구의 교육사상은 서양철학의 주요 흐름과 맞닿아 있다. 그것은 전통적인 관념론(觀念論, Idealism)과 실재론(實在論, Realism), 근대 이후의 프래그머티즘(Pragmatism, 實用主義), 실존주의(實存主義, Existentialism), 분석철학(分析哲學, Analytical Philosophy) 등으로 대별해 볼 수 있다.

관념론은 서양철학사에서 가장 긴 역사를 지니고 있으면서 교육에 결정적인 영향을 미쳤다. 관념론이라는 말은 17세기 유물론(唯物論, Materialism)에 대비하여 만들어진 용어이다. 형이상학적으로 이해할 때, 관념론은 관념이 감각적 세계보다 참된 존재양태를 지닌다는 의미이다. 관념론에서 실재는 물질적 힘이 아니라 관념이나 사상, 마음 그 자체이다. '정신적인 것'이나 '초현실적인 것'을 유일한 실재로 여기고, 현실적으로 존재하지 않는 가치를 의지적으로 지향한다.

다시 말하면, 관념론은 궁극적 가치나 절대적 목적에의 접근 가능성 내지 실현 가능성, 그리고 인격과 인류의 완전 가능성을 믿고, 이러한 신념에 입각하여 이 세상의 현실과 실천을 규제하려는 사고방식이다. 이것은 '도덕적 맥락'에서는 이상주의(理想主義)를 뜻한다. 도덕적 이상주의는 관념이 인간에게 세계를 변화시킬 수 있는 힘을 준다고 생각한다. 이러한 관념론은 교육철학에서 '이상주의'라 명명된다. 플라톤에 의해, 교육은 '이상사회 실현'을 위한 수단으로 정립되었고, 칸트에 의해, 교육은 '인격완성'을 위한 양식으로 다듬어졌다.

실재론은 관념론과 달리, 세계는 인간의 마음으로부터 독립하여 그 자체의 법칙에 따라 존재하며 발전한다고 본다. 우주 존재는 인간의 의식과 독립적이다. 그것은 절대정신이 아니라 물질세계를 관찰하고, 그 법칙을 객관적 인식에 의해 발견할수 있다고 여긴다. 따라서 과학적으로 증명된 것을 지식이라고 한다. 요컨대, 실재론은 실재의 객관적 질서가 존재하고, 그 실재에 대한 지식을 인간이 획득할 수 있다는 주장이다. 아울러 인간은 이러한 지식에 부합하도록 행동해야 한다.

관념론과 실재론이 플라톤과 아리스토텔레스, 중세 기독교, 칸트, 헤겔에 이르는유럽철학의 주류였다면, 프래그머티즘은 미국의 철학이다. 특히, 영국의 경험론을미국의 토양에 맞게 토착화시킨 철학이다. 프래그머티즘은 절대적인 것이나 선험적원리, 불변하는 자연의 법칙을 거부한다. 대신, 변화의 원리와 논리를 요구한다. 때문에 가치의 상대성을 주장하면서, 인류와 사회의 발전과 진보가 중요한 논제가 된다. 윤리·도덕적 규범은 영원불변한 것이 아니라 사회와 문화의 변동에 따라 수정되고 개선된다는 입장이다. 이외에 실존주의와 분석철학은 관념론적 특징을 포함하면서도 새로운 철학 방법론으로 사유를 전개한다.

2 이상주의

이상주의(Idealism)는 그 기원을 고대 희랍의 철학자인 소크라테스와 플라톤에서찾는다. 특히, 플라톤은 대화를 중심으로 엮어낸 그의 저작을 통해, 인간의 경험에서 정신과 이성의 중요성에 대해 진지하게 말했다. 내용은 이전의 자연철학자들과달랐다. 플라톤은 자연의 힘에 관심을 집중하지 않고, 이데아론을 철학의 중심 주제로 삼았다. 이것이 관념론의 토대가 된다. 플라톤은 생멸·변화하는 '현상계'와 불변하는 '이데아계'로 나누고 참된 존재인 진실재(眞實在)를 이데아라고 하였다. 중세에 이르러 '관념'은 점차 주관적으로 사유할 수 있는 대상을 의미하게 되었고, 근대의 데카르트, 칸트, 헤겔 등을 통해 꽃피웠다.

초기의 이데아 이론

- 진리는 감각들에 의해 도달될 수 없다. 즉, 실재는 지적 추리의 과정에 의해 이해될 수 있다.
- 정의로운 것, 아름다운 것과 선한 것은 모두 감각으로 접근하기 어려운 실재들로 존재한다.
- '감각-경험'의 세계, 물질적 세계에는 완전하게 드러내 보이지 못하는 실재의 유사성이 들어 있다.
- '감각-경험'의 세계에 있는 무언가는 그것을 자세히 설명하여 어떤 실재와 유사하다는 것으로 인정한다고 해도, 그 자체에 관한 우리의 지식은 '감각-경험'에서 오지 않는다. 우리가 출생 이전에 획득했던, 평등 그 자체에 관한 지식에서 우리는 평등을 회상하고 있다.
- 아름다운 것 그 자체이거나 실재들은 영구적이고 변하지 않는다.
- 영구적 실재들은 감각의 세계에서 예시한, 또는 그런 예시들이 관여하는 형상들이나 이데아들이다.
- 형상들이나 이데아들은 지성에 의해서만 알 수 있다.
- 참된 지식은 영구적 이데아들의 지식이다.
- 이데아들만이 인과적 설명을 제공할 수 있다.

이상주의는 우주의 실체를 영혼, 관념, 또는 정신으로 보는 철학이다. 이상주의에서는 우주의 궁극적 실체가 존재한다고 보며 그 우주를 고도로 일반화된 지성과 의지로 표현한다. 실체는 물질적이라기보다는 영적이다. 인간은 본질적으로 영적존재이며, 그것은 불멸하는 성격을 지녔다. 그러므로 절대정신은 영원하다. 소우주인 인간은 절대정신을 지닌 영적 존재이다.

이러한 이상주의에서 지식은 정신의 내부에 있다. 그것은 자기반성을 통해 의식하고 있는 수준으로만 제시된다. 따라서 앎의 과정은 이미 정신 속에 현존하는 보이지 않는 이데아를 상기(想起)하는 작업이다. 이것이 이른바, 플라톤의 상기설(想起說, anamnēsis)이다. 상기설은 회상설(回想說)이라고도 한다. 회상에 의해 사람들은 그 자신에게 내재되어 있는 대우주의 정신을 발견한다. 직관과 통찰, 내적 자각을 통해 개인은 자신의 마음을 보게 되고, 그로부터 절대자아를 발견한다. 지금 알게 된 사안은 이미 자신의 내부인 정신에 존재했던 것이다. 따라서 가르치고 배우는 일인 교육은 '잠재된 지식을 의식 속으로 전환'시키는 작업이다.

이상주의에서 가치의 문제도 마찬가지이다. 가치는 보편 속에 본래 존재하던 선(善, good)의 반영이다. 그것은 근원적으로 우주의 구조 속에 내재하고 있다. 가치경험은 본질적으로 절대정신이 반영되어 있는 절대선(絶對善)의 모방이다. 가치는 절대적이고 불변하며 영원하고 보편적이다. 진선미(眞善美) 자체가 우주적 구조 속에 존재한다. 가치를 탐구하면서, 이상주의자들은 영원히 변하지 않는 지혜로부터 윤리의 정수를 찾기 위해 고대하고 있다. 윤리적 행동은 현재 상황에서 유효한 지혜를 과거의 사회적·문화적 전통에서 찾아야 한다.

⊙ 이상주의의 실재관과 지식관

실재관	지식관
• 궁극적 존재의 실체는 정신 또는 마음이다. • 관념은 모든 사물의 본원적 요소이다. • 외부 세계는 관념의 그림자에 불과하며 신뢰할 것이 못된다. • 모든 존재의 뒤에는 절대적으로 군림하는 정신적 존재가 있다. • 사람은 유한하고 불완전하며 부분적 존재로, 그가 예속되어 있는 무한하고 완전하며 전체적인 정신적 존재의 형상으로 성장하여, 이에 결합하고 동일체가 되어야 한다. • 사람의 참된 기원은 신격이며, 그의 본성은 자유이고, 그의 운명은 영생이다. • 우주는 지성과 의지의 외적 표현이고, 세계의 불멸하는 실체는 마음이며, 물질은 오직 정신으로만 설명할 수 있다.	• 참된 지식은 영구불변하는 것으로 정신적 실재에 존속되어 있다. • 참된 지식, 즉 진리는 새로 발견하는 작업이 아니라, 기존의 것을 깨닫고 해득하는 일이다. • 궁극적 지식은 수동적으로 외부와의 접촉에서 얻는 것이 아니라, 지성의 적극적 작용에 의해 가능하다. • 지식은 우리가 살고 있는 사상의 세계에 체현되고 있는, 영원하고 정신적인 실재의 사고와 목적을 해득하는 것이다. • 감각 기관을 통해 얻는 외계의 인상은 지식의 조잡한 자료일 수 있어도 지식 자체는 될 수 없다.

앞서 언급한 것처럼, 이상주의에서 참된 지식은 정신이나 관념의 내부에 존재한다. 그것은 오로지 정신을 통해서만 획득될 수 있다. 따라서 이상주의 교육이 핵심적으로 지향하는 일은 학습자의 정신적 발달이다. 학습자에게 최고의 정신적 원리인 이데아를 의식화하는 지적 과정이 교육이다. 요컨대, 교육은 개인의 정신적 발달과정, 잠재능력의 계발이다. 여기에서 교육의 과제가 구체적으로 드러난다. 그것은 감각과 견해로 인식하는 불완전한 현상과 완전한 이상세계를 구별하는 일과 연관된다.

이러한 이상주의의 형이상학에 기초해 볼 때, 학교는 학생들이 진리를 발견하고 추구하기 위한 사회의 대리자이다. 그러므로 학교교육은 다음과 같은 내용을 강조한다. 첫째, 우주는 영적이고 정신적인 것으로, 비물질적인 궁극적 실체이다. 둘째, 정신적 실체들은 개별적인 것이다. 셋째, 우주는 총화를 이룬 단일한 존재이고, 낱낱의 개체들은 완전한 실재 세계의 부분들이다. 이 부분에 대한 인식이 교육의 근본을 형성한다.

이런 차원에서 교육을 담당하는 교사들은 정신능력, 또는 자아계발을 교육의 기본 원리로 정한다. 그리고 학생들이 진리 탐구자, 또는 진리 발견자가 되도록 인도한다. 그들은 학생을 진리 추구자로 만들기 위해 다음과 같은 목적을 설정한다. 첫째, '교수─학습' 과정은 학생이 자신에게 내재되어 있는 고유한 잠재력을 충분히 발휘할 수 있도록 도와주는 일이다. 둘째, 사회기관으로서 학교는 학생들에게 자신의 문화유산이 갖고 있는 지혜를 발견할 수 있게 하고, 그것을 확대·보급할 수 있도록 하는 공간이다.

또한, 이상주의 교육자들이 구상한 교육과정은 기본적으로 개념화·관념화를 거친 지식 위주의 교과목이나 학습 내용이다. 그것은 절대 진리에 기초하여 설명되어져야만 한다. 교육과정에서 체계화를 거친 내용은 단일개념과 이상에서 출발하여 궁극적으로 그 단일개념이나 이상에 이르기 위한 것이다. 그러므로 이상주의에서 교육과정은 위계적이고, 가장 통합을 잘 이룬 고도의 일반화된 과목으로 귀착된다.

일반성을 갖춘 체계적인 과목은 시대적 특수성을 초월한 추상적·보편적 과목들이 되기 때문이다.

이상주의에서 추구하는 교육방법은 이상주의의 인식론에 기초한다. 이상주의에서는 개인에게 절대 진리나 보편 진리가 내재하고 있다고 보기 때문에, 학습자 자신의 내적 사색을 통하여, 즉 자아반성 또는 자아성찰을 거쳐 절대지식을 회상하거나 인식한다고 이해한다. 학습자의 자발적 활동은 학습자의 흥미와 관계되는데, 학생은 스스로 직관적인 내적 흥미를 지니고 있고, 이는 외적 자극 없이 스스로 일깨워지며, 자연스럽게 특정한 사건이나 행동, 활동에 이끌린다. 그러므로 교육은 학습자 자신의 직관과 내적 자아탐구를 바탕으로 한다.

학생의 성장과 발전은 기본적으로 학습자의 내적 요소에서 시작되어 외적 측면으로 확산된다. 학습자를 자극하여 이끌 만한 방법이 특별하게 존재하는 것은 아니다. 이런 방법으로 학생은 학교를 다니는 동안, 그들의 잠재능력에 의존하여 최선을 다함으로써, 사회에서 활동할 직업을 얻기 위해 스스로 '준비'해야 한다. 때문에 학교생활은 사회생활의 삶을 위한 '준비'이다.

이상주의에 기초한 교사는 여러 가지 방법에 익숙해야 한다. 이상적 결과를 끌어내기 위해 가장 효과적인 방법을 알고 있어야 한다. 특별하게 구체적으로 정해진 방법이 있는 것은 아니다. 하지만, '반어법(反語法)'이나 '산파술(産婆術)' 등으로 불리는 '소크라테스의 대화법(Socratic dialogue method)'과 같은 것은 이상주의에 기초한 수입에서는 적절한 방법이 될 수 있다.

'교사―학생'의 관계에서는 교사가 중심적이고 결정적인 역할을 맡는다. 성숙된 인격을 지닌 사람으로서 이상주의에 기초한 교사는 문화적 전망을 지니고 있어야 한다. 그는 관현악곡을 작곡하거나 연주지휘를 맡은 사람처럼, 여러 가지의 다양한 가치체계를 통합할 수 있는 사람이어야 한다. 학생이 미성숙한 경우, 교사가 학생의 인격을 조작적으로, 또는 주입식으로 다루어서는 안 된다. 학습자가 자신의 입장에서 스스로 성숙된 전망과 세계관을 형성하도록 독려해야 한다.

학습자의 영적 본성과 인격은 고귀한 가치를 지녔다. 때문에 교사는 학습자를 존중하고, 학습자의 능력을 최대한 실현할 수 있도록 지원해야 한다. 그런 만큼 수업의 목적은 잡다한 지식을 학습자에게 알리는 데 있는 것이 아니다. 자기의 힘으로 지식의 의의를 발견케 하는 데 있다. 즉, 학생 자신의 주장이나 자기 안에 있는 실재를 스스로 탐색하는 데 있다.

그러기에 이상주의에 기초한 교사는, 다음과 같은 특징을 갖출 때, 훌륭한 면모를 드러낸다. 첫째, 학생에게 문화와 실재 세계를 구현해야 한다. 둘째, 인간의 특성에 대해 전문적이어야 한다. 셋째, 학습과정에서 숙달된 전문가로서 전문적 의견을 종합할 수 있어야 한다. 넷째, 학습자가 배우려는 욕망을 갖도록 일깨워야 한다. 다섯째, 학생들과 좋은 인간관계를 유지해야 한다. 여섯째, 완전한 인간성을 달성하기 위한 도덕성을 담보해야 한다. 일곱째, 각 세대가 문화적으로 재탄생할 수 있도록 헌신해야 한다.

요컨대, 이상주의에서 교육은 인간의 잠재능력을 발현하고 전개해 나가는 과정이다. 학습은 학습자의 정신에 현전하는 진리를 떠올리도록 자극받는 과정이다. 그리고 교사는 도덕적이고 문화적 가치의 모범, 또는 모델이 되어 인간적 발달을 최상으로 표현하는 존재이다.

다시 강조하지만, 이상주의는 인간의 영적 본성과 절대자아를 주장한 철학이다. 진선미(眞善美)가 불변하고 위계적이고 질서정연한 우주의 구조 속에서 영원한 것으로 본다. 이상주의에 기초한 교사는 '교과중심 교육과정'을 선호한다. 왜냐하면 그런 교과중심 교육과정은 보다 영구적인 철학·신학·역사·문학·예술작품으로부터 추출해 낸 내용들로, 진리라고 생각하기 때문이다. 이런 차원에서 이상주의 교육은 인간에게 잠재되어 있는 능력을 이끌어내어 계발하는 과정이다. 학습은 자신의 마음에 현재하고 있는 진리를 회상시킬 수 있도록 독려하는 탐구과정이다. 계발과 탐구의 교수 학습이라는 차원에서 매우 시사적이다.

교육이 전달하는 내용의 단순한 주입이나 암기를 이행하는 방식이 아니라, 인간의 능력을 계발하고 추출하는 작업이라는 점에서, 인격을 대단히 중시한다. 그만큼 교사는 도덕적·문화적으로 전형이 되어야 한다. 인간의 성장과 발전을 위해 모범적 가치체계를 지니고 있어야 한다. 단순히 학과목을 가르치는 것이 아니라 학생을 가르치는 발견자로서 강조된다.

그러나 다른 한편으로 생각해보면, 이상주의의 이론 자체는 현실감이 떨어진다. 지나치게 유토피아적이다. 교육목적도 너무나 관념적이고 이상적이며, 불명확하다. 뿐만 아니라, 현실세계를 긍정적으로 수용하는 자세가 미흡하다. 따라서 우주첨단 과학기술 문명이 가져온 구체적인 교육현실을 염두에 두고, 영원하고 보편적인 실재와 인간의 잠재능력을 함양하는 방법을 심사숙고 할 필요가 있다.

3 실재주의

실재주의(Realism)에서는 이상주의와는 대조적으로 사물이 사람들의 지각과는 별개로 존재한다고 생각한다. 즉, 우주는 사람과 관계없이, 사람과 '독립적'으로 존재한다는 말이다. 그것이 유명한 '독립성의 원리(principle of independence)'이다. 이상주의 철학자들은 외계의 현실은 정신 또는 관념의 그림자나 환상에 불과하다고 주장했다. 그러나 실재주의 철학자는 그것이 실제로 구체적으로 존재한다고 본다. 예컨대, 어떤 사람이 책을 보고 있다고 하자. 이때 보고 있는 책은, 책을 사용하고 읽고 있는 사람의 의식과는 별도로, '책 그 자체로 존재'한다. 사람들이 그 책을 읽건 읽지 않건, 그 책은 그 자체로 존재하고 있다. 사람이 보거나 말거나, 사람이 있거나 없거나, 산이나 나무, 시냇물은 자신의 권리 자체로 존재한다. 이처럼 실재주의는 사물의 질서나 체계가 '객관적'으로 존재하며, 인간은 그 실재로부터 지식을 얻을 수 있다고 주장한다. 때문에 인간은 그러한 지식과 질서에 부합하는 행동을 해야 한다.

실재주의의 형이상학은 기본적으로 인간은 인간의 마음과 독립적으로 존재하고 있는 객관적 질서나 법칙 속에 살고 있다는 데 기초한다. 사물은 시간과 공간에 존재한다. 인간은 이를 감각과 추상적 활동을 통해 인식할 수 있는 대상으로 생각한다. 실재주의의 기원으로 볼 수 있는 아리스토텔레스에 의하면, 사물은 '질료(質料, matter)'와 '형상(形相, eidos)'이라는 두 차원으로 구성되어 있다. 예를 들면, 집은 특정한 구조로 배열된 벽돌과 목재로 이루어져 있다. 상(像)은 특정한 모양으로 조각되거나 성형된 대리석이나 청동으로 이루어져 있다. 동물은 특정한 원리에 의해 융합된 살이나 뼈, 기타 혈액 등으로 이루어져 있다. 모든 실체는 이렇게 부분으로 이루어져 있다. 질료는 어떤 형태의 사물이 될 가능성과 잠재성이다. 일정한 구조와 구도에 의해 어떤 형태로 형성될 성질을 지니고 있는 것이다. 예컨대, 목수는 질료인 나무를 사용하여 자신의 형상인 구상에 따라서 나무를 다듬고 물건을 만든다. 이때 나무는 목수가 구상한 책상이나 의자, 건축물이 될 잠재성을 지니고 있다. 이렇게 실재를 질료와 형상의 이원론으로 구분하여 보는 것이 실재주의 형이상학의 특징이다. 그런데 질료와 형상은 실체를 구성하는 물리적 요소가 아니다. 청동상을 분리된 두 조각인 청동과 모양으로 나눌 수는 없다. 때문에 질료와 형상은 실체의 '논리적' 부분이다. 그것은 통일적인 실제적 대상의 국면이다.

실재주의 철학자들은 인간이 자신의 감각과 이성으로 객관적 사물을 알 수 있다고 인식한다. 이들은 인간·사회·자연 현상에 보편적 구조가 있는 것과 같이, 사물에도 그러한 보편적 특징이 있다고 주장한다. 객관적 사물 탐구에 무게중심을 둔 실재주의 철학자들에게서, 앎은 '사물에 대한 지식'을 의미한다. 즉, 인식은 사람의 마음과 외적 세계와의 상호작용에 의해 이루어진다. 이러한 상호작용은 사람의 감각기관과 사물이 발산하는 에너지 사이에서 일어난다. 감각은 질료에 관계하는데, 그 질료는 시간과 공간의 변화에 따라 바뀐다. 그것은 상황적이고 의존적이다. 인간은 감각을 통해 '감각경험(感覺經驗, sense-experience)'과 '감각자료(感覺資料, sense-data)'를 얻으며, 마음은 그것을 체계적으로 정리하고 분류한다. 인간은 지적인 추상화

작용을 통하여, 객관적으로 존재하는 우연적 자료를 필요한 조건으로 분류하고, 그로부터 기본적 개념을 형성한다. 그 개념은 다른 사물이 지니고 있지 않은 성질들을 일정한 분류의 체계로 특성화한 것이다.

실재주의 철학자들의 앎, 또는 지식에는 이와 같은 감각적·추상적 작용이 포함되어 있다. 이러한 과정은 질료와 형상으로 구성된 이원론적 우주관과 일치한다. 그러므로 실재주의 철학자의 인식론은 인간이 '실재를 관찰한다'라는 뜻을 지닌다. 그래서 이 인식론은 '관객이론(spectator theory)'이라고 한다. 앞에서 언급한 것처럼, 인간은 공통적으로 인식 과정에 감각과 추상화를 포함하고 있다. 때문에, 구경을 하면서 거친 자료들을 보다 정확하고 고차원적 방식으로 정리하고 분류하며 통합하는 과정을 거친다.

또한 실재주의의 인식론을 '대응이론(correspondence theory)'이라고도 한다. 그것은 인간의 생각과 지식이 실재한 사물들과 일치된 것이 진리가 되기 때문이다. 따라서 실재주의에서 진리는 실재와 합치되는 지식이다. 예를 들면, '비가 오고 있다'라고 말했다고 하자. 그렇다면 이를 어떻게 증명할 수 있는가? 우리는 문 밖으로 나가 봄으로써, '비가 오고 있다'는 문장과 사실 사이의 대응관계를 검증할 수 있다.

실재주의에서는 지식을 통하여 사물의 가치를 추정할 수 있다고 생각한다. 행동의 가치는 사물의 객관성 정도와 사물들 사이의 객관적 관계에 따라 달라진다. 정의적 이론에서 가치는 주관적 느낌에 따라 달라진다. 하지만 실재주의에서 가치는 외적 기준에 의해 평가된다. 그러기에 실재주의 철학자들은 실재의 구조에 따라 인간의 가치를 형성할 수 있다고 본다. 즉, 물리적·자연적·사회적·인간적 실재의 구조를 알면, 실재적이고 실행 가능한 대안들을 구성할 수 있다고 생각한다.

실재주의의 궁극목적은 아리스토텔레스에 의해 표명되었다. 그것은 사람들의 잠재력을 최대한 계발하여 행복을 달성하는 일이다. 우주 존재는 사람과 독립적으로 존재하며, 사람이 통제할 수 없는 객관 법칙에 의해 지배된다. 인간은 이러한 세상을 살아가는 동안, 이 법칙을 무시하거나 역행할 수 없다. 순응하고 적응해야 한다. 따라서 우주의 법칙을 알고 그 물질적·문화적 구조와 작용에 대한 지식이 필요하다. 이는 교육을 통해 획득되고 실천된다. 때문에 교육을 담당한 학교의 임무는 학생들에게 주변의 객관적 세계를 인식할 수 있도록 지식을 체계화한 교재의 핵심을 전달하는 데 있다.

이런 차원에서, 실재주의는 다음과 같은 교육목적을 제시하였다. 첫째, 조직화 과정을 거친 체계적 지식을 연구하고 배워, 인간이 지니고 있는 가장 큰 힘인 이성을 계발한다. 둘째, 사람들이 자신의 선택을 합리적으로 할 수 있도록 고무·격려하고, 그들의 잠재능력을 최대로 실현할 수 있도록 도우며, 합리적 위계질서 체계에 자신들의 위치와 역할을 통합시키게 한다.

사회의 다양한 기관들이 각각의 역할을 수행하는 것처럼, 실재주의에서 학교는 독특한 기능을 지녀야 한다. 그 일차적 사명이 이성을 고양시키는 작업이다. 학교의 임무는 주로 지적인 일을 수행한다. 때문에 여러 과목들에 대한 지식을 지니고 있으면서, 미숙한 학생이 지적 탐구를 할 수 있도록 가르칠 수 있는 능력 있는 교사가 필요하다. 다시 말하면, 학교는 학생에게 지식의 체계와 탐구의 기술을 전달할 수 있는 특수한 기능을 지니고 있어야 한다.

실재주의는 실재의 객관적 질서를 중요하게 여긴다. 실재를 지닌 사물은 기본적으로 유사성에 기초하여 범주화하고 분류할 수 있다. 실재주의에 기초한 교육과정은 실재를 탐구하는 가장 효율적인 방법이 합리적인 근거가 되며, 그것을 통해 교과목을 체계적으로 조직한다. 이때 체계적으로 조직된 지식이 학습 교과가 된다. 그것은 실재를 구조화한 것으로, 역사적·사회학적·생물학적·화학적·심리학적·지리학적 관점 등으로 구성되어 있다. 이런 교과목은 학습자의 준비성과 성숙도에 따라 적절하게 서열화한다.

실재주의에서 교사는 체계적으로 조직된 교과내용을 잘 알고 있어야 한다. 그는 한 교과목이 다른 교과목과 어떻게 연결되는지 알고 있는, 교육을 잘 받은 사람이다. 학습의 목적은 교사가 학생에게 체계적으로 조직된 지식을 제공하는 일로 귀결된다. 실재주의에서 교사는 학생들이 어떤 배경을 지녔는지 알 필요가 있다. 나아가 학생들을 어떻게 동기 유발시킬 수 있는지에 대해서도 잘 알고 있어야 한다. 교사는 학생에게 교훈적이면서도 학생을 즐겁게 해줄 수도 있어야 하며, 훌륭한 지식 공급자여야 한다.

그리고 학생은 지식이나 기능을 배우는 사람이다. 때문에 학생은 배울 준비가 되어 있고, 동시에 학습에 요구되는 노력을 기꺼이 수행할 수 있어야 한다. 학생들은 다양한 분야에 관심과 흥미를 가지고 있으면서도 배워야 할 학습에 대해 집중할 수 있어야 한다. 교과목에 대한 지식과 방법을 알고 있는 전문가인 교사에게 인문학뿐만 아니라 과학에 대해서도 익숙하도록 교육받아야 한다. 학생은 기본적으로 자기선택, 자기통합, 자기실현을 할 수 있는 기본적 권리를 가진 사람이다. 지식 영역에 대해 폭을 넓혀가면서 성숙해가는 과정에서 그는 전문적 교사, 잘 교육받은 교사를 만날 권리를 가진다.

실재주의는 현대교육에 다양한 기초를 제공했다. 교육의 주요 목적을 학생이 지식을 발견하고 전달하고 사용할 수 있도록 하는 데 두었다. 그러한 지식은 인간의 합리성을 실현하는 기본적인 것으로, 삶의 여러 차원, 즉 개인적·사회적·경제적·정치적·윤리적·미학적 삶을 안내한다. 이는 학생들에게 우주와 세계, 사회, 자아를 긍정적으로 이해하게 만들고, 이를 교육현장에 적극적으로 반영시켰다. 교육을 통해 자아를 실현시키고, 현실생활에 필요한 지식을 중요하게 여기며, 우주의 신비로운 법칙을 탐구하고 진리를 좇는 경건하고 엄정한 태도를 지닐 수 있게 하였다.

반면, 실재주의는 '독립성의 원리'가 지닌 한계 때문에, 여러 종류와 수준의 가치를 주체적으로 취사선택하고, 이를 개성적으로 즐기면서 사는 인간을 키워내지 못할 소지가 있다. 교사가 교육의 중심 역할을 담당하기 때문에, 교육내용을 주입할 우려도 있다. 때로는 전통적 지식을 전달하는 보수적 교육이 되기 쉽다. 또한 교과목을 중심으로 이성이나 지성의 훈련을 목표로 하므로, 학습자가 수동적으로 될 수 있고, 개인의 특성과 능력을 소홀히 하기 쉽다.

4 자연주의

이상주의나 실재주의와 달리 자연주의(Naturalism)는 자연(自然, self-so)을 실체의 본질이라고 생각한다. 자연 그 자체는 인간 존재와 인간성을 포함한 모든 존재를 설명해주는 전체적 체제이다. 자연주의로 분류되는 철학이나 사상은 여러 부류가 있다. 고대 그리스의 자연철학자들, 탈레스를 비롯하여 아낙시메네스, 데모크리토스, 헤라클레이토스, 엠페도클레스 등은 실재는 초자연적인 것이 아니라 물질이라고 주장했다. 이처럼 고대 그리스에서 자연주의에 대한 맹아, 또는 기본적인 사유가 출현했지만, 이를 체계화시킨 대표적 인물은 루소(Jean-Jacques Rousseau, 1712~1778)이다. 루소 이후에는, 초자연적인 신의 존재를 믿었지만, 교육방법에서 루소의 아이디어를 활용한 페스탈로치(Johann Heinrich Pestalozzi, 1746~1827), 다윈의 진화론을 지식 사회에 적용하여 고도의 도덕적 체제를 강조한 스펜서(Herbert Spencer, 1820~1903), 아동교육에서 자연주의 방법론에 기초한 몬테소리(Maria Montessori, 1870~1952) 등도 자연주의를 대표하는 인물이다.

자연주의 철학자들에게서 '자연(自然)'이라는 용어와 '자연적(自然的)'이라는 용어는 그 사유를 대표하는 핵심개념으로 자리한다. 자연은 사회의 다양한 제도장치나 인공적인 것보다는 '스스로 그러하다'라는 의미가 그 자체에 깃들어 있다. 그만큼 자연주의는 자연스런 방법으로서 즉자적(卽自的)이고 원초적(原初的)이며, 자유스럽고 자발적인 단순한 것을 선호한다. 자연주의자들이 고유하게 사용하고 있는 '자연'이라는 용어에는 보편적인 것, 우주적 질서라는 의미가 포함되어 있다. 자연주의 철학자들은 자연 상태에 있는 인류학적 인간에 보다 관심을 둔다. 원초적이고 원시적인 상태에 처해 있는 인간의 삶은, 때묻지 않은 본능에서 자극되는 순수한 동기에 의해 이끌린다. 이러한 인간관은. '인간을 신의 은총을 저버린 존재'라는 기독교의 원죄설(原罪說)과 상반된다. 자연주의 철학자들에 의하면, 적어도 '인간은 타락되지 않았다! 본래 착한 존재이다!'

교육에서 '자연주의'는 18세기 말에서 19세기 초에 루소와 페스탈로치에 의해 적극적으로 표현되었다. 이들은 자연 자체를 무조건 옹호하기보다 인위적 초자연주의, 종교적 교화, 고전주의, 언어중심주의 등을 반대한다. 종교에서의 초자연주의나 고대 그리스·로마의 고전보다 자연을 중요시 한다. 이들에게 자연이란 항상 진리와 인간 경험의 원천이다. 이들은 완벽하게 기능화하고 있는 우주적 장치, 즉 보편적 구조의 한 부분으로서 인간의 존재를 인식했던 계몽주의의 영향을 받았다.

계몽주의 철학자들은 과학적 방법으로 자연을 분석할 수 있고, 인간과 우주를 지배하고 있는 자연의 법칙을 찾아낼 수 있다고 생각했다. 나아가 자연법칙이 사회와 경제·정치·교육에 일사불란하게 적용될 수 있다고 믿었다. 자연이 하나의 메커니즘(mechanism)이라면, 인간은 그것을 어떻게 기능화 할 수 있는지 발견할 수 있다. 그래서 교육은 사람들에게 인간의 본성을 따라, 그의 지시대로 살아가도록 준비시키면 된다. 그들의 욕망은 형이상학적인 것보다도 사회학적인 현상을 탐구하는 데 보다 가치를 두었다.

자연주의는 실재의 구성요소를 인식하고 분석하는 방법으로 감각적 경험을 강조한다. 계몽주의의 영향을 받은 자연주의는 실재를 전체로 파악하기보다는 개별체로서 인식한다. 실재에 대한 정확하고 과학적인 틀을 얻기 위해, 탐구의 대상을 작은 요소로 축소시킨다. 페스탈로치는 '감각적 지각으로 분명한 개념을 형성한다'고 생각하면서, '직관(直觀, intuition)'을 강조했다. 그 결과, 직관을 모든 인식의 절대적 기초로 삼아, 교수의 가장 높고 가장 훌륭한 원리를 확립하였다. 직관을 통해 확보한

페스탈로치의 '실물학습(實物學習)' 또는 '실물교수(實物敎授, object lesson)'는 감각적 경험을 활용한 대표적인 학습방법이다. 실물학습은 수·이름·모양 등을 가르치는 일에 기초한다. 자연주의자들은 즉자적 경험, 구체적 사례, 직접적 사안에 초점을 두고 있다. 감각적 경험은 어린이를 둘러싸고 있는 구체적 대상에 대해, '직접경험'을 해야 한다. 어린이의 활동과 학습을 통해 구체적 사물을 다루고, 이로부터 실험하게 되며, 그러한 환경에 대해 일반화 과정을 거친다.

또한 자연주의 철학자는 인간이 환경과 상호작용하면서 가치를 만들어낸다고 생각한다. '본능(本能, instinct)'이나 '충동(衝動, impulse)'은 억압의 대상이 아니라 표출의 대상이다. 자존감이나 자아감은 다른 사람들에게 희생되거나 다른 사람의 입장에서 이루어지는 행동이 아니라, 나의 자연스런 감각에서 비롯된 행동이다. 루소가 말하는 선(善; 착함)이란 사회적인 장치나 인위적인 것에 의해 변질되지 않은 상태를 일컫는다. 루소는 원죄설에 이끌리는 기독교적 가치관을 부정하고, 인간의 마음에 사악한 것이란 없다고 본다. 사악한 것은 오직 부패한 사회에서 온다. 그러기에 루소는 사회를 악(惡)이라 하고 인위적인 것을 배격했으며, 자연에 돌아갈 것을 권유했다. 인위적 구속을 싫어했다는 점에서는 방임주의로 오해받기도 쉽다. 그러나 그의 자연주의는 '훈련(訓練)'을 요청하는 자연주의이다.

그러므로 『에밀』에서는 다음과 같이 표현한다. "창조자의 손에서 나올 때, 모든 것은 선했는데 인간의 손에서 모두 타락한다. 인간은 어떤 땅에서 나는 산물을 다른 땅에서 기르도록 강요하고, 어떤 나무의 과일을 다른 나무에게 맺으라고 강요한다. …… 내가 말하는 대상은 당신이다. 즉, 갓 태어난 관목을 큰 길에서 비켜나게 하여 세상 사람들의 인습의 충격으로부터 보호해줄 줄 아는, 애정 깊고 용의주도한 어머니, 바로 당신이다. 어린 식물이 죽기 전에 물을 주고 돌보아라! 그 열매는 언젠가 당신에게 큰 기쁨을 가져다주리라. 당신 아이의 영혼에 일찍이 울타리를 둘러라! 그 울타리는 다른 사람도 계획할 수 있지만, 울타리를 직접 쳐 줄 사람은 오로지 당신 밖에 없다! 식물은 재배를 통해 가꾸어지며, 인간은 교육을 통해 만들어진다."

자연주의 철학자들은 아동연구의 중요성을 강조한다. 특히, 제 각각의 단계에서 성장하고 발달하는 아동의 '역동적 본성(力動的 本性)'을 강조한다. 어린이는 착하다. 그런데 교육이 도덕적인 사람을 길러내는 일이라면, 그것은 어린이의 '충동'과 '성향'에 따라야 한다. 어린이의 교육내용과 방법은 어린이 스스로에게서 찾아야 한다. 자연적인 사람은 이론적이거나 추상적인 신학이나 철학·법규 등과는 상호교류하지 않고 직접적 경험을 통해 상호작용한다. 루소가 말한 이른바, '자연적 인간(自然的 人間)', '고상한 야인(noble savage)'은 단도직입적이며 솔직하고 겉치레가 없는 사람이다. 야만인이 아니라 사회제도보다는 그 자신의 '본성의 법칙'에 의해 지배되고 관리되는 인간이다. 반대로 '사회적 인간'은 그의 원초적 순수함을 잃은 사람이다. 타락한 교육과 사회화 과정을 거치면서 사회적 인간은 하나의 연기자로 조작되며 틀에 박힌 사람이 된다.

자연주의에서는 유아기에서 성인기까지 인생의 단계를 설정하고, 각 발달단계에 나타나는 생활의 특징에 따라 교육을 준비한다. 신체적·심리적 준비의 정도에 따라 교육이 달라진다. 자연주의 철학자는 사람을 각 발달단계에 적절한 사회적·경제적 역할을 준비시키지 않고, 개인의 준비성과 발달에 알맞은 적합한 교육을 부여한다. 따라서 교육은 특정한 직업을 지닌 인간, 예컨대, 농부, 노동자, 회사원, 공무원, 법관, 교사 등으로 훈련시키는 것이 아니라, 각 인간의 발달단계에 적합한 내용이어야 한다.

교육과정에서도 이러한 생각이 반영된다. 루소는 예술이나 과학의 가치를 논박한다. 그런 지식은 활력을 갖지 못한 것으로 자연과 동떨어진 고도의 언어적 지식이다. 그것은 그릇된 방식으로 인간을 교화하여, 원초적이고 순수한 덕성으로부터 이탈하게 한다. 잘못 사용되어 인간의 본래적 가치보다 권세와 위엄을 얻기 위해 악용되고 있다.

자연주의에서 진정한 교육은 인간의 '욕구'와 '준비성'에 기초한다. 그들은 교육과정을 구성하는 주요 요소로 어린이의 '본성'과 '흥미', '욕구'를 근본으로 삼는다.

이상주의나 실재주의 철학자들이 중요하게 여기는 위계적으로 만들어진 교과를 거부한다. 어린이들은 그들이 배우기를 원하고 배울 수 있도록 준비된 것을 학습한다. 인간의 경험에는 교과목을 숙달하는 것보다도 개인을 성장과 발달로 이끄는 풍부하고 다채로운 활동들이 있다. 자연주의에서는 학습을 '자발적 활동'과 '문제해결'로 본다.

따라서 교사에게 중요한 것은 자연과 완벽하게 조화를 이룰 수 있는 능력이다. 자연적 환경에서 교육의 역할을 음미하면서 자연을 해치지 않고, 자연적 흐름을 알아 조화를 이룰 수 있는 사람이다. 특히, 어린이의 본성을 인식하고 성장과 발달의 수준을 잘 알아야 한다. 환경과 어울려 교류하면서, 어린이의 성장을 돕고 격려하며, 어린이가 지니고 있는 능력을 표현할 수 있도록 고무하고 자극할 수 있어야 한다. 또한, 교사는 강요하지 않고 허용하며 기다리면서도 서두르지 않아야 한다. 루소의 『에밀』에서 에밀은 배울 준비가 되어 있을 때, 학습을 했다.

그리고 교사는 '발견학습' 방법에 숙달되어야 한다. 그는 학생에게 지식을 주입하기보다 학생 스스로 지식을 발견하도록 노력한다. 나아가 학생의 학습과정에서 거의 눈에 띄지 않는 안내자로서 역할을 한다. 항상 존재하지만, 그는 결코 모든 것을 관리하는 감독자가 아니다. 그의 통제는 미미하면서도 학생에게 학습 환경을 적합하게 조성한다. 학생의 성격과 인성을 형성하는 데 노련하다.

자연주의는 이상주의(관념론)가 주류였던 서양 교육사상사에 반향을 불러일으킨 사조이다. 19세기의 대안적 교육개혁에 공헌하며, 20세기 진보주의 교육에 큰 영향을 끼쳤다. 자연주의가 교육에 미친 의의를 다음과 같이 정돈할 수 있다. 첫째, 어린이의 학습은 강의나 설교 또는 책과 같은 언어주의에 의존하는 것보다 어린이들에게 직접 관련되어 있는 환경에서 순수한 감각적 경험에 의해서 시작되어야 한다. 둘째, 어린이다운 특성은 인간의 발달단계와 성장과정의 요구에 적합한 것이어야 하고, 교육과정과 학습은 어린이의 본능과 충동에 따라야 한다. 셋째, 어린이는 어른의 한 부분이 아니라 인간발달의 누적적 단계를 거친 한 인간이다. 그들은 자신에게 맞는 적절한 학습 실제를 가지며, 자신에게 적합한 학습 준비성을 지니고 있다. 넷째, 학교는 분리되거나 고립적인 것이 아니라 어린이의 환경을 연장한 전체적 맥락에서 성립되어야 한다.

그럼에도 불구하고 자연주의는 인간생활이 물질적·현세적·신체적·사회적 존재 이상의 그 무엇임을 밝히는 데 소홀하였다. 이는 가장 의미 있는 인생이 무엇인지를 정립하는 데 기여하는 교육의 가치 지향성을 밝히는데 적극적이지 못했다는 뜻이다. 때문에 자연주의 교육은 인간이 살아가는 삶의 가치, 구체적 이상과 목적의 추구 등, 교육을 통해 인위적으로 만들어가야 하는 문화적 생산을 간과하기 쉽다.

5 프래그머티즘

프래그머티즘(Pragmatism)은 이상주의나 실재주의와 달리 20세기 미국에서 탄생한 생활철학이다. 실용주의(實用主義)나 도구주의(道具主義)로 번역되기도 했다. 그 이전의 철학들은 진리가 '선험적으로 존재한다'는 선험주의(先驗主義)와 진리가 인간의 경험과 '독립적으로 존재한다'는 진리의 독립성에 의존하고 있다. 그러나 프래그머티즘은 진리란 인간의 경험으로부터 나오는 '시험적인 것', 또는 '가설적인 것'이라고 주장한다. 프래그머티즘에서는 과학적인 방법으로 인간의 행동 결과를 검증하는 데 관심을 기울인다. 그것은 20세기 과학기술의 시대와도 연관되고, 그로 인해 사람들이 물질적 이익이나 실질적 유용성에 많은 관심을 두는 것과도 관련된다.

프래그머티즘은 전통적인 형이상학적 사유를 거부한다. 프래그머티즘을 신봉하는 사람들에게 철학은 인간의 문제를 해결하기 위해 필요한 사유 양식이다. 하나의 생각은 행동한 이후의 결과로부터 판단된다. 진리란 문제를 풀기 위해 적용되는 하나의 가정이다. 때문에 확정적이 아니라 '잠정적'이다. 과학적 방법에서 다루는 논리는 실험적이다. 가치란 오로지 특정한 상황에서 제기되고, 특정한 윤리 도덕적 맥락에서만 유효하다.

프래그머티즘을 종합한 철학자 듀이의 생각이 그것을 뒷받침한다. "현대철학의 임무는 장애물을 찾아 헤치는 작업이다. 그것은 앞길에 장애가 되는 정신의 여러 습성을 비판하는 일이자 현대생활에 합치되는 여러 요구를 반성하는데 집중하는 작업이며, 생활의 전 국면에서 목적과 가치에 관한 우리의 신념에 대해 과학적 결론이 어떤 결과를 가져올지 생각하면서, 과학의 여러 결론을 설명하는 것 등이다."

프래그머티즘은 여러 측면에서 미국의 서부 개척자들, '파이오니어(pioneer)'의 경험을 반영한 것이다. 그들은 자연환경을 변경시켰고, 그것은 자신을 포함한 그들의 사회를 변화시키는 결과를 낳았다. 개척자들은 자연환경을 그들의 목적에 맞게 이용할 수 있도록 개조하는 데 성공했다. 시간이 지날수록 개척의 가능성은 커졌다. 그 대상의 폭도 확대되어 모든 사물에 적용하기에 이른다. 그런 경험은, 모든 사물은 끊임없이 유동적이며 운동하고 변화한다는 사고를 낳았다. 듀이의 경우, 변화를 설명할 때, 복잡하고 역동적인 의미를 강조한다. 단조롭고 단선적인 변화보다는 변화무쌍하게 달라져 가는 현상을 부각한다.

이러한 사유는 궁극적 실체의 개념을 반대한다. 인간의 문제는 초경험적이기보다 인간의 목적에 따라 제기되는 사건과 문제를 다루고 통제한다. 경험세계가 있는 변화와 진보하는 우주를 강조한다. 듀이는 사람들의 경험을 피하지 않고 중요하게 여긴다. 그러기에 철학은 인간이 환경조건을 개선하고 재구성하는 데 경험을 유용하게 활용해야 한다. 경험을 재구성할 때, 이론과 실제는 혼합되어 활용된다. 경험에서 유추된 이론은 행동을 통해 검증된다. 때문에 불변한 것과 변하는 것을 구별하는 이원론을 반대한다.

개인과 집단이 문제의 상황에서 성공적으로 결말을 얻어내기 위해 지속한 노력들이 경험이 된다는 '경험'을 내세운다. 이러한 결과, 이론은 실제에서 나오며 또 실제에서 검증된다. 마음은 선험적 범주라기보다 지적으로 문제를 해결하는 사회적 과정이다. 교육은 사회적·직업적 문제를 포함한, 모든 문제를 다루기 위한 방법을 제공함으로써, 인간을 보다 자유스럽게 하는 일이다.

듀이의 프래그머티즘이 강조하는 중심 주제는 '존재는 불확실하다'는 점이다. 존재하는 것은 '변화하는 세계에 있다!' 인간의 탐구활동은 확실성에 대한 것이라기보다 불완전하고 불확실성의 세계이다. 탐구(inquiry)는 불확실한 세계에서 이루어지는 변화의 과정 그 자체를 관리하고 지시하는 방법과 수단에 대한 것이다.

다윈의 진화론에 영향을 받은 듀이는 인간 유기체가 살아있는 자연적 창조물이며, 생명을 유지하기 위한 충동과 동기를 소유하고 있는 조직체라고 말한다. 모든 조직체는 그의 삶을 고양시키기도 하고, 또 위협받기도 하는 서식지나 환경 가운데 살아간다. 개별체로서, 그리고 인간 유기체로서, 사람들은 불확정적 특성을 지닌 '문제 상황(問題 狀況, problematic situation)'에서 살고 있다. 그가 직면하게 되는 불확실한 상황은 확정적이 될 때까지는 늘 장애요소가 된다. 성공적인 사람은 문제를 잘 해결할 수 있고, 그들의 경험에 이를 새로운 요소로 간직한다. 그 결과 유기체와 환경과의 상호작용이라는 그물을 형성하고 그는 경험을 얻게 된다.

궁극적 실체나 절대적 진리를 거부하는 듀이는, 진리란 '상황적 적합성', 또는 '적절성'에 의해 증명된다고 본다. 그 적합성은 그 시대 대다수의 사람에게 최대로 옳다고 생각되는 사안이다. 그것이 진리이다. 그러므로 '실용성'이란 개념보다도 '적합성'·'적절성'이라는 단어가 프래그머티즘을 더욱 뚜렷하게 설명한다. 이처럼 듀이는 형이상학직 문제보다는 인식의 문제에 관심을 기울였다. 듀이에게서 '앎-지식'이란 실험적인 것이며 상식적 형식에서 과학적 방법으로 이루어진 탐구의 대상이었다.

듀이는 사회적 제도에 의해 조건화되어 역동적으로 사회적 변화를 초래할 수 있는, 역동적인 사회적 지식의 관념을 지니고 있었다. 지식은 사람들의 상식적인 관심을 다루고, 서로의 경험을 공유하면서 만들어진다. 문제를 해결할 수 있고 분석할 수 있는 능력인 지성(知性)은 '문제 상황'에 부딪쳐 문제를 해결하는 과정을 통해 끊임없이 얻어지는 경험에서 비롯된다. 지성이란 '문제해결'의 맥락에서 가설에 따라 방법을 만들고, 또 그것을 적용하여 실행하는 과정에서 얻어진다. 그러므로 인간은 자신의 지성을 활용하여 도구와 방법들을 창안하고 또 제작한다. 이는 자연발생적인 여러 문제를 잘 처리하는 방법으로 사용될 때, 일어나는 지식이다.

문제 상황에 직면한 개인은 5단계의 사고과정을 거쳐 문제해결의 방법을 제시한다. 그것이 유명한 '반성적 사고(反省的 思考, reflective thinking)'이다. 반성적 사고의 과정은 '문제 상황 → 문제 인식 → 문제 명료화 → 잠정적 가설의 설정 → 가설 검증'이라는 실험적 인식론이다. 이는 문제해결의 도구적 방법으로 활용된다. 다섯 단계의 과정을 거쳐, 목적과 방법은 단일화를 거친다. 하나의 목적이 달성되면, 그것은 다음 단계나 과정에서 다시 목적을 위한 수단이 된다. 이는 실험적 과제를 전제하고 있다.

▶ 반성적 사고의 단계

⑤ 가설 검증; testing the hypothesis by action
↑
④ 잠정적 가설의 설정; reasoning
↑
③ 문제 명료화[정보수집과 관찰]; the guiding idea
↑
② 문제 인식[방향모색]; intellectualization
↑
① 문제 상황[문제 확인]; suggest

이 지점에서 진지하게 고려할 사안이 있다. 다름 아닌 '민주주의(民主主義, democracy)' 개념이다. 민주주의는 현대사회에서 도덕적으로나 방법적으로 인간의 삶에 필수적인 제도이다. 도덕은 성장능력으로서 행위의 조절과 실행하는 힘이다. 듀이에 의하면, 정직이나 근면, 절제, 정의는 건강이나 부, 학습과 마찬가지로 획득되어야 할, 정해진 여러 가지 삶의 목표일 수 있다. 그렇다고 반드시 그럴 것이라 여겨지거나 소유되어야 할 불변의 선(善)은 아니다. 경험과 같은 성질을 지닌, 변화의 여러 방향이다. 따라서 '성장 그 자체'가 유일한 도덕적 목표이다. 이것이 민주주의의 원리로 귀결되어야 한다. 즉, 민주주의는 하나의 도덕적 기준이다.

듀이는 어린이를 성인의 축소판이나 미완성된 성인으로 인식하지 않는다. 동시에 인간 본성의 취약함이나 결점 때문에 어린이가 타락할 수 있다는 생각도 거부한다. 대신, 어린이가 인생의 전반을 통해, 한 인간으로서 제대로 성장할 수 있도록 환경을 관리하고 통제할 수 있는 사회적이며 지성적인 방법 획득을 중시했다. 이러한 듀이의 철학에 기초한 교육론은 다음과 같이 정돈할 수 있다.

첫째, 교육은 현상유지와 재구성의 기능이 있다. 교육은 미성숙한 집단인 어린이에게 문화유산을 전달함으로써 문화적 연속성을 유지한다는 측면에서는 그 사회의 현상을 유지하는 측면이 있다. 문화유산의 전달과정으로서 교육은 문화유형을 재생산하면서 그 자체를 지속한다. 그러나 어린이는 문화적 도구와 방법을 획득하고 활용함으로써, 현상유지를 넘어 고유한 문화를 변화시킬 수 있다. 과학적 방법을 사용함으로써 인간은 변화의 과정과 방향을 지시하고 관리할 수 있는 능력을 소유하게 된다.

둘째, 학교는 경험을 공유한다. 학교는 문화유산을 '단순화'하고 '정화'하며 '균형을 유지'하는 세 가지 기능을 수행한다. 문화유산을 '단순화'하는 것은 복잡한 문화를 학습자의 성숙도나 준비 정도에 맞게 적합한 학습단위로 선정하는 일이다. 문화유산을 '정화'하는 것은 학교가 인간의 성숙을 해치는 요소를 문화유산으로부터 제거하여, 인간의 성장을 고무하고 격려하는 문화적 요소를 선택하여 전달하는 일이다. 문화유산의 '균형을 유지'하는 것은 선택한 문화유산을 통합하여 인간 경험의 핵심에 놓이도록 조화롭게 구성하는 일이다. 다양한 집단으로부터 온 학생들은 학교에서 서로가 공유한 활동을 권장하고 협동적인 민주사회를 준비하는 과정을 겪는다.

셋째, 교육은 민주적 태도를 형성한다. 민주사회는 구성원들 사이에 다양한 이해와 관심을 함께 나누는 공동체이다. 그런 사회는 이해나 관심을 상호교류하며, 실험에 대해 개방적이며 솔선하는 경향을 지니고 있다. 인간의 협동은 상식의 용인, 의견의 교류, 공동사회의 인식이라는 세 가지 측면을 중시할 때 가능하다. 상식은 집단적 경험에서 제기되는 대표적인 가치, 아이디어, 도구나 방법, 주제들이다. 의견의 교류는 공용의 언어를 통해 상징적 형태로 그들의 경험을 표현하는 일이다. 공동사회의 인식은 사람들 사이에 공유한 의견의 교류를 수단으로 공동의 경험과 문제를 함께 토의하여 결과를 얻어내려는 인간적 유대관계를 말한다.

넷째, 자유와 문제 중심의 학습을 한다. 학습자에게 자유는 자유방임의 형식으로 행하는 학습활동의 양식이 아니다. 신념과 가치에 대한 실험적 검증과 탐구를 위해 개방적 학급환경과 학습태도를 확보하는 일과 관계된다. 사회가 당면한 집단적 문제를 해결하는 방법은 자기 단련적인 인간을 형성하기 위한 프로그램에서 출발한다. 이때 문제를 해결하기 위해 취하는 과제나 문제 중심의 학습은 문제를 풀기 위해 필요한 직접적 활동으로부터 시작한다. 그러므로 학습상황은 학생이 필요로 하는 활동에서 조성된다. 이때 교사는 학습상황을 통제하기보다 학습상황을 안내하는 지략적인 사람이다. 주로 학습활동을 위한 '충고'나 '도움'을 필요로 하는 학습자의 안내자 역할을 맡는다. 학습활동을 위한 '지시'는 특별한 문제를 풀기 위해 꼭 필요할 때만 있게 된다. 교육목적은 교사보다 학습자 자신의 것이다. 교사가 학습상황을 통제하는 방식은 비지시적이다. 이러한 방식으로 학습자는 스스로 보다 정확한 사람이 되어 간다. 그것이 학습자의 성장이다.

다섯째, 교육의 목적은 성장이다. 전통적인 학교교육은 주입식 교육을 실시해 왔다. 프래그머티즘은 어린이의 미래를 준비시키는 작업을 거부한다. 학생들은 현재의 문제에 대한 관심과 요구에 따라 행동하면서 미래에 대한 적응력을 키운다. 일상적 경험을 적극적으로 활용하면서 현재와 미래의 상황에 유연하게 대처하려 한다. 현실적응력을 발휘할 수 있는 지성적 방법을 내면화해 간다. 지성적 방법을 통해 어린이는 성장해간다. 성장에는 개인이 상호관계를 맺고 있는 여러 경험들 사이의 의미 있는 맥락, 또는 여러 학습장면들 사이의 상호관계성을 이해하는 능력 획득을 포함한다.

여섯째, 교육의 과정은 경험의 재구성이다. 좋은 교육은 미래의 경험을 지시해주고, 그에 대한 의미를 부가해주는 경험의 재형성이다. 교육목적으로서 성장은 미래의 행동에 대한 지성적이고 반성적인 방향을 제시하는 일과 연관된다. 성장의 개념에는 학습자가 현재의 경험과 다음에 뒤따르게 되는 경험과의 상호관련성을 인식하는 일이 포함된다. 반성적 사고를 통해 행동과 경험과의 상호관계성을 통찰하고, 그 결과가 지적 상징화 과정을 거치면서 의미를 새롭게 부여한다.

이러한 교육과정에 세 가지 수준이 있다. 첫 번째 수준은 '만들어 실행해 보기'이다. 이 단계에서는 학생이 그들의 직접적 경험으로 구성해보고 직접 활동에 참여하여 재료들을 구하여 조작한다. 이러한 직접 체험을 하면서, 학생들은 경험의 여러 가지 기능적 측면을 접하게 되고, 지적 사고를 하게 된다. 두 번째 수준은 '시간적·공간적 경험을 확대'해 준다. 이는 역사와 지리 과목을 통해 이루어지는데, 자기가 살고 있는 집과 학교로부터 크게는 세계로 시야를 확산시키는 교육적 자원이 된다. 그러나 체계적 지식을 가르치기보다 학생의 직접적 환경에서 시작하여 점점 넓혀가면서 학생 스스로가 시간과 공간에 대한 안목을 갖도록 한다. 세 번째 수준은 '다양한 과목을 통합'한다. 이 단계에서는 다양한 신념이나 주장을 검증하는 내용을 다룬다. 학생들은 이를 통해 과학적 정보를 얻고 자신들의 문제를 과학적으로 풀어가는 방법을 탐구한다. 여러 과학으로부터 얻은 지식을 활용하는 문제 상황을 분석하고, 또 해결을 위한 다양한 가설을 만들어 보기도 한다.

▶ 교육과정의 세 수준

제3수준: 다양한 과목의 통합

제1수준: 만들어 실행해보기   제2수준: 시간적 · 공간적 경험의 확대

프래그머티즘은 전통적인 철학과 교육관에 대한 반항이자 도전이다. 기존철학의 절대적 진리관을 실험적 탐구로 대치하였다. 넓은 의미에서, 과학적 방법이 지식탐구의 방법이 되었고, 사회적 지식 또한 과학적 방법으로 탐구할 것을 강조한다. 듀이는 학교의 사회적 역할을 강조했다. 학교는 협동체인 공동사회를 형성시키는 중요한 기구이다. 듀이의 교육적 사고는 교육과 학교교육을 재검토하게 만드는 여러 이론을 제기한다. 그 주요 개념은 '성장', '생활', '경험의 재구성', '직접적 활동', '문제해결', '반성적 사고' 등이다. 이런 프래그머티즘의 사고와 실천은 미국 진보주의 교육운동의 선구가 되었고, 현대 교육사조와 운동의 방향에 결정적 영향을 미쳤다.

그럼에도 불구하고, 아동의 흥미나 현재적 관심을 중시하다 보니, 가장 기본적인 가치나 지식을 철저하게 가르치지 못하는 한계가 있다. 즉, 가치나 지식 가운데 이상주의나 실재주의 철학자들의 주장과 같이 영원불변하거나 보편적인 내용도 있는데, 그런 부분을 소홀히 하였다. 또한 사회는 그 자체의 모순으로 말미암아 급격하게 퇴보하거나 전락할 수 있는데, 점진적 발전만을 강조하여, 급격하게 변하는 사회상황을 해명하기 어려운 난점도 있다.

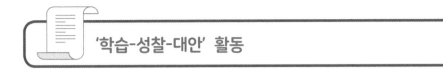
'학습-성찰-대안' 활동

❊ 1단계 【학습】 요약 정돈; 본문을 학습하고 핵심내용을 정리하시오.

✿ 2단계 【성찰】 문제 비판; 1단계의 '본문 학습'과 '핵심내용 요약 정돈'을 근거로, 아래 표의 철학적 영역에 맞추어 성찰하시오.

기본 영역	본문 내용	통합 성찰
형이상학	형상;	
인식론	인식;	
가치론	가치;	
논리학	논리;	

❀ 3단계【대안】교육철학 재고; 1단계와 2단계의 '학습-성찰' 활동을 바탕으로, 시대정신을 고려한 교육철학을 도출하시오.

구분	내용	대안 제시
개별 제안		
공동 논의		

실존적 접근과 해체

1 인간 주체와 해체, 그리고 인터넷 혁명

실존주의(實存主義, Existentialism)는 '실존철학(實存哲學)'이라고도 한다. 이는 19세기의 '합리주의적 관념론'이나 '실증주의(實證主義, positivism)'에 대한 비판과 도전에서 시작되었다. 분석철학(分析哲學)과 함께 20세기 철학의 주류를 형성하였다.

세계대전이 일어나기 전, 후설(Edmund Husserl, 1859~1938)은 현상학(現象學, phenomenology)을 통해 철학의 관심을 인식론에서 존재론으로 전환시켜야 한다고 주장하였다. 후설의 주장은 실존주의 등장에 지대한 영향을 미쳤는데, 양차 세계대전의 비극적 체험을 통해 더욱 촉진되었다. 더구나 과학기술 문명의 발달은 빈곤의 문제를 해결하고 편리함을 더해 주었지만 인간의 주체성을 말살하는 역현상도 초래하였다. 이 또한 실존주의의 생성을 촉진시킨 요인으로 작용하였다. 요컨대, 실존주의는 현대문명의 비인간화에 대한 반항으로 등장하였다. 기술문명과 관료기구, 객관주의에 대한 항변이자, 산업사회에서 조직화로 인한 인간소외에 대한 거부이다.

20세기 현대사회는 불특정 다수인으로 형성된 대중사회, 즉 익명성의 사회였다. 인간의 개체성과 주체성이 말살되고 획일적인 일반법칙이 강요되었다. 이러한 사회에서 인간은 진정한 '나'의 새로운 탄생을 갈망하고, '나 자신'의 주체성과 개체성을 찾으려고 노력하였다. 이것이 바로 실존주의가 추구하는 기본 생각이다.

엄밀히 따진다면, 인간의 실존문제가 철학적으로 거론된 것은 고대 그리스의 소크라테스로 거슬러 올라간다. 이후 파스칼, 아우구스티누스로 이어진다. 그러나 그 것이 철학의 핵심 주제로 등장한 것은 약 1세기 전 키에르케고르(Soren Kierkegaard, 1813~1855)가 사유를 발전시키면서부터이다. 그에 의해 제기된 실존주의는 니체 (Friedrich Nietzscche, 1844~1900), 부버(Martin Buber, 1878~1965), 야스퍼스(Karl Jasper, 1883~1969), 하이데거(Martin Heidegger, 1889~1976), 사르트르(Jean Paul Sartre, 1905~ 1980), 메를로 퐁티(Maurice Merleau Ponty, 1908~1961), 카뮈(Albert Camus, 1913~1960) 등에 의해 전개되었다. 물론 이들의 사상은 여러 측면에서 차이가 있다. 하지만 19세기 와 20세기의 특수한 시대적 분위기를 공통적으로 반영하고 있다는 점에서, 이들 모 두를 '실존주의' 또는 '실존철학'으로 명명한다. 실존철학자들이 다루는 공통 주제들 은 다음과 같다.

첫째, 체계성과 대비되는 개념인 개체성을 주장한다. 둘째, 지식뿐만 아니라 감 정, 의지까지도 포함한 체험의 세계를 중시하는 사회성을 지닌다. 셋째, 엄연한 사 실로 인정할 수밖에 없는 존재의 불합리성을 지적한다. 넷째, 자기 삶을 스스로 개 척해 나가는데 선택의 자유와 결단이 요구된다. 다섯째, 인간이 도저히 피할 수 없 는 불안이나 죽음, 우울의 문제를 다룬다. 여섯째, 자유로운 두 개체 사이에서 이루 어져야 할 공감각적 관여의 문제를 제기한다.

한편, 20세기 중·후반부터 거세진 정보화의 물결은 사회 패러다임의 전환을 가 져왔다. 그것은 '제3의 물결'을 넘어, 이른바 '제4차 산업혁명'이라 불리는 최첨단 우주과학 기술문명의 시대를 구가하고 있다. 이러한 혁명은 과학기술 분야의 변화 뿐만 아니라 산업구조의 근본적 혁신을 가져왔다. 그것은 근대사회를 특징짓는 모 더니즘(modernism)의 시대가 종말을 고하고, 포스트모더니즘(Post-modernism)이 지배 적 생활양식으로 자리잡게 되었다는 의미이다. 21세기에는 그것을 훨씬 넘어 인공 지능, 빅 데이터, 생명공학 혁명이 가속화되면서 산업구조 및 사회구조를 재편하고, 인간의 가치관을 송두리째 바꾸고 있다.

근대 산업사회의 대량생산과 대량소비의 시대에는 상품의 규격화와 가치관의 획일화가 시대정신이었다. 그러나 그런 상황은 이제 완전히 다른 모습으로 탈바꿈했다. 포스트모더니즘 사회의 경우, 그것을 넘어, 물질문명과 가치관의 획일화를 해체한다. 또한 선택적 소비지출이 증가하고 자유시간의 선호, 기호의 다원화와 생활의 질에 대한 관심이 증대하였다. 거기에다 인공지능 사회로 대변되는 과학기술 문명의 발달은 삶의 양식을 혁명적으로 변화시키고 있다. 이러한 포스트모더니즘을 비롯한 사회변화는 다양하게 설명할 수 있다.

첫째, 정치적 측면이다. 20세기에 발생한 2차 세계대전 이후, 세계를 지배해왔던 마르크스주의와 자유민주주의 간의 이데올로기 대립이 붕괴된 것과 연관된다. 이데올로기가 무너지면서 이데올로기에 묻혀 경시되어 왔던 생활과 관련된 여러 문제들, 즉 환경, 여성, 인종, 지역사회 문제 등이 부각되었다.

둘째, 경제적 측면이다. 글로벌 시대에 접어들면서 다국적 자본에 의한 소비가 덕목으로 자리 잡았다. 나아가 주체적 자아 및 비판의식의 해체가 시도되었다.

셋째, 사회적 측면이다. 현대 지능정보화 사회는 모든 사람과 사물이 기호로 존재할 뿐만 아니라 그 존재 의미 또한 기호적으로 생성된다. 그것은 인간과 사물이 기호화와 기호적 의미화를 정당화 하는 이론을 양산한다.

넷째, 문화적 측면이다. 현대인은 과거와는 달리 활자매체가 아닌 영상매체를 통해 정보 지식 오락을 추구한다. 이는 이성 중심에서 감성 중심으로, 논리적 판단에서 감각적 판단으로, 동질지향성에서 이질지향성으로, 자기절제에서 자기표현으로, 억제된 감성에서 해방된 감성으로, 정적 문화에서 동적 문화를 선호하는 생활양식의 변화를 가져왔다.

다섯째, 예술적 측면이다. 모더니즘의 예술에서는 새로운 예술성을 추구하기 위해 실험적 시도를 계속하였고, 이를 통해 예술적 독창성을 확립했다. 하지만 이제는 첨단을 추구하는 실험적 시도 대신에 기존의 여러 예술작품들 가운데 이것저것을 모자이크 하듯 혼성 모방하는 파스티쉬 기법이 성행한다. 하나의 작품을 비평적 관점에서 차이를 강조하며 재생 반복하는 패러디 기법처럼, 기존의 예술작품을 새롭게 다루는 예술적 기법을 시도한다. 그것은 예술적 독창성이라는 굴레를 벗어 던지는 예술가들의 시도를 정당화 한다.

여섯째, 학문적 측면이다. 이제는 고전물리학이 주도하는 과학이라는 학문의 절대적 전형이 무너졌다. 학문과 비학문의 경계도 무너진 상황이다. 이런 현대의 학문적 상황을 설명해줄 이론적 근거가 필요하다. 다시 말하면, 그 어떠한 담론도 인정되고 정당화 될 수 있는 학문적 다원주의가 등장한 것이다.

이제는 포스트모더니즘을 넘어 전혀 새로운 시대에 접어들었다. 컴퓨터의 발달로 인한 인터넷 혁명이다. 그것은 다양하게 표현된다. '제4차 산업혁명'이라 명명되기도 하고, 지능정보화 사회, 빅 데이터 시대, 사물인터넷 사회 등, 강조점에 따라 다르게 불리며 명칭 자체가 진화한다. 다시 말하면, 21세기는 사물인터넷(IoT; Internet of Things)과 빅 데이터(Big Data), 가상물리 체계(CPS; Cyber Physical System)와 인공지능(AI; Artificial Intelligence) 등 이전에 없던 새로운 문명이 들어섰다. 세상의 모든 것이 인터넷으로 초 연결된다. 여기에 역동적이면서도 방대한 데이터가 기반이 되고, 사이버 시스템과 물리적 시스템이 정교하게 연동되면서 '복합시스템'으로 재편된다. 그리고 이들이 인공지능을 만나면서, 최적 상태로 제어되는 새로운 차원으로 문명을 양산한다. 문제는 그것이 급격하게 진화를 거듭하면서, 교육의 체계를 전반적으로 바꾸고 있다는 점이다.

2 실존과 교육

플라톤으로부터 헤겔에 이르는 서구의 전통철학은 '본질(本質)'에 관한 문제를 주로 다루었다. 따라서 철학자들은 철학의 주요 임무가 '실재(實在)'에 관한 물음이었다. 그러나 실존주의는 본질의 문제보다는 실존(實存)의 문제를 철학의 관심으로 부각시켰다. 그들은 "실존을 본질에 선행한다!"라고 하였다. 이는 전통철학과는 달리

철학의 근본에 대한 새로운 문제제기였다. 실존철학자들은 "'나는 존재한다.'라고 말하는 것이 무엇을 의미하는가?"라고 묻기 시작했다.

실존주의에서 '실존'의 의미를 이해하는 작업은 매우 중요하다. 실존주의를 이해하기 위해서는 스콜라 철학의 개념 쌍인 '실존(實存) 대 본질(本質)[existentia-essentia]'의 구분을 떠올릴 필요가 있다. 전통철학에서 강조해온 본질은 '그러함(Sosein)', 또는 '본질(Wesen)'로 번역된다. 그것은 어떤 정의나 개념의 테두리에서 파악되는 '한 사물의 무엇임(Was-sein)'으로, 사물이 변하는 소용돌이 속에서도 변하지 않고 머물러 있는 필연적인 것, 초개체적이고 보편적인 것을 뜻한다.

이에 반해 실존은 한 사물이 있다는 '그 사실(Daß-sein)', '그 사물이 우연하게 실제적으로 눈앞에 있음(Vorhandedsein)'과 '실제로 있음(Wirklichsein)'을 의미한다. 이는 자신의 가늠 기준을 본질에 두고 있다. 이런 식으로 실존을 이해하여 실존철학을 해석할 경우, 실존철학은 사물의 '실제로 있음'을 대상으로 삼는 사상이 될 것이다. 그러나 전통철학의 핵심인 '본질'을 다루는 철학에서 본다면, 실존철학은 그와 상반된다. 전통 형이상학에 항거하는 '실존'은 '본질'에 반대하는 논쟁을 강조하고 있다.

그리고 인간을 핵심에 둔다. '실존(Existenz)'이라는 말은 실재로 존재하는 모든 사물을 의미하지 않는다. 오직 '인간'에게만 '실존'이라는 개념을 쓸 수 있다. 인간이 실존을 '갖고' 있는 것이 아니라 실존으로 '존재'한다. 때문에 실존은 인간이라는 현존재의 '존재 이행방식'으로 이해된다.

실존철학자들은 인간을 창조한 '신(神, God)'에 대해, 다음과 같이 설명한다. 인간을 창조한 신이 있다고 가정한다면, 그 신을 설명해야 한다. 그렇다면 그 신은 어떻게 창조되었는가? 신을 창조한 어떤 존재를 가정한다면, 다시 그 신을 창조한 창조자의 창조자를 설명해야만 한다. 이러한 식으로 논리를 전개하면 끝이 없다. 결국에는 '창조자가 없다!'는 결론에 이른다. 그러므로 우리는 단순히 실존하는 인간으로 파악되며, 그가 어떤 특별한 무엇이 되기 전에 존재할 뿐이다.

이와 유사한 양식으로 실존철학자들은 근대철학의 선구자이자 관념론적 합리론자인 데카르트(Descartes, René, 1596~1650)를 반박한다. 데카르트는 너무나 유명한 "나는 생각한다. 그러므로 나는 존재한다(Cogito, ergo sum.; I think therefore I am.)!"라는 철학적 명제를 남겼다. 데카르트는 '존재'보다 '사고[생각]'를 앞세웠다. 그러나 실존 철학자들은 '내가 존재하지 않으면 분명히 나는 생각을 할 수 없다!'라고 판단한다. 즉, 나는 생각하기 이전에 존재해야만 한다. 따라서 데카르트의 말은 "나는 존재한다. 그러므로 나는 생각을 하기 위한 필수조건들 가운데 하나를 가지고 있다(I am, therefore I have one of the prerequisites for thought.)"라고 고쳐야 정확할 것이다. 이런 문제의식 아래, 실존철학자들은 "나는 선택한다. 그러므로 존재한다(I choose, therefore I am.)!"라는 명제를 사용한다.

실존철학에서 인간은 그 자신의 본질을 결정하는데 완전히 자유롭다. 이러한 자유는 절대적이다. 인간은 그가 되고자 하는 대로 선택할 수 있다. 각 개인은 스스로가 옳고 그름을 판단할 뿐 아니라 옳고 그름을 판단하는 준거까지도 결정한다. 그러나 이때 윤리적 선택에 대한 인격적 책임은 필수적이다. 즉, 도덕적 결정에서 개인의 책임은 아주 강조된다.

인간은 결정되지 않은 존재이다. 선택할 수 있는 존재이다. 그만큼 항상 자신을 실현하려고 노력한다. 자신을 실현하는 작업은 '되어감'이다. 즉, 생성(生成, becoming)의 과정이다. 다시 말하면, '존재한다는 것'은 '되어감'에 종사하는 일이며, 그것은 인간이 지구상에 있는 한 계속되도록 '운명 지어져' 있다. 그가 '어떠한 인간이 될 것인가?'에 대한 제약은 전혀 없다.

인간이라는 존재는 스스로를 '초월(超越, transcendence)'하면서 스스로 특징지어 나간다. 초월의 과정에서 끊임없이 인간의 본질을 재조정한다. 인간의 실존은 그에게 열려있는 가능성들의 선택에 달려있다. 그리고 이러한 선택은 결코 한번으로 끝나는 것이 아니다. 때문에 그의 실존은 불확정적이다. 어쨌든 실존주의에서는 인간을 '그 자신의 본질을 결정하는 자', 그리고 '그 자신의 가치를 규정하는 자'로 파악한다. 이런 점은 실존을 중심에 두는 교육관에도 그대로 반영된다.

전통적 교육관은 인간의 지속적 변화를 전제로 한다. 그것은 연속적 형성의 교육가능성을 강조하는 교육이다. 볼노오(Otto Friedrich Bollnow, 1903~1991)에 의하면, 전통적 교육에는 '기계적 교육관'과 '유기체적 교육관'이 있다. 기계적 교육관에서 볼 때, 교육은 교육자가 의도하는 목적과 목표에 따라 그에게 맡겨진 인간을 일정한 모습으로 만들어나가는 작업이다. 예컨대, 목수가 그의 계획과 설계대로 연장을 사용하여 의도했던 물건을 만들어 내는 일과 같다. 이는 교육을 하나의 '만드는 작용'으로 인식하는 시각이다. 반면에 유기체적 교육관은 인간을 마음대로 주물러지는 소재로 보지 않는다. 인간은 자신에게 내재하는 고유한 법칙에 따라 안으로부터 계발되고, 그 자신에 깃들어 있는 목표를 지향함으로써, 내면적·본질적으로 발전한다. 유기체적 교육관에서 교육자는 식물을 재배하는 정원사에 비유된다. 그러므로 교육은 하나의 '기르는 작용'이다.

요컨대, 기계적 교육관은 교육을 적극적 '형성' 작용으로 인식한다. 유기체적 교육관은 교육을 자연적 성장과정의 소극적 '보호' 작용으로 본다. 두 교육관은 이념적으로 서로 대립되지만, 방법론적으로는 공통 견해를 지니고 있다. 즉, 인간은 꾸준히 '지속적·계획적으로 성장한다'는 '연속적 형성가능성(連續的 形成可能性)'을 자명한 전제로 받아들인다. 지속적 발전과 성장, 연속적 구상, 점진적 개량이라는 입장에서 인간의 교육이 가능하다고 본다.

교육의 연속적 성격을 강조하는 전통적 교육관은, 그와 반대편에 있는 교육의 '단속적 성격(斷續的 性格)'을 무시하기 쉽다. 아울러 교사나 학생 사이의 상호관계 형성을 경시하는 경향도 자주 보인다. 실존적 교육관은 이러한 교육적 허점을 심각하게 고민하며 극복하려고 시도하였다.

다시 강조하면, 실존적 교육관은 '실존', 즉 '인간'을 이해하는 데서 출발한다. 실존철학자들은 실존하는 개인의 특성을 크게 세 가지로 구명하였다.

첫째, 실존적 개인은 어디까지나 자신과 무한한 관계를 가지고 있어야 한다. 즉, 자기 자신에 대해 무한히 충실하고, 자기 자신뿐만 아니라 자기의 운명에 대해 가장 심각하게 끊임없이 생각하는 사람이다.

둘째, 실존하는 개인은 언제나 자기 자신에 대해, 끊임없이 변화하고 있는 것을 느끼는 사람이다. 끊임없이 변화하고 있는 자신은 자기 앞에 이루어진 어떠한 사명이나 과업, 즉 피할 수 없는 일이나 자기가 하지 않으면 안 되는 삶의 중대한 과업에 대해, 조금도 유예 없이 느끼는 사람이다.

셋째, 실존하는 개인은 틀림없이 열정을 갖고, 사고에 몰두하며, 그에 따라 영감을 받는 사람이다. 다시 말하면, 유한 속에서 무한을 실현한다. 여기서 열정은 실존에 생명을 불어 넣는 것인데, 키에르케고르는 이를 '자유의 정열'이라고 하였다.

이런 인간관에 근거하여, 실존주의는 교육에서 개인을 "선택하는 행위자, 자유로운 행위자, 그리고 책임지는 행위자"로 규정하고, 개인에게 이러한 의식을 갖도록 일깨운다. 즉, 실존주의는 완전한 자유 속에서 홀로 결단에 의한 개인적 선택을 하되, 자신의 선택에 대해 철저히 책임지도록 한다.

이런 의미에서 실존적 사고를 따르는 교육은 '선택'과 '책임'에 대한 깊은 개인적 반성을 강조한다. 개인의 삶에서 철저한 선택과 책임, 그리고 주체성을 강조하는 것이 실존주의이다. 철저하게 자유를 가지는 반면에, 철저하게 선택에 대한 책임을 져야 한다. 따라서 실존주의 교육에서 가장 중요한 지식은 인간의 조건들과 각 개인이 행해야만 하는 선택에 관한 것이다. 그리고 교육은 선택의 자유, 선택의 의미와 그 선택에 대한 책임에 관해 의식을 일깨워주는 과정이다. 이와 같이 실존주의 교육에서는 학생에게 유용한 수많은 선택으로부터 그 자신의 길을 선택하도록 한다. 따라서 학교는 '선택적 분위기'를 조성하되, 학생이 하지 않으면 안 될 선택의 종류를 일방적·획일적으로 규정해서는 안 된다.

결국 이들이 추구하는 교육의 목적은 '자체 탐구'이다. 그것에 따라 삶에 대한 모든 형태의 광범위하고도 종합적인 경험을 제공한다. 따라서 실존주의자가 교육을 통해 달성하려는 인간은 단편적 인간이 아니라 '전인적 인간'이다.

실존주의에서 교육은 외부의 자극이나 환경 또는 상황에 대한 적응이 아니다.

창조적 자아의 성장을 촉진시키는 작업이다. 때문에 교사·커리큘럼·시설·환경 따위는 한 인간이 전인으로 성장하기 위한 도구에 지나지 않는다고 본다. 예컨대, 루소나 페스탈로치 같은 자연주의자들은 매우 구체적인 교수방법을 제시하였고, 프래그머티즘이나 진보주의 운동가들은 문제해결법을 교육실제에서 중시하였다. 그러나 실존주의에서는 이 같은 방법론적 노력이 미미하다. 단지 일반 철학에 관한 실존적 저술들로부터 교육방법론에 관한 '추론'이 가능할 뿐이다. 이런 점에서 실존주의자들은 교과목 자체보다는 '교과목을 다루는 방법'을 더욱 중시한다. 이는 커리큘럼 내에서 실존적 자유를 행사하는 일이 커리큘럼 내용보다 중요시됨을 의미한다. 그러므로 학교는 학생들의 자유를 신장하고 창조적 개성을 갖도록 격려해야지, 적응이나 관습에 순응하도록 압력을 가해서는 안 된다. 또한 학생들은 그의 환경에 의해 형성되는 존재로부터 그 자신을 '형성해 나가는' 존재로서의 역할이 강조된다.

어떤 측면에서 보면, 실존주의자들은 학교교육이라는 형태를 부정적으로 이해한다. 그들은 '학교가 인간의 재성을 말살시킨다!'라고 주장하면서, 보편적 교육, 집단적인 획일화 교육을 비난한다. 즉, 학교 자체가 이미 개인을 사회화 과정으로 몰아넣는 장소로 변해 버렸기 때문에, 집단의 훌륭한 일원, 훌륭한 시민은 형성시킬 수 있으나, 훌륭한 개인을 형성시키기는 어렵다고 본다.

실존주의자들이 강조하는 교과목은 인문학과 예술이다. 왜냐하면 실존적 선택은 매우 개인적이고 주관적이기 때문에, 정서적이고 심미적이며 시적인 과목들이 실존적 교육과정에 적합하다. 실존주의 교육에서 중요시 하는 또 다른 측면은 '삶의 부조리'나 '실존적 긴장'과 같은 이른바 '불안(不安)'이다. 때문에 진정한 인간교육은 삶의 좋은 측면뿐만이 아니라 삶의 불합리한 측면, 즉 삶의 추한 측면까지도 포함한, 전체로서의 인간교육으로 파악되어야 한다.

전통교육은 인간 또는 인간 세상의 어두운 측면을 감추고자 한다. 그러나 실존주의자들은 진정한 교육이란 '감추지 않아야 한다!'고 믿는다. 훌륭한 교육은 적나라한 인간의 모습에 초점을 맞추는 일이다. 학생들에게 좋은 것이나 나쁜 것, 합리적인 것이나 비합리적인 것 등 '삶의 모든 측면들'을 배울 수 있도록 해야 한다. 이러한 입장을 그들은 인간주의적이라고 인식한다.

흔히, 학교에서는 종교나 죽음, 출생이나 성 등의 본질적 문제에 대해 계획적으로 거짓말을 할 때도 있다. 왜냐하면 이러한 사실들을 학생에게 알게 하는 것이 불안이나 두려움을 자아내게 하므로, 해가 된다고 보기 때문이다. 그러나 실존주의자들은 오히려 그 반대라고 주장한다. 진정한 상황을 알지 못하게 하면 더 큰 불안을 유발하게 된다는 것이다. 그러기에 실존주의자들은 죽음·좌절·갈등·고통·공포·성 등과 같은 어두운 측면들을 감추거나 거짓 교육을 시키지 말고, 떳떳이 교육내용으로 채택해야 한다는 입장을 취한다.

학생들은 항상 삶과 죽음, 그리고 인간 실존의 부조리 등에 대해 의문을 지니고 있다. 교사는 학생들의 이 같은 의문에 독단적이거나 권위적인 대답을 해서는 안 된다. 오히려 교사는 학생들이 이러한 궁극적 의문들을 가지고 인간 실존을 탐구하도록 조성해야 하며, 그러한 문제들을 다양한 관점으로 탐구할 수 있도록 도와야만 한다. 이러한 경우에, 교육방법은 교훈적이거나 권고적이지 않고 '촉진적'이어야 한다. 예컨대, 삶의 부조리에 직면한 학생에게 부조리극을 관람하게 함으로써 문제해결을 도울 수 있다면, 그것은 하나의 촉진적 교육방법이 될 것이다.

실존주의자들은 인간의 죽음·불안·고통·위기 등과 같은 '어두운 측면'과 자유·선택·책임·개성 등과 같은 '주체직 측면'을 부각시켰다. 그러면서 전통교육처럼 난순하게 지속적 노력만으로는 인간을 변화시킬 수 없다고 보았다. 여기에서 새로운 교육 형태인 '비연속적(또는 단속적) 형성의 교육가능성'을 제기하였다. 교육에서 비연속성은 다양한 측면에서 가능하다. 교사와 학생의 만남, 학생과 작품 속의 인물 또는 역사적 위인과의 만남, 육체적·감각적 또는 종교적 각성, 벌·설교·명령·호소 등에 의한 훈계나 조언 등을 통해, 훌륭한 교육이 이루어질 수 있다. 이 가운데 '전환'이나 '비약'을 가능케 하는 가장 핵심적인 요소는 '만남'이다. 이때 교사와 학생 간의 관계를 비롯한 모든 교육적 관계는 일방적이고 권위적인 전통적 관계를 벗어나 인격을 지닌 '상호 주체적 관계'로 파악된다.

실존주의 교육이 우리에게 주는 시사점은 의미심장하다. 교육에서 비연속적 형성 가능성의 일면을 보여주었고, 보편화·집단화·획일화를 거치는 전통교육의 경향을 인간의 개성과 주체성을 최대한 존중하는 교육으로 전향시키도록 촉구하였다. 또한 학생 개개인의 개성을 존중하여 다양한 커리큘럼을 제공함으로써 전인교육이 이루어지는 데 기여했다. 나아가 교사의 관심과 역할 차원에서 전통적인 교사상과는 새로운 차원의 교사론 및 교사교육을 고민하게 하였다. 삶의 밝은 측면뿐만 아니라 어두운 측면까지 교육의 영역으로 끌어들임으로써 보다 진솔한 교육이 이루어질 것을 촉구하였다.

3 포스트모더니즘과 인터넷혁명 사회의 교육

근대사회의 패러다임을 초월한 포스트모더니즘을 한 마디로 단정적으로 정의하기는 쉽지 않다. 20세기 중후반의 문화현상을 상징하는 포스트모더니즘은 문학·음악·예술·건축·미디어·광고·사진·영화 등등의 광범위한 영역에서 다양하게 논의되어 왔다. 그러나 포스트모더니즘에 대한 일치된 견해를 제시하는 데는 난점이 많다. 어쩌면 포스트모더니즘에 대한 정의를 내리는 것 자체가, 지식을 분류하거나 단일하게 만들려는 작업에 반대하는 포스트모더니즘에 배치되는 일일지도 모른다.

포스트모더니즘이라는 용어를 학문의 영역 속으로 끌어들여 학술적 논쟁을 유발시킨 사람은 리오타르(Jean François Lyotard, 1924~1998)이다. 리오타르는 포스트모더니즘을 '거대담론(巨大談論, metadiscourse)'에 대한 거부, '형이상학'에 대한 거부, 그리고 '총체적 사고'에 대한 거부로 기술한다.

근대사회는 모든 사람에게 보편적으로 적용되는 큰 주제로서의 거대담론을 주로 논의하였다. 인간해방, 민족과 국가발전, 역사적 진보 등과 같은 거창한 이야기를 제시했다. 그러나 포스트모던 사회에서의 담론은 지금까지 거대담론에서 거부되고 억압되어온 조그마한 이야기들로 이루어진다. 즉, 가정이나 직장, 지역사회 등과 같은 주변적인 것에 관심을 둔다. 다시 말하면, 총체적이거나 거창한 일 대신에 개인이나 작은 집단인 주위의 일상문제에 관심을 갖고, 그것에 대해 대화를 나눈다. 따라서 일상의 삶을 부정하는 독특하고 추상적인 보편성, 지엽적이고 특수한 것을 부정하는 일반화, 그리고 차이를 묵살하는 보편적 범주화 등을 전체적이고 폭력적인 것으로 간주한다.

포스트모더니즘은 체계적 이론이나 포괄적 철학을 지칭하는 것이 아니다. 또한 전통적 의미의 이념 및 개념들의 체계도 아니다. 통일된 사회적·문화적 동향이라 부를 수도 없다. 포스트모더니즘은 단순하고도 환원적인 틀에 저항하는, 복잡하고 다양한 형태를 띠고 있을 뿐이다. 포스트모더니즘에 대한 개념 정의나 범주화가 어려운 까닭은 그것 자체가 실체가 없기 때문인지도 모른다. 구체적으로 구명되지 않는 X 자체이다. 실체가 있는 것 같지만 꼬집어 무엇이라고 말하기에는 쉽지 않은 그 무엇이다. 실재하는 것 같지만 실재한다고 단정할 수 없는 그 무엇이다. 따라서 모더니티(modernity)나 모더니즘과 대비하여 설명하면, 포스트모더니티(post-modernity)나 포스트모더니즘의 의미가 보다 이해하기 쉬울 수 있다.

모더니티는 서구의 근대성을 표상한다. 근대는 고대 및 중세와 달리, 여러 측면에서 뚜렷이 구별되는 특성을 지니고 있다. 산업화와 과학기술의 발달, 근대국가의 등장, 자본주의 시장의 확립, 도시화 등 사회구조상 급격한 변화가 일어났다. 동시에 문화적 측면에서도 세속화, 자아 및 개인의 강조, 전파매체와 정보기술의 중요성이 증대되면서 엄청난 변화를 초래했다.

근대사회의 이런 변화는 근대의 3대 혁명이라고 불리는 '종교개혁[신앙]', '산업혁명[경제]', '프랑스 대혁명[정치]'에 근원한다. 근대성의 근본이념은 이른바 계몽주의(啓蒙主義, Enlightenment)에 압축되어 있다. 교육의 차원에서 볼 때, 계몽주의의 주장은 상당히 단순하다. 인간의 이성(理性)은 모든 인간에게 평등하게 주어져 있다. 하지만 스스로 계발하지 않기 때문에 성숙하지 못하다! 이것이 그들의 주장이다. 따라서 계몽주의는 인간의 이성과 그것의 무한 발전가능성에 대한 절대적 믿음을 낳았다. 그리고 인간 자신에게 주어져 있는 이성을 어떻게 발전시킬 수 있을까? 그 방법에 관심을 집중한다.

그 가운데 하나는 근대 '자연과학(自然科學, natural science)'의 발전이고, 다른 하나는 '이기주의(利己主義, egoism)'의 생산이다. 자연과학은 인간과 자연을 대립시키는 방법을 통해 발전되었다. 인간은 자연을 무한히 지배할 수 있다! 자연은 인간이 정복할 수 있는 '객관적 대상'이다. 여기에서 자연은 그 자체로 존재하거나 인간과의 유기체적 관계 형성을 하지 못하고, 인간이 지배하고 정복할 수 있는 대상으로 전락한다. 산업혁명은 이러한 자연과학적 객관주의의 구체적 표현이다. 자연을 객관적 대상으로 전락시킨 결과, 인간사회에는 또 다른 현상이 등장했다. 자신을 다른 인간과의 관계로부터 분리시키는 방법을 통해, 사회적·정치적 이기주의를 만들어 낸 것이다. 이는 '자본주의(資本主義, capitalism)'의 토대를 형성하는 데 기여했다.

요컨대, 근대를 구성하는 계몽주의는 인간 이성의 무한한 발전에 대한 믿음, 인간의 자연 지배에 대한 정당화, 주체와 객체를 분리하고, 자아와 타자를 구별하는 보편적 객관주의로 볼 수 있다. 그것은 궁극적으로 이성에 대한 인간의 절대적 믿음, 즉 '인간 지상주의'나 '인간 절대주의'라는 문제를 야기했다.

그런데 제2차 세계대전 이후, 20세기 후반에 접어들면서 본격적으로 등장하기 시작한 포스트모더니즘은 이러한 사고에 대해 회의(懷疑)를 품는다. 인간 이성의 절대화와 보편화라는 근대성의 핵심에 대해 비판하면서 그 대안으로 '다원성(多元性, pluralism)'과 '유한성(有限性)'을 제시한다. 즉, 포스트모더니즘은 인간의 절대화는 궁극적으로 인간의 '자기소외(自己疏外, self-alienation)'를 야기할 수 있다는 비판적 반성을 통해, 인간의 유한성과 역사적 구속성을 적극적으로 사유하여, 인간과 자연의 관계를 새롭게 정립하려는 '유한성의 철학'이다.

포스트모더니즘은 다음과 같은 차원에서 근대사회가 추구하던 가치와 다른 사고를 한다. 첫째, 인간과 자연을 구분했던 근대적 사고와는 달리 인간과 자연을 '포괄적 관계' 속에서 고찰한다. 둘째, 인간 이성의 무한한 발전을 믿는 대신, 기술 발전이 부분적으로는 퇴보를 가져올 수 있다고 자각한다. 셋째, 모든 인간을 지배할 수 있는 하나의 이념 대신, 다양한 의견과 권리를 인정한다.

현대사회는 하나의 '절대적 진리'에 의해 지배되는 시대가 아니다. 수많은 담론이 나름대로의 정당성을 지닌다. 모든 획일적 가치체계와 본질주의는 거부된다. 근대사회가 만들어낸 인간소외, 관료화, 획일화, 이성의 도구화 등에 대한 근본적 성찰이 일어난 것이다. 다시 말하면, 근대사회에서 의식적으로 또는 무의식적으로 소홀히 해온 문제들에 대해, 새로운 의미를 부여하게 되었다. 예를 들면, 근대사회가 추구했던 전체성, 이성, 보편성을 비판하고, 다원성을 토대로 이성을 다르게 생각한다. 이러한 사고를 바탕으로 포스트모던 철학자들이 일반적으로 공유하고 있는 기본 입장은 다음과 같다.

첫째, 반정초주의(反定礎主義, Anti-Foundationalism)를 표방한다. 즉, 기초나 근본, 본질에 대한 회의이다. 예컨대, '도덕성'에 대해 언급할 때, 일반적으로 사람들은 그것을 불변하는 윤리체계로 보편적 삶의 기본 원리를 이루는 규범으로 이해한다. 그러나 포스트모더니스트들은 불변하거나 기본 원리를 이루는 기초는 없다고 인식한다. 왜냐하면 가치는 문화적 구성물이고 시대에 따라 변하기 때문이다. 그럼에도 불구하고, 지금까지 사람들은 다양한 이해관계, 전통, 환경 등에 따라 도덕성을 창조해냈고, 지식이나 인간 인식에서 궁극적이고 절대적인 기초가 존재한다고 가정했다. 포스트모더니즘은 이런 정초주의의 사유를 배격한다.

둘째, 다원주의(多元主義, pluralism)를 표방한다. 근대사회는 획일적이고 보편적이며 절대적 진리나 기초를 추구했다. 그러나 현대 포스트모더니스트들은 그것에 회의를 품고 다양성을 자랑스럽게 수용한다. 왜냐하면 삶에는 궁극적 기초가 없고 지식은 인간의 이해관계와 전통을 변화시킴으로써 결정된다는 믿음에 토대하기 때문이다. 그것은 현대사회의 복잡성과 연관된다. 즉, 이질적인 사회와 이익집단들은 그들의 필요와 특정한 문화에 적합한 가치를 구성한다.

셋째, 반권위주의(反權威主義, Anti-Authoritarianism)를 표방한다. 근대사회는 특정한 사람이나 집단, 지위와 계층 계급에 중요한 가치가 부여된다. 그것은 중요도나 역할에 따라 권위가 부여되고 하나의 힘으로 작용한다. 그만큼 그에 해당되는 사람들의 이익과 가치를 반영한다. 포스트모더니즘은 바로 이러한 원천적 편견을 반대한다. 따라서 도덕적 탐구는 민주주의적이며 '반권위주의'적 방법으로 시행되어야 한다고 주장한다. 그래야만이 특정한 인간 집단이 아니라 다양한 사람들의 이익이 제대로 고려될 수 있다. 도덕적 가치나 지식은 부모, 교사, 학자, 성직자 등과 같은 특별한 집단에 의해 형성되어, 자식, 학생, 시민 등과 같은 일반 민중들에게 일방적으로 전달되지 말아야 할 것들이다. 대신, 모든 사람이 도덕성을 창조하는 행위 가운데 들어와야 한다. 그것이 권위에 대한 반대이다. '반권위주의'적 상황에서 가장 중시되는 절차는 '개방(開放)'과 '대화(對話)'이다.

넷째, 연대의식(連帶意識, solidarity)을 표방한다. 포스트모더니스트들은 타자에 대한 관심과 연대의식을 매우 강조한다. 그들은 타자들에게 해를 끼치는 억압적 권력, 조종, 착취, 폭력 등을 거부한다. 이에 한 걸음 나아가, 보다 적극적으로 공동체, 존중, 상호협력의 정신을 증진하고자 도모한다.

이처럼 포스트모더니즘은 특정한 이론이나 원리로 모든 것을 획일적으로 규정하고 통제하는 '전체적 사고방식'을 비판한다. 그러기에 현대문화를 지배하는 포스트모더니즘의 정신은 진리와 지식, 그리고 인간과 사회에 대한 기존의 모든 이론이나 사고체제에서, 그것이 갖는 절대 객관성과 확실성을 부정하고, 다원성과 상대성에 대한 인식을 바탕으로 '권위의 허구성'을 드러내고 해체한다. 따라서 현대를 하나의 진리에 의해 지배되지 않는 사회, 수많은 담론이 그 나름대로의 정당성을 인정받는 포스트모던 사회라고 말한다.

우리는 이러한 포스트모더니즘의 문화 속에서 살고 있다. 이런 시대를 살아가는 우리에게 어떤 삶의 양식 혹은 실존 방식이 요구되는가? 특히 교육은 어떻게 지속

될 수 있을까? 앞에서 언급한 것처럼, 보편타당한 객관적 진리의 추구, 거대담론이 주요 논점이었던 근대사회와 달리, 현대 포스트모던사회는 '조그마한 이야기', 이른 바 소규모담론(小規模談論, small-discourse)가 중요하다. 따라서 현대 포스트모던 사회에 서는 거대담론으로 가득 채워진 지식보다는 조그마한 이야기들로 엮어진 지식내용이 보다 가치가 있다. 이는 지식의 지위와 지식관의 전환을 의미한다. 교육은 상당 부분 '지식'의 문제를 다룬다. 이런 점에서 포스트모던적 지식관의 변화는 필연적으로 교육의 변화를 동반한다. 이제는 근대사회에서 강조하던 '인지적 지식'을 지식으로 한정하기에는 부적합한 시대가 되었다. 기술적, 윤리적, 미적 요소가 인지적 요소와 대등한 지식으로 다루어져야 한다. 동시에 이들 요소로 이루어진 다양한 지식을 소유한 사람만이 포스트모던 사회의 다채로운 삶의 양식에서 창조적으로 살아 나갈 수 있다.

더구나 현대사회는 다양한 지식정보가 폭증하는 시대이다. 이른바 정보화·지식 기반 사회이다. 근대 계몽주의가 구축한 획일성, 전체성, 절대성이 비판된 지 오래 되었다. 대신, 다원성과 상대성을 강조한다. 이는 계몽주의 체제의 산물인 근대 공교육 제도가 다원성과 상대성을 보장할 수 있는 새로운 '대안 교육체제'로 바뀌어야 한다는 의미이다. 다시 말하면, 기존의 근대적 교육체제를 해체하고 인간의 유한성과 사회의 다원성에 기초하여 인간과 교육의 본질에 대한 다각적 성찰이 이루어져야 한다.

그럼에도 불구하고 포스트모더니즘은 전통적 의미의 어떤 이념 체계나 개념이 아니고, 통일성 있는 어떤 운동을 지칭하는 것도 아니다. 따라서 그것은 복잡 다양한 성격을 띠고 있고, 단순하고도 환원적 설명이 불가하다. 이런 관점 자체의 복잡성 때문에 포스트모더니즘 영역에서 교육문제도 까다로워진다. 왜냐하면 대부분의 교육이론과 실천은 근대사회의 담론에 근거를 두고 있기 때문이다. 하지만 포스트모던 사회의 발달이라는 맥락에서 교육이론과 실제를 검토하고 성찰하는 데 새로운 시각을 제시해 준다. 즉, 기존의 지식 개념과 구조, 그리고 위계에 도전하며 근대적 교육의 개념을 해체한다. 이외에도 근대 산업사회로 인해 발생한 환경 위기, 극단적 이기주의, 세속주의와 그에 따른 정신적 빈곤 등에 관한 경고의 메시지를 던진다.

특히, 교육학의 영역에서는 근대 공교육 중심의 교육체제에 대한 비판적 논의가 지속되어야 한다. 교육현장은 이미 포스트모니즘의 행태들이 난무하고 있는데 많은 교육가들은 여전히 모더니즘의 사유 속에서 학습자를 지도하고 있다. 이는 필연적으로 발생하는 교육적 한계를 극복하기 어렵게 만드는 요인이다. 뿐만 아니라 교육에서 가장 중시하는 사안 가운데 하나가 가치 개념과 그것의 형성에 관한 것이다. 그러나 현대 포스트모던 사회는 절대적 가치가 허물어져 버렸다. 교육이 가치를 지향한다면 도덕(또는 인간)교육은 어떤 방향에서 고민해야 하는가? 근대적 도덕관념으로는 해결하기 어려운 만큼, 그 해체와 새로운 건설이 요망된다.

이런 문화적 현상에 첨단우주과학 문명이 급격한 변화를 재촉한다. 이른바 '디지털 혁명(digital revolution)'이라는 새로운 사회이다. 디지털 사회의 새로운 문명은 포스트모던사회의 문화현상조차도 다시 해체해 버리고 새로운 문명을 건설해 나간다. 그것은 어떤 사람도 그 구체적 모습을 함부로 예측하기 힘들 정도로 급변하는 혁명적 사태를 연속적으로 제기한다.

20세기 포스트모던 시대의 패러다임은 21세기형 패러다임으로 전환된다. 20세기의 기술과 산업, 인프라는 21세기 인터넷 혁명 시대의 융합 기술, 융합 산업, 융합 인프라로 재탄생된다. 이제는 인간을 둘러싼 빅 데이터와 수많은 센서, 언제 어느 곳에나 접속되어 있는 모바일 기기와 소셜 미디어 환경에서 콘텍스트(Context)를 읽을 수 있는 사람만이 변화의 소용돌이에서 살아남을 수 있는 시대가 되었다.

특히, 사람과 사물, 공간, 시스템 등 모든 것이 초연결 되는 초연결 웹 단계로의 이행은 인류의 생활양식을 송두리째 바꾸어 놓았다. 모든 존재 사이의 콘텍스트와 인간의 생각을 교감하는 초지능 웹을 향해 발전을 가속화한다면, 교육은 현재와 전혀 다른 양상으로 이행될 것이다. 인간과 사물, 공간이 서로 연결된다는 것은 단순히 네트워크로 엮어지는 것만을 의미하지는 않는다. 인간 삶의 방식, 사회, 경제구조, 사고체계가 새로운 차원으로 전환됨을 뜻한다.

　나아가 인공지능(AI)의 등장은 현대교육을 심각하게 고민하게 만들었다. 인공지능은 시각, 언어, 의사결정, 언어 사이의 번역 등 통상적으로 인간의 지능을 필요로 하는 과제를 실행할 수 있는 컴퓨터 시스템이었다. 이것이 이제는 '딥러닝(deep learning, 심층학습)'이나 '인공 신경망'이라는 이름으로 인간과 기계의 '공생 생태계'를 성숙하게 만들어 나간다. 교수자와 학습자가 교실에서 직접 만나 진행하던 면대면 교육은 이미 다양한 형태로 바뀌었고, 단순하게 진행되던 인간의 지적 교육도 해체되고 있는 상황이다. 즉, 기존의 교육과 학습의 양태가 근본적으로 바뀌고 있다. 사람과 사람, 사람과 데이터의 만남을 넘어, 사람과 사물, 공간과 데이터가 대융합되는, 생활세계의 패러다임 전환이 거듭된다. 이런 차원에서 교육은 패러다임 전환을 거듭하는 사회의 본질과 시대정신을 진지하게 고려해야 한다.

　이상에서 살펴본 20세기 포스트모더니즘과 21세기 인터넷 혁명이 교육에 미치는 의의와 한계는 다음과 같이 지적할 수 있다. 포스트모더니즘의 교육적 의의로는 조그만 이야기를 지식으로 중시하고, 교육현장 내에서의 작은 목소리를 존중할 수 있다. 또한, 과학적·합리적 이성의 극복과 그에 따른 감성적 기능 회복, 교육의 구조적 변화 촉발, 공교육 체제에 대한 비판적 시각의 제공 및 대안교육이나 실험교육 활성화의 토대 마련, 교육 및 인간 이해에 대한 지평 확대, 보편성·획일성·전체성의 극복과 그에 따른 다양성과 다원성의 존중, 권위주의의 극복, 지엽적이고 특수한 삶의 문제들에 대한 의미 부여, 페미니스트 교육학의 발전적 토대 제공, 연대의식의 존중, 차이와 타자성의 존중, 비판의식의 함양 등을 들 수 있다. 반면에 한계도 뚜렷하다. 윤리학(또는 도덕교육)에 대한 방향제시 미흡, 극단적 이기주의화에 대한 우려, 삶과 도덕성에 대한 보편적 기반(또는 정신적 구심점)의 부재, 이성 경시에 따른 삶의 불완전성, 오랜 역사와 사회적 맥락 속에서 형성되어 온 교육적 가치와 전통의 해체에 따른 교육공동화 현상, 해체 위주에 의존함으로써 사회문화적 재건에 대한 비전 결여, 기존의 전통과 조화하려는 종합적 노력의 결여 등을 들 수 있다.

포스트모더니즘을 넘어 새로운 양상으로 패러다임의 전환을 모색하고 있는 인터넷 혁명의 시대는 더욱 혼란스럽다. 생활양식 전반에 혁명적 변화가 예측되는 만큼, 교육에서도 혁명적 조치가 일어나야 한다. 그 의의와 한계조차도 예측이 불가하다. 때문에 인터넷 혁명 시대에 어울리는 새로운 기준과 인식의 틀을 점검하여, 교육적 의미를 새롭게 부여할 필요가 있겠다.

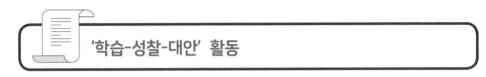

'학습-성찰-대안' 활동

✿ 1단계 【학습】 요약 정돈; 본문을 학습하고 핵심내용을 정리하시오.

❖ 2단계【성찰】문제 비판; 1단계의 '본문 학습'과 '핵심내용 요약 정돈'을 근거로, 아래 표의 철학적 영역에 맞추어 성찰하시오.

기본 영역	본문 내용 (개별사유)	통합 성찰 (공통 토의)
형이상학	형상;	
인식론	인식;	
가치론	가치;	
논리학	논리;	

❀ 3단계 【대안】 교육철학 재고; 1단계와 2단계의 '학습-성찰' 활동을 바탕으로,
시대정신을 고려한 교육철학을 도출하시오.

구분	내용	대안 제시
개별 제안		
공동 논의		

마르크스주의와 교육

1 마르크스주의의 기원

마르크스주의는 '유물론(唯物論, Materialism)'과 사회주의(社會主義, socialism), 그리고 정치경제학(政治經濟學, political economy)을 바탕으로 한다.

특히, 영국과 프랑스에서 발전한 유물론은 마르크스주의의 기반이 된다. 영국 유물론의 토대를 닦은 학자는 베이컨(Francis Bacon, 1561~1626)이었다. 그는 과학이야말로 인간의 행복과 발전을 이끄는 새로운 지식을 생산할 도구가 된다고 주장하였다. 마르크스(Karl Heinrich Marx, 1818~1883)는 이러한 베이컨의 주장이 과학을 종교로부터 해방시켰다고 생각하여, 그의 저술에 베이컨의 사유를 다수 인용하였다. 베이컨은 과학적 접근이 전제됐을 때, 감각 경험은 결코 틀리지 않으며 모든 지식의 근원이 될 수 있다고 보았다. 베이컨의 사상에 영감을 받아 마르크스는 "물질은 인간에게 시적으로 빛나는 진리와 함께 미소 짓는다!"라고 하였다.

베이컨 이후, 홉스(Thomas Hobbes, 1588~1679)는 베이컨의 유물론을 체계화하였다. 그러면서도 그 유물론을 보다 추상화하기도 했다. 홉스에 의하면, 과학은 운동법칙과 그것이 물질에 미치는 영향을 밝혀내는 과정에 해당한다. 그는 윤리학을 인간의 심성이 작동하는 방식에 대한 과학으로서 접근하였다. 우주만물이 물질에 기반을 두고 있다고 하여 영적 측면을 배제하였다. 홉스의 사상 가운데 운동에 관한 보편법칙은 마르크스에게 큰 영향을 주지 못했다. 하지만, 그의 유물론은 인간과 시민사회를 실증적으로 규명하는 데 이용될 수 있다는 마르크스의 방법론에 영향을 미쳤다고 보인다.

로크(John Locke, 1632~1704)의 경험론도 마르크스의 사상에 영향을 미쳤다. 그것은 마르크스주의를 구성하는 핵심요소로 작용했다. 로크는 "인간의 본성이 백지와 같다(Tabula rasa)"라고 보았다. 프랑스에서는 로크의 이런 언표를 바탕으로, 인간의 본성이 조형되고 나면 사고를 거쳐 인간사회와 여러 제도를 만드는 데로 이어질 것이라는 진보적 철학을 주창하였다. 이러한 사상이 마르크스에게 지대한 영향을 미쳤다.

마르크스는 프랑스 유물론이 영국 유물론을 보다 사회적 맥락에서 접근함으로써 인간적으로 발전된 것으로 이해했다. 프랑스 유물론은 데카르트에게서도 영향을 받았는데, 데카르트는 형이상학적 주제의식과 별개로 역학적(기계적) 자연관에서 영감을 얻었다. 즉, 물질은 모든 존재와 지식의 본질이며, 물질은 운동에 의해 설명된다고 보았다. 프랑스 유물론자들은 이러한 자연관을 지지하였다.

마르크스의 사상에 지대한 영향을 미친 프랑스 유물론자는 콩디야크(Etienne Bonnot De Condillac, 1715~1780)와 엘베시우스(Claude Adrien Helvétius, 1715~1771)이다. 콩디야크는 로크의 경험론적 관점에 입각하여, 인간의 본성이 정해져 있고, 인간사회의 질서가 변하지 않을 것이라는 기존의 관점에 반대하였다. 콩디야크는 그의 저서 『감각론』에서 다음과 같이 주장한다. "인간의 활동과 사고의 과정은 물질에 대한 감각 수용이다. 그렇기에 인간의 발달은 교육과 환경에 의존한다." 엘베시우스는 교육을 통해 인간이 완벽해질 수 있다고 주장하면서, 이러한 생각을 보다 심화시켰다. 엘베시우스와 콩디야크는 개인의 사회계급이 교육의 결과와 환경에 의해 결정된다고 보았다. 나아가 엘베시우스는 개인들 간의 지적 능력 차이가 이러한 요인들에 의해 결정된다고 주장하였다. 그는 인간의 본성이 좋지도 나쁘지도 않기 때문에, 환경이 개인을 만들며, 그 중에서도 교육의 역할이 크다고 하였다. 그리고 교육과 환경이 인간의 진보를 이끌어내고 삶의 만족감을 높일 수 있는 방향으로 제공되기를 바랐다.

마르크스는 이러한 유물론이 담긴 철학으로부터 몇 가지 중요한 내용들을 가져왔다. 그 가운데 하나는 '과학이 인간의 환경을 변화시키는 데 활용된다'는 관점이다. 이는 인간의 지각과 지식이 물질세계에 대한 감각경험에서 비롯한다는 믿음에 따른 것이다. 아울러 '인간의 완벽성'에 대한 개념과 '물질세계의 변화를 통해 사회진보가 가능하다'는 사상 또한 마르크스의 철학에 영향을 미쳤다.

유물론과 더불어 사회주의는 마르크스 철학의 핵심요소이다. 사회주의라는 개념이 처음 출현한 것은 1820년대 후반으로, 생시몽(Claude Henri de Rouvroy Saint Simon, 1760~1825), 푸리에(François Marie Charles Fourier, 1772~1837), 오언(Robert Owen, 1771~1858) 등의 사상에 기초하고 있다.

생시몽은 산업화를 받아들이고, 산업이 사회의 요구에 부응할 수 있는 과학적 연구의 필요성을 강조하였다. 그는 산업사회의 노동을 노동의 본질로 보고, 게으른 귀족보다는 기업가들이 사회를 지배해야 한다고 인식했다. 이에 자신의 이론을 "산업론"이라고 지칭하며, 개인적 환경의 개선보다는 사회전반의 개선이 중요함을 강조하였다.

푸리에는 인간의 완벽성을 믿고, 뉴턴의 만유인력 법칙에서 영감을 얻어 "연합에 의한 완벽"이라는 이론을 주창하며, 새로운 사회조직의 유형을 제시하였다. 그는 적절한 연합을 통해 진보를 이룰 수 있고, 연합의 기본단위는 공통된 이해관계에 기초한다고 보았다. 마르크스는 사회적 책무성에 대한 자본주의의 결점과 부를 축적하는 이기심을 비판하는 푸리에의 의견을 상당 부분 인용하였다.

생시몽과 푸리에의 사유에 영감을 받긴 했지만, 마르크스에게 가장 큰 영향을 미친 사회주의자는 로버트 오언이다. 그는 영국 맨체스터의 한 공장에서 아동기부터 노동자로 시작하여 부유한 기업가로 자수성가했다. 스코틀랜드의 뉴 래나크(New Lanark) 방적공장의 주인이 된 그는 노동시간을 줄였다. 그리고 아동 노동자를 위한 학교와 어린 자녀를 둔 여성 노동자를 위한 보육원을 설립하였다. 또한 모든 피고

용인들의 주거 및 복지환경을 개선시켰다. 다른 공장주들의 우려와는 달리, 오언의 혁신적 실험은 공장의 생산성을 증대시켰다. 그러나 오언이 그의 생각을 다른 공장에 확산시키려고 했을 때는 큰 성과를 거두지 못했다. 그는 결국 근본적으로 사회가 변화해야 하고, 근본적 변화가 이루어져야만 인간이 진보할 수 있다고 믿게 되었다. 이런 실천적 경험을 인지한 마르크스는 영국의 공산주의는 오언으로부터 시작되었고, 오언이야말로 협동조합 체계의 단초를 제공하였다고 높이 평가하였다.

정치경제학은 사회적·정치적·역사적·철학적 사상에 대한 연구를 정치경제적 문제를 분석하는 데 응용하는 학문이다. 대표적 학자로는 『국부론』(The Wealth of Nations, 1776)으로 유명한 애덤 스미스(Adam Smith, 1723~1790)가 있다. 스미스는 이후의 경제학적 접근에 지대한 영향을 미쳤는데, 자본주의 이론과 시장경제에서 정부규제를 최소화해야 한다는 관점이 대표적이다. 그는 개인의 경제적 의사결정에 대해, 간섭하지 않더라도 시장경쟁을 통해 경제상황이 저절로 적절한 조화를 이루는 "보이지 않는 손(Invisible hand)"이라는 은유적 표현을 이용하여 설명하였다. 스미스는 종종 법인경영 분야에서 주요 학자로 인용되지만, 그는 법인사업체가 기업소유주의 책임회피에 이용될 수 있다고 보았다. 그는 기업소유주가 스스로의 의사결정을 온전히 책임지는 체제를 추구하였다.

또 다른 대표 학자로는 리카도(David Ricardo, 1772~1823)가 있다. 스미스와 리카도는 공통적으로 '생산적 노동'이 '부의 원천'이 된다고 보았다. 리카도는 임금의 개념을 재화를 만드는 데 필요한 노동에 투입된 시간과 연결지어 더욱 구체화하였다. 마르크스는 스미스와 리카도가 생산에 관한 새로운 경제법칙을 만드는 데 부가 중요한 역할을 했다고 보았지만, 이들 고전경제학자부터 이끌어낸 함의는 그들의 의도와는 상반되었다. 마르크스는 '부의 원천'으로서 노동에 대한 고전경제학의 견해를 바탕으로, '잉여가치(剩餘價値, surplus value)'의 개념을 창출하였다. 노동자들은 그들이 받는 임금 이상의 가치를 생산한다! 이는 잉여가치로 자본가의 이윤이 되어 노동자를 착취하게 된다!

2 마르크스의 핵심 사상

마르크스의 사상은 다양하게 펼쳐지고 있으나, 인간 이해와 역사관에서 그 핵심을 찾을 수 있다. 그것은 한 마디로 표현하면 '소외(疎外, alienation)'와 '유물사관(唯物史觀, historical materialism)'이다.

1844년에 발간된 『경제학 – 철학 수고』는 마르크스의 인간관을 보여주는 대표적 저서이다. 그것은 주로 산업노동자들의 '소외'에 대해 다루었다. 마르크스에 의하면, 자본주의 경쟁체제에서 노동자들은 자신의 노동력을 다른 상품들처럼 최저한의 가격에 판매한다. 때문에 상품과 마찬가지로 생산수단에 처하게 된다. 자본가들은 시장을 탐색하고, 가장 낮은 가격에 상품을 판매하는 경쟁을 벌인다. 자본가들은 노동자들에게 최소한의 임금만을 지급함으로써, 어마어마한 잉여가치를 쥐어짜냈다. 자본주의 체제에서 가난하고 약한 자들은 부유하고 강한 자들에게 지배당한다. 소수만이 부를 축적하면서 다수가 노예 상태로 전락한다. 그렇게 사회는 생산수단을 소유한 집단과 소유하지 못한 두 가지 계급으로 나뉜다.

이런 자본주의 체제는 노동을 대상화 한다. 노동자의 노동 자체와 그 결과인 생산물은 다른 누군가에게 귀속된다. 노동자는 생산적 만족감을 주어야 할 결과물을 다른 이에게 점유된 낯선 대상으로서 바라보게 된다. 개인에게 보람을 느끼게 할 노동은 단지 생존을 위한 수단으로 전락한다. 그리하여 노동으로부터 '소외'가 발생하고, 소외된 인간은 이방인이 된다. 결과적으로 그들은 단지 먹고, 마시고, 번식하는 동물적 행위에서만 자유로움을 느낀다. 물론, 이러한 행동도 인간의 삶에 필수 불가결한 것들이기는 하다. 그러나 그런 인간은 창조적 생산과 보다 성취감 있는 문화적 삶에 참여하지 못하고 퇴화하게 된다.

이러한 관점에서 노동자는 마르크스가 '유적 존재(類的 存在, Gattungswesen: species-being)'라고 지칭한 인간의 존재방식으로부터 소외된다. 인간은 다른 동물들과 마찬가지로 음식을 먹고, 거주지를 갖고, 삶에 필요한 생산물을 소비한다. 하지만,

다른 동물과는 달리 동물적 생활과 구분되는 예술이나 과학을 향유하며 지적인 삶과 같은 '의식적 활동'을 한다. 즉, 인간은 '의식적 존재이다!' 의식적 활동은 인간의 삶에 의미를 부여하는 것들이다. 노동자가 생산한 것이 노동자로부터 소외될 때, 노동자는 유적 존재로부터 벗어나게 된다. 인간성은 정체성의 근원일 뿐만 아니라 생존을 위한 대상이다. 그 결과 노동자는 대상화되고, 노예 상태로 전락하고 만다.

마르크스에 따르면 '사유재산'은 노동으로부터 '소외'되는 원인이 된다. 사유재산과 생산수단을 점유하는 것은 소수에 불과하기 때문에 노동이 소외되는 것이다. 노동 '소외'가 인간으로부터 인간성을 박탈하고, 사유재산이 노동 '소외'의 원인이라고 한다면 사유재산은 반드시 사라져야 할 대상이다. 마르크스는 사회에서 사유재산의 개념을 없앤다면 노동자가 해방될 수 있다고 보았다. 그리고 인간사회 전반이 노동자와 생산물 사이의 관계에 기반하고 있기 때문에 노동자의 해방이 곧 인간성의 해방이라고 보았다.

이런 관점을 통해, 마르크스의 인간관이 얼마나 자본주의 사회의 상부구조에서 핵심요소를 차지하는 사유재산의 영향력을 우려했는지 파악할 수 있다. 마르크스의 문제의식에 대한 분석은 그의 철학적 비판의식과 아울러 그의 철학이 성숙해지는 역사에서 중요한 역할을 했다.

소외와 더불어 마르크스주의는 주로 "변증법적 유물론(辨證法的 唯物論, Dialectical materialism)"에 의해 설명된다. 변증법의 역사에서 공산주의가 자본주의를 물리칠 때까지 발생하는 다양한 변화는 인간의 결정론적 진보로 여길 수 있다. 마르크스는 공산주의가 승리할 것으로 믿었다. 하지만 이것이 자연적으로 일어나지는 않는다. 새로운 질서를 가져오기 위해서는 혁명을 통해서만 이를 해결할 수 있다.

마르크스의 관점은 "역사에 대한 유물론적 이해"로 귀결된다. 이러한 관점에서 '변증법'은 결정적 구조나 역사의 과정 자체라기보다 해석을 위한 도구이다. 마르크스는 인간의 역사가 생활수단의 생산으로부터 비롯된다고 보았다. 그것은 노동의 분화과정과 직결된다. 역사를 돌이켜 보면, 처음에는 산업적이고, 상업적 생산물이

농업생산물로부터 구분되었고, 도시와 시골이 구분되었다. 그리고 이는 이해관계에 따라 충돌을 일으켰다. 다음으로는 산업적인 것과 상업적인 것이 구분되고, 이와 관련된 노동의 역할이 분화되었다. 때문에 인간의 역사는 끊임없는 노동의 분화로 볼 수 있다. 사회가 발달할수록 더 많은 분화가 발생한다. 실제로 이러한 발전의 다양한 단계는 소유권의 다양한 형태와 관련된다. 노동의 분화는 생산물과 생산수단, 그리고 노동력에 대한 개인 사이의 관계가 수립되는 방향으로 연결된다.

마르크스는 역사적으로 인간이 아래와 같은 다섯 단계의 발전을 거친다고 보았다.

첫째, '원시공동체'이다. 이는 가족이 확장된 형태의 부족이 생산수단을 공유하고, 생활에 필요한 물건들을 협력하여 생산을 했다.

둘째, '고대노예제'이다. 이는 여러 부족들이 함께 모여 집단을 이루고, 서로의 수익을 공유하는 사회이다. 노예가 존재하고, 사유재산의 개념이 확고해졌다.

셋째, '중세봉건제'이다. 이는 농노와 영주, 장인, 영세상인과 대상인 등이 노동의 각 부문을 담당하는 분화가 발생하였다.

넷째, '근대자본주의'이다. 이는 중세시대의 몰락으로 도시 상인과 같은 부류의 부르주아지, 즉 근대 자본가가 지배계급으로 부상했다.

다섯째, 아직 도래하지 않은 '사회주의'이다. 이 시대에는 무산계급인 노동자가 성장할 것으로 보인다.

이런 인식을 토대로 마르크스는 역사가 '계급투쟁(階級鬪爭, Class struggle)의 역사'로 해석될 수 있다고 생각하였다. 그가 살던 당시에 사회주의 시대가 올 수 있을 것이라고 믿었다. 당시 사회가 유산계급(有産階級)인 부르주아지(Bourgeoisie) '자본가'와 무산계급(無産階級)인 프롤레타리아(Proletariat) '노동자'로 구분되어 있었기 때문에, 사회주의가 가능하리라고 예측했던 것이다.

그러나 근대자본주의 사회에서 부르주아지는 특권을 지키기 위해 생산수단을 끊임없이 발전시킨다. 계급 사이의 경쟁구도에서 부르주아지는 그들의 시장을 계속 확장해 나가고, 이를 통해 근대사회의 생산소비 관계를 전복시키기 위한 혁명을 늦

춘다. 이는 국가의 경계를 허물고, 생산과 소비관계의 국제화로까지 이어진다. 새로운 유형의 도시화가 이루어지고, 장원의 소작농이었던 인구의 대부분은 도시의 산업노동자로 바뀐다.

마르크스에 의하면, 일련의 과정이 진행되면서 부르주아지는 막대한 노동력을 얻고, 이로부터 발생하는 이윤을 독점한다. 그러나 부르주아지 사회는 늘어나는 생산력을 감당하기에는 부족하다. 때문에 결국 붕괴될 가능성을 내포하고 있다. 부르주아지 사회에서는 노동 소외를 겪는 집단을 대규모로 발생시키므로 이들 계급이 자본주의 사회를 전복시키기 위한 혁명을 일으킬 것이다.

그렇다고 노동자들의 승리가 전적으로 보장되는 것은 아니다. 노동자 집단은 각양각색의 개인들이 모인 집단이다. 때문에 그들 사이에서도 경쟁관계를 통해 분화가 발생한다. 몇몇 개인들의 작은 연합은 노동조합으로 나타날 수 있지만 이것으로는 충분하지는 않다. 노동자들은 연대를 통해 강해질 수 있다. 마르크스와 엥겔스가 『공산당선언』을 통해 "지배계급을 공산주의혁명 앞에서 떨게 하라! 프롤레타리아가 잃을 것은 쇠사슬밖에 없고, 얻을 것은 온 세상이다. 만국의 노동자들이여! 단결하라!"라고 주장한 것처럼, 연대에서 비롯된 노동자들의 힘은 사회를 바꾸게 된다.

3 마르크스주의의 교육철학

마르크스는 교육에 관해 폭넓은 저술을 남기지는 않았다. 그러니 교육에 관한 그의 사상은 일반적 이론과 더불어 다른 마르크스주의 철학자들과 교육자들에게 막대한 영향을 끼쳤다. 그 방향은 몇 가지로 나뉜다. 예컨대, '마르크스-레닌주의'는 구소련과 동유럽에서 지배적 영향을 끼쳤으나 서유럽에서는 직접적 영향력이 거의 없었다.

마르크스주의 교육의 목적은 마르크스주의의 역사 개념과 현재 세계에 대한 비판적 분석에서 찾아볼 수 있다. 이는 마르크스의 이론이 인간사회는 자본주의에서 사회주의를 거쳐 공산주의로 향하고 있다는 개념을 품고 있기 때문이다. 마르크스─레닌주의가 지배했던 국가에서는 교육의 목적을 '변증법적 운동'이라는 측면에서 바라보았다. 사회주의적 의식으로 무장한 개인과 사회를 만들어내는 것이 교육의 즉각적 목적이었다. 따라서 새로운 유형의 개인─사회주의적 인간을 양성하기 위한 교육에 많은 노력을 쏟아 부었다.

마르크스는 사유재산과 엘리트에 의한 생산통제로 인해 인간소외가 발생했고, 이를 극복하려고 했다. 그리하여 개인에게 원래 자신의 노동에 대한 지배권을 되찾도록 하여, 인간의 의식과 활동에 자유를 주는 데 목표를 두었다. 그는 노동자계급이 스스로 자신들이 나아갈 방향을 알도록 적절한 이론적 근거를 발전시키는 일이야말로 자신이 해야 할 특별한 작업이라고 생각했다. 이런 의미에서 마르크스는 자신의 역할을 교육자로 보았다고 해도 무방하다.

1840년대 마르크스는 교육을 온정적 장치라고 비판하였다. 왜냐하면 자본가계급이 온순하고 순종적인 피지배자를 생산하기 위해 노동자계급에게 허락한 제도라고 보았기 때문이다. 그는 공교육은 개인의 목표를 공공의 목표로, 자연적 독립성을 영적 자유로, 원시욕구를 윤리적 욕구로 변화시킬 수 있어야 한다고 주장했다. 어떤 부르주아지는 노동자계급이 교육에 게으름을 피워 결과적으로 사회적 동요가 일어났는데 이는 그들이 상업의 자연법칙을 이해하지 못해 빈곤해졌기 때문이라고 강변했다. 마르크스는 이런 태도를 용인하지 않았다. 대신, 그는 무지한 부르주아지가 가난에 시달리는 노동자계급의 불안과 동요에 당황했다고 생각했다.

마르크스의 생각은 단순했다. 부르주아지는 프롤레타리아가 교육을 통해 자유를 획득하고 빈곤을 벗어나게 되어 결국 그들에게 전복당할 것이라고 믿기 때문에 노동자계급에게 적절한 공교육을 제공하지 않는다! 사실 부르주아지 국가에서 지배계층은 공적 생활과 사적 생활의 모순을 활용하여 지배권을 유지한다. 국가가 폭넓은 대중의 요구와 관심을 충족하기 위해 일한다면, 지배계급은 우선적으로 본인들의 사적 이익을 포기해야 하는데, 그들은 결코 그러지 않는다. 한 마디로 말하면, 부르주아지 국가는 지배계급을 위해 교육을 제공할 뿐, 결코 어린이나 자유 시민, 인간사회를 위해 교육을 제공하지 않는다!

마르크스의 교육 개념은 「포이어바흐에 관한 테제」에 잘 요약되어 있다. 이 글의 3번째 테제에서 그는 자신의 유물론을 이전의 기계적 관점과 구분했다. 마르크스는 유물론자들이 "인간은 환경과 교육의 산물"이라고 주장한 데 대해, "인간이 환경을 변화시키고 '교육자 자신도 교육받아야 한다!'는 사실을 간과했다고 지적하였다. 즉, 인간은 누군가를 의도적으로 교육하기 전에 스스로 먼저 의도적 인간의 행위를 통해 교육받아야 한다. 다시 말해, 마르크스는 사회경제적 환경을 바꾸는 데 인간의 행위가 필요하다고 보았던 것이다. 마찬가지로, 보다 나은 방향으로 교육의 과정과 환경을 바꾸는 일은 유목적적 인간의 활동, 즉 '실천(實踐, praxis)'이라는 관점에서만 합리적으로 이해될 수 있다.

나아가 마르크스는 『신성가족』에서 로크, 콩디야크, 엘베시우스의 가르침을 언급했다. 그것은 "인류의 발달은 교육과 환경에 의존한다!"는 말이다. 마르크스에 의하면, "사람들이 감각과 경험의 세계에서 모든 지식과 감각을 얻는다면, 경험적 세계는 그에 따라 변해야 하고 적절하게 수정되어야 한다. 인간이 천부적으로 사회적인 존재라면, 인간은 정말로 사회적 환경 가운데서만 인간성을 발달시킬 것이다." 이런 인식은 마르크스의 혁명적 실천이라는 생각과 그가 생각한 새로운 교육의 역할을 깊이 있게 설명해주고 있다. 이 메시지는 「포이어바흐에 관한 테제」의 11번째 테제에 잘 요약되어 있다. "철학자들은 세계를 다양한 방식으로 해석해 왔을 뿐이다. 그러나 중요한 것은 세상을 바꾸는 일이다."

마르크스주의 교육의 목적 가운데 하나가 사회주의 의식을 확립하는 일이라면, 더 큰 목적은 사회주의 사회를 건설하는 일이다. 왜냐하면 사회적 조건이 바람직한 의식을 가진 인간을 길러내는 가장 중요한 요건이기 때문이다. 그것은 "인간의 존재를 결정하는 것은 의식이 아니라 바로 사회이다."라는 언급으로 이어진다.

마르크스는 부르주아지 자본주의 국가에서 제공하는 공교육을 그다지 선호하지 않았다. 교육과정과 교육방법을 불신했기 때문이다. 마르크스는 1869년 '의무교육'에 찬성했지만, 분반하여 가르치는 교육과정에는 반대했다. 그는 문법규칙이나 물리법칙은 누가 가르치건 똑같기 때문에 물리학이나 문법 같은 과목들만이 학교에 적합하다고 믿었다. 그는 아이들이 노동생산의 가치를 규제하는 법을 배우는 것에 반대했는데, 이런 내용은 부르주아 경제이론을 떠받칠 뿐이라고 믿었기 때문이다.

그는 지역공동체 차원에서 시민들로 구성된 학교위원회가 교사의 채용과 커리큘럼 채택을 좌지우지하는 19세기 미국의 공교육을 인정했다. 마르크스가 선호한 유일한 국립학교 형태는 일반적 학교에 대한 규칙이 준수되는 것을 볼 수 있도록 시찰이 가능한 학교이다. 1875년까지 그는 주정부가 너무 자주 부르주아지의 이익을 주입하도록 유도하는 것을 보고, 주입식 교육에는 여전히 불만스러운 구석이 있음을 깨달았다. 마르크스는 부르주아지 정부의 교육을 반대했다. 물론 프롤레타리아 독재 정부는 여기에 속하지 않는다. 『공산당선언』에서 후자의 학교가 어떻게 구성되는지, 짧게 그려내면서 그는 모든 어린이들을 위한 무상 공교육을 제시했다.

마르크스는 기술교육과 산업교육을 옹호했지만, 이는 좁은 의미의 직업교육은 아니었다. 1847년 독일직공조합에서 행한 '임금(賃金, wages)'이라는 강연에서, 그는 당시 근대 산업체제에서 아이들이 기계적이고 교육이 필요 없는 단순노동에 동원되고 있는 현실을 지적했다. 아이나 노동자들이 지적 교육을 받는다 해도, 부르주아지들에 의해 지지받는 교육은 노동자들이 부르주아지의 이익에 도전하기를 꺼리게 만드는 협소한 산업교육이다. 때문에 임금은 차이가 없었다.

마르크스는 세 부분으로 나뉘는 교육과정의 조직을 제시했다. 그것은 바로 '정신교육', '신체교육', 그리고 '기술교육'이다. 기술교육에는 거래에서의 실무훈련뿐만 아니라 생산과정의 일반원칙도 포함되었다. 이는 특정 과업중심으로만 배우는 도제교육의 결점을 보완하기 위해서이다. 내부 경제시스템 작동에 대한 무지로 인해 프롤레타리아들이 산업부품으로 종속되는 것을 막기 위해, 전체 생산과정에 대한 철저한 이해도 반드시 필요하였다.

마르크스주의 철학은 학습에서 유전의 역할을 거의 강조하지 않았다. 때문에 교육에서 교사와 환경의 중요성이 매우 크다. 구소련의 마르크스주의 교육자들은 아이들을 원하는 모습으로 만들어 낼 수 있다고 믿었고, 제공되는 모든 교육을 일일이 통제하였다. 이런 이유로 아이들은 어린 시절부터 국가가 통제하는 보육원에 가서 체계적인 배움의 사다리를 통해 점차 위로 올라가게 된다. 학생들은 유니폼과 소속 레벨을 보여주는 배지를 착용하고, 학문적으로 우수할 경우, 매우 높은 평가를 받는다. 공교육은 고교교육까지 무료이다. 그 이후 학생이 더 많은 가능성을 보이면 대학에 보내지는데, 다양한 분야에서 전문성을 쌓을 수 있고, 연구 분야에서 탁월한 성과를 내면 봉급을 받을 수도 있다. 우선적으로 기술 분야에서 전문성을 쌓은 학생은 졸업 후 그 성취에 맞는 자리를 배정받게 된다.

소비에트 시스템의 경우, 이상적인 교사는 자기 분야에서 성취할 수 있고, 배움의 정치적 측면까지도 명확하게 이해할 수 있어야 한다. 예를 들면, 문학을 가르치는 교사는 이 공부가 어떻게 소비에트의 이념을 지지하는지 보여줄 수 있어야 한다. 어느 단계든 모든 학문이 정치적 측면을 띠고 있고, 배움이 개인의 발전뿐 아니라 소비에트 연방을 깊이 지지하는 데 이용되어졌다. 그런 만큼 소련은 개인주의와 정부에 대한 비판을 부추기는 서구 스타일의 교육을 거부했다.

구소련에서 이루어진 대부분의 교육은 '본질주의'적 특성을 가지는데, 주로 사실적 지식을 다룬다. 과학과 수학 분야를 강조하고, 이 분야 또한 정치적 측면을 띠고 있다. 따라서 교육내용은 교사에 의해 설명되어질 뿐, 학생에 의해 해석되지 않는다. 추측과 비판적 분석은 거의 권장되지 않고, 학생들은 소비에트 사회에 도움이 되는 것을 배우도록 권유 받는다. 교사가 사용하는 교과서와 교재는 표준화되어 있고, 당국의 승인을 얻어야 한다. 사전에 승인 받지 않은 교재를 소개하는 것은 허락되지 않는다. 소비에트의 교육은 매우 엄격하고 융통성이 없고 관료적이다. 교사는 기존의 교육정책을 혁신하거나 바꿀 수 없다. 소비에트 사회에 유입되는 많은 학생들은 주로 농업공동체 출신이다. 이들에게는 교과서와 필기교육의 가치가 크지 않은데, 그만큼 학생들이 이 분야에 똑똑하고 생산성이 클 것이라는 믿음이 있었다. 이런 구소련이 무너진 후, 러시아의 교육은 큰 변화를 겪고 있다. 이제는 외부의 영향이 허락되고 이전처럼 엄격하지 않다. 교사들의 교육을 바라보는 시선과 실행방법도 바뀌고 있다.

마르크스주의는 세계와 교육에 막대한 영향력을 끼쳐왔다. 하지만 이 영향력은 철학 자체가 그렇듯, 매우 다양한 해석이 가능하다. 가장 큰 영향력을 미친 것은 마르크스주의 체제 아래에 있던 나라였지만, 그 외의 다른 나라에도 영향을 미쳤다. 서구에서는 몇몇 국가가 냉전의 위협과 획일적 마르크스주의 침투에 대항하기 위해 교육정책을 수립했다. 이런 정책은 오히려 부정적 영향력을 주었다. 반대로 네오마르크스주의(neo-marxism)의 지지자들은 마르크스주의자들의 발언과 행동을 일치시키기 위해 기존의 마르크스 정권의 실패에 대해 종종 사과해야 함을 깨닫기도 한다.

최근의 네오마르크스주의 이론은 냉전시대와 다른 영향력을 미치고 있다. 미국의 경우, 교육정책과 실행의 특성을 분석하는데 네오마르크스주의의 요소들이 이용되고 있다. 그렇다고 학교에서 대규모로 정책방향을 재개편하거나 새로운 교육방법론이 널리 퍼지는 정도의 결과를 가져오지는 않았다. 미래에는 어느 정도 가능할 수도 있다. 중요한 것은 교육이론가들이 네오마르크스주의 이념으로부터 새로운 시야를 얻었다는 점이다.

마르크스 자신이 직접 공헌한 정통 마르크스주의의 한 가지 특징은 철학을 역사의 쓰레기통으로 좌천시킨 것이다. 아도르노(Theodor WiesengrundAdorno, 1903~1969)는 이런 점을 격렬하게 성토했다. 사실 마르크스는 철학자들이 세계를 변화시키기보다는 세계를 이야기한다고 비판했다. 마르크스는 이론과 실천의 통일을 요구했는데, 이는 실수로 인류의 역사에서 철학적 이론의 자리를 무시한 이후의 추종자들에 의해 야기되었다. 따라서 정통 마르크스—레닌주의는 변증법적 유물론이 모든 이론화 과정의 답이 된다고 믿으면서 그 결과 경직화되었다.

　이런 견해는 자신의 연구에 서구 마르크스주의나 비판이론의 이념이 필요한 최근 몇몇의 교육 분야 학자들에게는 중요하다. 그렇다고 이것만이 결코 유일한 방향은 아니다. 그들의 연구는 일반적으로 전통철학의 범위 안에 있다기보다 역사나 사회학, 경제학, 여성학과 같은 학제 연구를 바탕으로 교육을 비판적으로 분석하는데 중점을 두고 있다. 어떤 학자들은 교육의 역사 발전을 해석하기 위해, 마르크스주의 이론을 이용해왔다. 또 어떤 학자들은 사회의 핵심가치 안에서 교육과 같은 변화들이 경제체계에 근본적 변화를 가져왔다고 제시하기도 한다.

　철학으로서 마르크스주의의 강점은 사회변화를 바라보는 강력한 시각을 제공해 주고, 그 변화를 수행하는 인간의 의도적 행동을 촉진하는 데 있다. 그것은 세상이 고정된 곳이 아니라 변화를 추구하는 공간이라고 묘사한다. 이런 특징 때문에, 마르크스주의는 자신을 힘없고 억압받는다고 생각하는 사람들에게 호소력을 갖는다. 무엇보다도 마르크스주의는 낮은 계급의 사람들을 위한 사회적 권력을 강조하는 이념이다. 따라서 통치체제의 하층에 살거나 주목받지 못하는 환경에 사는 사람들에게 강렬한 호소력을 지니고 있다. 나아가 마르크스주의는 많은 사람들의 꿈과 열망에 호소하는 집단적 이상세계에 대한 비전을 제시한다.

　마르크스주의의 또 다른 강점은 비판적 역할이다. 즉, 사회가 평소에 추구하지 않는 방법으로 스스로를 볼 수 있도록 돕는 잠재력을 가지고 있다. 예를 들면, 마르크스의 연구는 자본주의 그 자체보다 더 자본주의에 대해 깊은 통찰력을 제공해 준다. 사실 유무와 관련 없이, 서구 마르크스주의의 비판적 분석은 현대사회에 시기적절한 이슈들, 즉 인간소외, 기술문명, 관료집중화, 대중문화, 현대를 과거에 비추어 해석하려는 현대주의 등을 경고해왔다. 학제적 연구 접근을 이용한 교육에 대한 학문적 분석은 자본주의 사회의 교육에 대해 대안적 통찰력을 제공해 주었다.

　그러나 구소련에서 공산주의가 붕괴한 이후, 많은 이들이 정치적 개념으로는 마르크스주의가 실패했다고 믿었다. 그러나 이는 사실이 아니다. 중국이나 북한, 쿠바처럼 공산주의를 포용하는 나라가 아직도 존재할 뿐만 아니라, 라틴아메리카나 아프리카, 여러 곳에서는 좌파 자유정책을 채택하고 있다. 브라질이나 에콰도르, 베네수엘라 같은 나라에서는 보다 평등한 부의 재분배를 요구하는 이들을 위한 정책을 포용해 왔다.

실제 마르크스주의자들에 의해 싹트고, 초기 기독교인들에 의해 포용된 경제적 정의의 개념은 너무나 강렬해서, 엘리트 과두정치에 영합하는 확고한 경제정책들과 긴장관계를 이루어 왔다. 마르크스는 결코 이윤을 창출하는 사업을 반대한 적이 없다. 그가 반대한 것은 막대한 이윤과 그것을 획득하는 방법이었다. 그는 이것이 노동자계급에 대한 착취를 이용해 얻어진 것으로 보았다. 정치철학으로서 공산주의는 자본주의처럼 시시각각 변화하는 정치신념이다. 미래에는 둘 다 새로운 형태를 취할 것이다. 그것은 세계적으로 진화하고 있는 정치적 상황과 신념에 의해 영향 받을 것이다. 마르크스주의 교육도 그와 유사한 궤적을 그릴 것으로 예측된다.

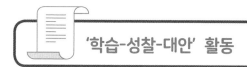

'학습-성찰-대안' 활동

❀ 1단계【학습】요약 정돈; 본문을 학습하고 핵심내용을 정리하시오.

❀ 2단계 【성찰】 문제 비판; 1단계의 '본문 학습'과 '핵심내용 요약 정돈'을 근거로,
아래 표의 철학적 영역에 맞추어 성찰하시오.

기본 영역	본문 내용 (개별사유)	통합 성찰 (공통 토의)
형이상학	형상;	
인식론	인식;	
가치론	가치;	
논리학	논리;	

✿ 3단계【대안】교육철학 재고; 1단계와 2단계의 '학습-성찰' 활동을 바탕으로, 시대정신을 고려한 교육철학을 도출하시오.

구분	내용	대안 제시
개별 제안		
공동 논의		

제9강

분석철학과 비판철학

1 분석과 비판

관념론과 실재론에서 설명한 것처럼, 서양의 철학적 전통은 '실체(實體, substance)' 개념을 중심으로 하여 발전해 왔다. '세계의 궁극에는 영원불변한 그 무엇이 있다!' 라는 사유이다. 궁극적 실재를 믿었던 시대에는 철학의 체계가 '연역의 논리[演繹法, deductive method]'를 따라 수립되었다. 그러나 근대과학 및 수학의 발달은 고정불변한 '실체' 개념을 도입하지 않고도 세계가 해명될 수 있음을 증명하였다. 더욱이 19세기에 들어, 다윈의 진화론은 생물의 종(種, species)마저 고정불변한 것이 아니라 환경의 함수에 불과한 깃이라고 설파하였다. 이는 서구 전통철학의 '실체' 개념에 치명적 타격을 주었다.

분석철학도 대체로 이러한 사상적 배경 아래에서 자라난 것이다. 분석철학의 맹아는 고대 희랍의 아낙시만더, 아낙시메네스, 그리고 고대 원자론자들의 '회의적 물질주의'까지 거슬러 올라간다. 그리고 분석적 태도는 영국의 경험주의(經驗主義)와 꽁트학파의 실증주의(實證主義)에서도 나타난다. '꽁트'는 철학이란 과학의 개념을 명백하게 규정지을 수 있을 때만 유용한 것이라고 주장한 최초의 사람이었다. 그러나 분석철학이 구체적으로 대두하기 시작한 것은 20세기에 들어서면서이다.

20세기의 철학운동의 대부분은 헤겔 철학의 비판에서 시작한다. 분석철학도 20세기 초반부터 헤겔류의 절대적 사변철학에 대한 비판을 통해 점차적으로 배양된 철학정신이다. 특히, 철학탐구의 태도 내지 방법을 비판하였다. 여기서 말하는 철학적 태도는 철학적 탐구에서 먼저 형이상학적 전제를 내세우는 것을 배제한다. 그것보다는 논리적 분석을 통해 문제의 명확화와 해결을 꾀한다. 이때 '분석'은 '언어분석(言語分析, Linguistic analysis)'을 가장 중요하게 여긴다. 왜냐하면 인간의 사상이나 사고는 주로 언어에 의해 전개되고 표현되기 때문이다.

또한, 현대철학의 여러 조류들 가운데 인간해방을 강조하면서 여러 학문분야에 영향을 주었던 하나의 철학사조가 바로 '사회철학(社會哲學, Social philosophy)'이다. 1914년 시민적 자유정신의 구현을 실천이념으로 하여 설립된 프랑크푸르트 대학은 '프랑크푸르트학파(The Frankfurt school)'를 탄생시킨다. 프랑크푸르트 대학의 '사회연구소'는 1920년대 독일 사회가 공산주의 또는 파시즘의 형태를 띠며 권위주의로 치닫고 있는 시대상황에서, 무엇이 인간의 자율성을 억압하고 예속시키는가를 구명하는데 모든 학문적 관심을 집중시켰다.

이 그룹은 호르크하이머(M. Horkheimer), 아도르노(Th. W. Adorno), 마르쿠제(H. Marcuse) 등이 핵심 인물이었는데, 이들은 나치스의 등장으로 조국을 떠나 미국으로 망명하여 급진주의적 경향을 드러냈다. 따라서 그들의 주요 연구는 미국에서 이루어졌다. 그러다가 제2차 세계대전 후에 프랑크푸르트로 다시 돌아와 1953년에 연구소를 재 설립하였다. 이 학파에 참여한 학자들은 앞에서 언급한 세 명 외에도 프롬, 노이만, 슈미트, 뢰벤탈, 하버마스 등이 있었다. 물론 이들의 관심과 입장은 서로 다르다.

그러나 비판이론(批判理論, critical theory)이라는 공통된 하나의 '사회철학'적 지침이 있다. 이는 마르크스의 '이데올로기 비판'의 논리와 프로이드의 '심리학 방법론'을 발전적으로 수용하였다. 이들 학파는 프랑크푸르트에서 시작하였기 때문에 프랑크푸르트학파라고도 하고, 마르크스와 프로이드의 이론을 비판하고 수용하기 때문에 네오마르크시즘, 프로이디안 마르크시즘, 뉴레프트, 비판이론 등으로 불린다.

비판이론이란 현대사회에 대한 비판을 핵심으로 철학을 전개한다. 주요 특징은 현대사회를 비판하되, 그 책임을 개인에게 돌리지 않고, '사회(社會)' 또는 '체제(體制, regime)'에 돌리는 데 있다. 그럼에도 불구하고 비판이론은 체제가 변화해도 인간이 변화하지 못하면 사회는 근본적으로 달라질 수 없다는 명제를 내세워, '새로운 인간'을 요구한다. 이처럼 프랑크푸르트학파의 사회철학에서는 인간을 철두철미한 '사회적 존재(社會的 存在, Social being)'로 파악한다.

비판이론은 처음에는 마르크스의 저작으로부터 유래되었다. 그러나 프랑크푸르트학파의 저작활동이 활성화 되면서 정통 마르크스주의를 훨씬 능가하게 되었다. 비판이론은 이론화를 위한 주제로 현실 문제를 다룬다. 그 이론을 정당화하는데 현실 문제를 직접적으로 이용한다. 그리고 단순히 현실 문제를 설명만 하는 것이 아니라, 사람들이 자신의 삶에서 보다 많은 부분을 통제할 수 있게 함으로써 현실 문제를 해결하는 방안을 제공하려고 한다.

이러한 해방적 노력이 비판이론의 가장 중요한 특징이다. 때문에 인간에게 필요한 과업일 수밖에 없다. 요컨대, 비판이론은 개인과 집단이 그들 자신의 삶을 통제해야 한다고 주장한다. 동시에 각자 자신의 운명을 결정할 수 있어야 한다고 말한다. 이것이 비판이론의 목표이다. 따라서 비판이론은 사회적 기형·불평등·부정의를 비판하고 이를 변화시키는 일에 헌신한다.

2 분석철학과 교육

분석철학은 철학의 고유 기능을 '언어'와 그 언어에 의해 표현되는 '개념의 분석'을 통해 사물을 이해하는 데 둔다. 여기에는 여러 학파가 있지만, 그들의 공통적 방법은 언어의 구조가 실재의 구조를 반영하는 것으로 보고, 이 '언어의 명료화'에 두고 있다. 이러한 태도 내지 방법을 취하는 학자들을 통틀어 '언어분석학파'라 한다. 그리고 그 학설을 총칭하여 '분석철학'이라고 한다.

대표적 분석철학자의 한 사람인 비트겐슈타인(Ludwig Josef Johann Wittgenstein, 1889~1951)에 의하면, '모든 철학은 언어비판'이라고 생각하며, '언어비판으로서의 철학방법'이 가장 올바른 철학하는 양식이라고 이해한다. 다시 말하면, 철학은 "말할 수 있는 것, 즉 자연과학의 명제들－따라서 철학과는 어떤 관련도 없는 것－이외에는 말하지 않는 것, 그리하여 어떤 사람이 형이상학적인 어떤 것을 말하려고 원할 때마다, 그가 그의 명제들의 어떤 기호들에 의미를 부여하지 않았다는 것을 그에게 지적해 주는 것이다." 따라서 분석철학은 특정인이나 소수 철학자들의 이름에 결부된 철학이 아니다. 유럽 각지와 북아메리카 등지에서 싹트기 시작하여 구미 철학계를 풍미했던 철학적 방법 또는 경향에 편의상 붙인 이름이다.

분석철학에 속하는 학파에는 일상 언어학파, 의미론적 분석학자, 프랑스·스위스·이탈리아의 과학론 그룹, 케임브리지 분석학파, 비엔나 학파, 경험철학협회, 북구 분석학파, 실용주의, 조작주의 등이 있으며, 각기 그 경향을 달리하고 있다. 그러나 이들은 공통적으로 '철학을 과학화해야 한다'는 데 동의하고 있다. 대신, 방법이나 철학의 주제선택에 관한 입장은 다르다.

분석철학의 일반적 경향 및 특징은 크게 두 가지로 나누어진다. 하나는 '철학을 과학화'하기 위해 그 표현매체인 결함이 많은 '자연언어(自然 言語, natural language; 일상 언어)'를 순화해야 하며, 기호논리학(記號論理學, symbolic logic)을 응용하여 엄밀한 '인공언어(人工言語, artificial language)'를 보조수단으로 설정하려는 태도이다. 다른 하나는 자연언어를 주의 깊게 사용하는 방법을 명확히 함으로써, 여러 철학적 문제에 공헌할 수 있다고 믿는 태도이다. 전자의 경향은 '논리실증주의(論理實證主義, logical positivism)'이고, 후자는 '일상 언어철학(日常 言語哲學, ordinary language philosophy)'이다.

논리실증주의는 러셀(Bertrand Russell, 1872~1970)이 언급한 분석적 경험론과 밀접한 관련이 있다. 또한, 비엔나학파에 큰 영향을 미친 비트겐슈타인에게서 찾아볼 수 있다. 그러나 후기의 비트겐슈타인은 논리실증주의의 입장을 포기하고 일상 언어철학으로 그 경향을 달리하였다.

논리실증주의는 철학의 주요 임무가 웅장한 이론체계를 구성하는 데 있는 것이 아니라 '문제의 논리적 분석'에 있음을 강조한다. 따라서 논리실증주의자들은 형이상학적 명제가 진위를 결정할 수 없는 무의미한 명제로, '거짓명제'라고 한다. 왜냐하면 형이상학적 명제는 분석적인 것도 경험적인 것도 아니기 때문이다. 분석적인 것으로서 수학적이고 논리적이라면 논리적으로 그 진위 여부를 해명할 수 있다. 경험적인 것이라면 실험과 관찰 및 검증에 의해 또한 그 진위를 가려낼 수 있다. 이는 '논리적 명제'에서 확인된다. 이 명제는 논리학이나 수학에 의해 그 진위가 결정된다. 논리실증주의자들은 '거짓명제'와 '논리명제'라는 두 가지 종류 이외의 명제에 관해서는, 그 진위를 결정하는 객관적 수단이 없다고 주장한다. 그리하여 이 주장은 다음과 같은 테제로 표현된다.

"인식적으로 유의미한 명제는 '분석명제'와 '종합명제'에 국한된다. 검증이 가능한 조건을 지닌 명제는 오로지 '경험적[종합적] 명제'와 '논리적[분석적] 명제' 뿐이다."

'분석명제(分析命題 Analytic proposition)'는 그 타당성이 명제가 내포한 기호의 정의에 의존한다. '종합명제(綜合命題, Synthetic proposition)는 그 타당성이 경험적 사실에 의해 결정되는 명제이다.

논리실증주의에 의한 언어분석의 이론적 특징은 '인공적 이상언어'의 번역과 '감각여건(感覺與件)', 즉 감각자료(感覺資料, sense-data)의 환원적 분석이라는 환원적 성격에 있었다. 그러나 그것이 전개되어 감에 따라 여러 가지 난점에 봉착하게 되었다. 예컨대, 논리실증주의자들은 '국가'라는 말은 '국민'으로 구성되었다고 생각한다. 그런데 '영국은 1939년에 선전포고를 하였다.'라는 명제를 환원적 분석을 통해 '각 영국인은 1939년에 선전포고를 하였다.'라고 한다면, 그 의미는 달라진다. 이처럼 일상 언어의 세계에서 '국가'에 관한 명제를 '국민'에 관한 명제로 분석하거나 환원하는 작업은 부당하다.

이런 점에 착안하여 논리실증주의자들과는 다른 분석적 철학활동이 영국의 학자들에 의해서 전개되었다. 그들은 '일상 언어'를 중시하였다. 때문에 '일상 언어학파'

라고 불린다. 그 활동의 중심역할을 했던 학자들 가운데 옥스퍼드 출신이 많기 때문에 '옥스퍼드학파'라고도 불린다.

이 새로운 분석활동은 일찍이 무어(George Moore, 1873~1958)나 후기의 비트겐슈타인의 주장에서도 볼 수 있고, 1930년대 후반기에는 이미 여러 학자들이 이 분야의 연구 활동을 하였다. 일상 언어학파의 슬로건은 다음과 같다.

"현재 사용되고 있는 문장을 떠나서는 의미를 파악할 수 없다."

"모든 문장은 각각의 경우에 따라 그 논리를 갖는다."

이런 슬로건에 의거하여, 일상 언어학파 철학자들은 검증 불가능한 언명일지라도 인식적 의미가 없다고 단언하지 않는다. 언어로서 어떤 다른 목적으로 사용되고 있기 때문에 충분히 유의미하다고 생각한다.

이러한 철학은 교육의 영역에서도 구체적으로 적용된다. 피터스(Richard Stanley Peters, 1919~2011)와 그의 동료들은 "교육철학의 역할은 새로운 교육의 주의(-ism)나 이념을 발전시키는 것이 아니라, 우리가 현재 사용하고 있는 개념들의 의미를 보다 잘 이해할 수 있도록 도와주는 것"이라고 보았다. 또한, 오코너(O'Connor)는 교육철학의 여러 이슈들을 다룰 수 있는 새로운 접근방식 가운데 하나로 분석철학을 들었다. 그것은 지식, 교육, 학교 등과 관련된 용어를 검토하고 그 의미를 명료화하는 방법이다.

분석철학자들은 많은 교육문제가 본질적으로 언어의 문제라고 주장한다. 우리가 사용하는 교육적 진술들을 구체적으로 살펴보면, '무의미한 것(nonsense)'들이 많다. 무어에 의하면, 철학의 주요 목적은 'A는 필연적이다.'라는 형태의 모든 명제들이 참인지 거짓인지를 알려는 것이 아니다. 그것들이 옳게 표현되었는지를 확인하는 것도 아니다. 단지, 그것들의 '의미가 무엇인지 발견하는 일'이다. 의미가 모호한 불명료한 진술이나 슬로건 등은 교육을 더욱 혼란스럽게 한다. 따라서 우리가 모호한 언어의 문제를 해결한다면, 교육의 문제들을 분명하게 해결할 수 있을 것이다. 이렇게 보면 분석철학자들의 기능은 언어, 개념, 목적 등을 명료하게 진술하는 작업이다. 언어의 명료성과 유의미성을 점검해주는 교정원의 기능을 수행한다.

하지만, 분석철학자들은 학생과 교사가 해야 할 일, 또는 하지 말아야 할 일에 관한 규범적 진술과 그러한 활동에 관한 가치의 진술을 회피한다. 예컨대, 어떤 학교에서 학생들에게 특정한 책을 읽도록 했을 때, 분석철학자들은 학생들이 그 책을 읽어야 하는지, 아니면 다른 책을 읽어야 하는지에 관심을 두지 않는다. 단지, 그러한 활동과 관련된 주장을 점검한다. 그들은 학생들이 읽고, 생각하고, 학습해야 한다는 것을 말하는 대신, '읽다', '생각하다', '학습하다'라는 말이 무엇을 의미하는지 검토한다. 어떤 규정을 내리거나 가치판단은 하지 않는다. 왜냐하면 그들의 기능은 분석을 통한 언어의 명료화에 있기 때문이다. 이처럼 분석철학자들은 교육자가 사용하는 언어의 명료화, 각종 개념도구들, 그것을 사용하는 과정, 그리고 명시된 목적에 관심을 둔다.

몇몇 분석철학자들이 '교육'이나 '교수', '훈련' 등 주요 개념을 명료화하는 방법을 예시하면 다음과 같다.

피터스의 경우, '교육'이 갖추어야 할 기준을 이렇게 밝혔다. 교육의 목적 측면에서 볼 때, "교육은 가치 있는 일을 전달함으로써 그것에 헌신하는 사람을 만든다는 뜻을 지니고 있다." 교육의 내용 면에서 "교육은 지식과 이해, 그리고 무종의 지적 안목을 길러주는 일이며, 이런 것들은 무기력한 것이어서는 안 된다." 교육의 방법 면에서 "교육은 교육받은 사람의 의식과 자발성을 전제로 한다는 점에서, 몇 가지 전달과정은 교육의 과정으로 용납될 수 없다."

아킨펠루(Akinpelu)의 경우, '교수'의 기준으로 이렇게 주장한다. "의식적이고 신중하게 교수행위를 하는 사람이 있어야 한다." "가르침을 받고 있는 어떤 사람이 있어야 하며, 가르쳐지는 어떤 내용이 있어야 한다." "교사는 학생들의 학습이 이루어진다는 것을 최소한 의도해야 한다." "도덕적으로나 교육적으로 건전하고 수용할만한 방법이나 절차를 포함해야 한다." 그리고 이 기준을 충족시키지 못한 것은 교수가 아니라고 하였다.

또한, 피터스와 허스트(R. S. Peters & P. H. Hirst)는 '교수' 활동의 세 가지 필요조건을 이렇게 제시한다. "학습을 유도하기 위한 의도를 지니고 이루어져야 한다." "학생들이 배워야 할 내용을 제시해야 한다." "학습자의 능력과 지적 수준에 적합하게 제시되어야 한다." '훈련'의 경우에는, 교육의 목표인 완전한 인격 발달보다는 아동의 제한된 능력과 기술의 성공적 수행을 목표로 하기 때문에, '교육' 또는 '교수'의 개념과 다르다. 교육은 본질적으로 인간적 과정이지만, 훈련은 동물 수준에서 일어날 수 있다. 어느 정도의 훈련 상황이 교육에 포함되기도 한다. 그러나 훈련은 원리의 활용이나 생각하는 과정을 거치지 않고 자동적이고 반사적으로 익히는 작업이다.

이러한 분석철학은 교육의 용어를 명료화함으로써 교육철학을 풍요롭게 하고, 교육학의 과학화에 기여하였다. 뿐만 아니라 교육학에 새로운 학문방법론을 제공했다고 판단된다. 아울러 교사들에게 사고와 언어의 중요성을 각성시켰다.

그러나 분석철학은 '사실적 지식'과 '규범적 지식'을 적극적으로 수용하지 못하였다. 그만큼 바람직한 세계관이나 윤리관을 확립하는 데 큰 도움을 주지는 못한 것이다. 적극적 발견과 주장을 회피하고, 명제의 진위 여부만을 강조하여 형식 논리적으로 교육을 구명하려 들었다. 때문에 비생산적 교육철학이라는 비판을 받는다.

3 비판이론과 교육

비판이론은 인간의 자아인식과 자유로운 발전을 저해하는 모든 형식의 사회적 절차와 요인들을 올바르게 이해하려는 지적 노력이었다. 이들이 관심을 집중시킨 영역은 틀에 박힌 공산권의 마르크스주의자들이 내세우는, 이른바 '토대(土臺, Basis; 경제)' 결정론에 사로잡히지 않는 것이었다. 대신, 인간의 마음, 특히 권위주의적 사회 심리, 이데올로기 등 정신 영역으로 시선을 돌렸다. 다시 말하면, 경제에 의한 역사의 직선적 결정론의 미신을 일축하고, 경제에 대한 정치의 우위가 20세기 국가의 특징임을 천명하였다. 모든 것이 정치권력에 의해 결정되고, 근대적 관료제의 기본 장치인 '기술'의 체계적 적용으로 거의 숨 막힐 정도의 인간 관리체계가 형성되었다는 인식이 이 학파의 공통 견해였다.

특히, 호르크하이머는 '도구적 이성(道具的 理性, Instrumental reason)'을 비판하였는데, 그의 계몽주의적 비판이론은 이성의 개념을 부활시킨다. 이성은 역사에 대한 인간의 자율성, 개인 상호간의 인정, 역사적 억압으로부터 해방하려는 의향을 의미한다. 이러한 이성의 개념은 자본주의 사회를 지배하고 있는 도구적인 목적·수단의 합리성과 그 합리성에 종속되어 있는 이론과 실천의 그릇된 관계를 비판한다. 그의 자본주의 비판은 도구적 이성의 비판으로 집약된다. 이성의 도구화는 전체화로 치닫고 있는 지배관계의 관점에서 볼 때, 그 기능이 마비되어 가면서 이성은 합리적 교환 원리로 완전히 대치된다! 이런 도구적 이성에 대한 비판은 정치경제학의 비판을 넘어 기계문명의 비판 영역으로 사상이 확대된 것이다.

호르크하이머는 도구적 이성을 비판하면서, 비판이론을 주장하던 학파의 주요 연구과제로 세 가지를 제시하였다.

첫째, 사회철학의 정립이다. 인간은 결코 개개인의 집합체가 아니다. 그것은 사회의 구성요소이기 때문에 인간의 운명을 해석하는 것은 사회철학이어야 한다.

둘째, 정통 마르크스주의를 거부하고 그 이론을 수정하여 사회개혁 프로그램을 완수해나가려는 사조이다. 따라서 마르크스주의의 현대적 부활이라고 볼 수 있다.

셋째, 사회에서 발생하는 여러 현상의 총체적 이해이다. 이는 후기 자본주의 또는 후기 산업사회를 개혁하는 사회·경제·문화·의식 등의 상관관계를 해명하는 사회이론의 연구이다.

이들은 경험론적 조사방법론이나 경험 분석적 방법론 등 실증적 방법에 강한 회의를 보인다. 왜냐하면 이런 방법은 전체라는 구조 안에 자리하는 사회의 여러 현상을 단면으로만 보아 대상의 구조성을 놓치기 쉽기 때문이다. 또한, 방법을 위해 문제를 선정하는 오류에 빠지기 쉽다. 선택된 문제에 관한 사회적 의미의 중요성이나 그 문제를 야기한 사회적 배경에 대해 별 관심을 보이지 않는다. 이는 그 문제를 다루는 방법의 과학성을 중시하는 폐단을 낳는다. 따라서 비판이론에서는 과학을 표방하는 실증주의적 방법을 물리치고, 역사성, 변증법적 발전성, 그리고 총체성을 중시하는 학문방법을 선택한다.

'역사성'은 모든 사회적 현상을 역사의 산물로 보는 방법이다. 그러므로 이들은 역사적 이해를 본질적으로 보는 해석학적 방법을 택한다. 예컨대, '인간소외'의 경우, 그 문제를 단면적으로 보지 않고, 그것이 인류의 역사에 어떻게 등장하여 이어져 왔으며, 현재의 관점에서 어떤 성격을 지니게 되었는지 고찰한다.

'변증법적 발전성'은 사회의 운동법칙과 모순들을 변증법적 방법으로 포착하고 해석하는 것을 말한다. 사회의 여러 현상에 대해 모순을 극복하며 발전하는 것으로 이해한다. 모든 사회적 현상은 아직 이루어지지 않은, 그러나 이루려고 하는, 그러기에 변혁될 수 있는 것으로 본다.

'총체성'은 사회의 모든 현상이 고립적이거나 부분적으로 조사되어서는 안 되고 반드시 연관적이고 전체적으로 탐구되어야 한다는 의미이다. 특히, 정치, 경제, 문화적 관계의 맥락에서 조사해야 한다. 왜냐하면, 사회현상의 연구방법론은 자연과학의 대상과는 달리, 주관성을 지닌 것이 대부분이고, 계급, 국가, 민족, 가족 등 사회의 여러 구조는 의식의 구조로 이해되기 때문이다.

깁슨(Gibson)에 의하면, 이러한 비판이론의 핵심개념 및 특징은 열세 가지 정도로 정돈된다. 복수이론, 이론에의 몰두, 과학적 접근의 거부, 계몽, 해방, 수정 마르크스주의, 도구적 합리성의 비판, 문화에 대한 관심, 개인과 사회의 관계, 미학의 중심성, 프로이드의 영향, 사회적 사태의 설명, 언어에 대한 관심 등이 그것이다.

다양한 특징을 지닌 만큼, 비판이론은 단일이론이 아니라 '복수이론(複數理論)'이다. 단일한 사유를 지닌 비판이론은 없다! 단수명칭인 비판이론은 여러 저자들 사이에 다양한 부분에서 의견이 일치하지 않고 있다는 사실을 은폐하는 명칭이다. 예컨대, 프랑크푸르트학파의 학자들 사이에는 접근방법과 관심사에서 차이점들이 있다. 그런 만큼, 엄밀하게 말하면, 비판이론은 '비판이론들'이라고 이해해야 정확하다. 이질적 특성을 지닌 이론이 있음에도 불구하고, 공통적으로 공유하는 가정들이 있다.

비판이론가들은 실천보다는 '이론 자체'에 지대한 관심을 가지고 있다. 그들은 비이론적·무이론적 접근이라고 생각되는 것을 거부한다. 연구를 통해 보다 위대한 이론화를 예시하며, 그러한 이론화의 필요성을 주장한다. 비판이론은 이론과 실제가 분리될 수 없고, 어떠한 실제도 그 기초가 되는, 즉 실제에 스며있는 이론이 존재한다는 주장으로부터 생겨난 것이다.

비판이론가들은 비판이론이 자연과학 이론과 어떻게 다른가를 밝히는 데 관심을 가진다. 과학적 설명의 특징을 밝히고 이를 비판·거부한다. 과학적 접근은 인간사회를 연구하는데 잘못된 방법이다. 진리추구를 저해한다. 그래서 비판이론은 사회적 삶 속에 '주어져 있다!'는 개념을 거부한다. 인간사회에서 의미를 갖는 어떤 것도 '주어지거나' '자연적인' 것은 없다. 비판이론에서는 인간사의 모든 사실이 사회적으로 구성되고, 인간의 견지에서 결정·해석된다. 따라서 인간의 방법에 의해 변화된다고 주장한다.

비판이론 실천가들은 비판이론을 받아들일 때만, 사회의 현실들이 확실하게 드러나고 이해된다고 주장한다. 그래서 비판이론은 사회적 삶이 실질적 조건에 대한 계몽을 한다는 것이다. 이러한 계몽은 개인과 집단의 진정한 이해관계를 폭로하는 작업이다. 이처럼 비판이론이 이해관계에 초점을 맞춘다는 것은, 조화로운 합의보다는 갈등과 긴장을 사회적 삶의 중심 특징으로 본다는 의미이다. 그리하여 지식이나 사회적 실제가 특정한 개인이나 집단에 어떻게 이익과 불이익을 주고 있는가를 탐색하는 과정에서, 부정의와 불평등의 근원을 폭로함과 동시에 인간행위의 근원을 드러내 준다고 인식한다.

'나의 삶을 통제하고 지배하는 것이 무엇인가?' '누가, 그리고 무엇이 나를 억압하며 동시에 나를 자유롭게 하는가?' 그리고 '그것을 어떻게 알 수 있는가?' 이러한 물음들과 관련하여 비판이론은 '권력과 권위, 그리고 자유의 본질과 한계를 탐구함으로써 어떻게 하면 보다 나은 자율성을 확보할 수 있을 것인가?'에 대한 통찰력을 제공할 수 있다고 주장한다. 비판이론은 계몽만을 하는 것이 아니라, 계몽의 결과로써 그 이상, 즉 당신을 해방시킬 수 있다! 그리고 과학적 이론과는 달리, '무엇을 해야 하는가?'에 관한 지침을 제공한다. 세상을 명확히 밝힐 뿐만 아니라, 세상을 변화시키는데, 불평등과 부당한 제약으로부터 해방시키는데 이용될 수 있다.

교육의 차원으로 이해하면, 비판이론의 핵심적 특징은 교육이 '상대적 자율성'을 갖는다고 이해하는 데 있다. 이는 수정 마르크스주의이다. 정통 마르크스주의에서는 경제적 관계가 사회의 다른 모든 측면들의 형식과 내용을 움직인다. 그러나 비판이론은 문화나 교육이 상당한 정도로 물질적[경제적] 요인들로부터 자율성과 독립성을 지닌다고 주장한다. 즉, '토대가 상부구조를 결정한다.'라는 가정을 문제로 삼는다. 그것은 '상부구조가 경제적 토대에 종속되어 있다.'라는 정통 마르크스 사상의 수정이다.

'도구적 합리성' 또는 '기술적 합리성'은 비판이론에서 매우 중요한 개념이다. 이는 목적보다 수단에 몰두하는 것을 의미한다. 그만큼 '방법' 및 '능률성'에 치중한다. '왜 그것을 하는가?' 또는 '우리가 어디로 가고 있는가?'라는 질문보다는 '어떻게 그것을 할 것인가?'라는 질문에 치중함으로써 계량과 측정에 사로잡혀 있다. 때문에 그것에 대한 비판과 도전이 요청된다. 뿐만 아니라 그것이 초래하는 기형과 제약으로부터 해방될 필요가 있다.

비판이론의 선구자들이라고 할 수 있는 호르크하이머와 아도르노 등은 교육에 대해 다양하게 논의하였다. 이들은 20세기 현대교육의 '몰개성(沒個性)'적 상황을 비판하였다. 뿐만 아니라 기계적·도식적으로 변질되어 비인간화로 치닫고 있는 현상을 크게 우려하였다. 특히, 아도르노는 단순한 지식전달과 인간제작의 이념과 표본의 제시 등을 거부하였다. 상품을 제작하듯이 외적 기준에 따라 인간을 제작하는 교육은 바람직하지 않다. 인간교육에서 틀에 박힌 표본을 제기하는 일 또한 권위주의적 횡포가 담겨있기 때문에 바람직하지 못하다.

그래서 아도르노는 교육의 방향이나 목적을 다음과 같이 제시한다. "교육은 하나의 자율적이고 성숙한 인간의 이념을 지향해야 한다. 올바른 의식을 형성하기 위해 애써야 한다. 올바른 의식의 형성은 비판적 자기성찰을 위한 교육을 의미한다." 이는 자율적이고 의식화된 인간을 이성적 인간으로 보려는 의도를 담고 있다. 그러한 인간상의 구현에 이바지하는 교육을 참된 인간교육이라고 본다.

이런 점을 참고로 비판이론이 고려하는 바람직한 인간교육을 제시하면 다음과 같다.

첫째, 맹목적이고 억압적인 공부는 인간교육을 위해서 바람직하지 못하다. 이러한 공부는 주체적 사유의 자유를 박탈하기 때문이다.

둘째, 바람직한 인간교육을 위해 '물상화(物象化, reification)'에 대한 저항이 필요하다. 물상화에 대한 저항은 두 가지 의미를 지닌다. 하나는 어떤 대상이건 무비판적으로 받아들여져서는 안 되는 것이다. 다른 하나는 어떤 대상이건 이미 완결된 형태로 받아들일 것이 아니고, 인식된 사안도 늘 새로운 관계구조에서 관찰하며 생동적 발전과정 내에서 그것을 받아들여야 한다는 점이다.

셋째, 바람직한 인간교육을 위해서는 모든 기계적 사유에 반대되는 요소로서의 초의도적 요소가 배제될 수 없다. 교육이 인간의 행동을 변화시키는 일이라 할지라도 기계적으로 변화시킬 수 있는 것은 아니라는 말이다.

넷째, 인간교육을 위해서는 '정열'이 불가결하다. 여기에서 정열은 플라톤이 이데아를 인식하는 조건으로 내세운 에로스와 유사한 의미로 이해될 수 있다. 이런 정열은 현실에 대한 불만 또는 인간정신에 내재하는 생동성으로 드러날 수 있다.

다섯째, 바람직한 인간교육은 다음과 같은 사회의 실현을 지향해야 한다. 협잡이나 사기가 없는 사회, 그리고 너무 짧은 효용성의 원리만이 인간의 사유를 지배하는 일이 없는 사회이다. 여기에서 협잡이나 사기라고 하는 것은 어떤 특권 의식을 전제하는 것이다.

이처럼 비판이론이 교육을 통해 지향하는 인간상은 자율적이고 주체적 사유를 하는 인간, 비판적으로 의식화한 인간, 정열적 인간, 특권의식이 배제된 이상사회에 기여할 수 있는 인간을 지칭한다.

대부분의 비판이론가들은 사회의 불평등이 학교교육을 통해 재생산된다고 본다. 그러므로 이들은 교육의 사회적 조건들을 이념을 비판하면서 적발해 내는 데 관심을 둔다. 즉, 학교는 불평등하고 불공정한 정치경제 구조를 반영하고 있다. 뿐만 아니라, 그것을 재생산하는 기능을 한다! 일반적으로 비판이론이 갖고 있는 세 가지 공통점은 다음과 같다.

첫째, '교육에서 무엇이 잘못되었는가?' 이는 교육의 불평등과 부정의의 모습을 드러내 보이려는 관심이다.

둘째, '교육의 병폐는 왜, 그리고 어떻게 발생했는가?' 이는 불평등과 부정의가 유지되는 교육의 과정과 구조들을 드러내고 그 원천을 추적하는 작업이다.

셋째, '교육의 병폐는 어떻게 치유될 수 있는가?' 이는 불평등과 부정의를 치유하는 방법을 모색하거나 제안하는 일이다.

이러한 공통 관심사를 논의하면서, 비판이론가들은 잘못된 교육구조와 교육과정을 지적한다. 이들이 강조하는 교육내용은 정치교육, 인문교육, 여성해방교육, 사회과학교육, 이상사회구상 등이다. 정치교육은 지배체제의 이데올로기를 여러 국면에서 비판하면서 바람직한 체제에 대한 전망을 굳히는 의식화 교육이다. 인문교육은 기술교육이나 직업교육보다 일반교육을 중시하여 삶과 역사를 올바르게 키워주는 교양교육이다. 여성해방교육은 사회 내에서 성차별과 성해방 문제를 다루는 성해방 교육이다. 사회과학교육은 이 사회의 구조와 역사적 발전과정을 거시적 시각에서 보는 역사교육이다. 이상사회구상이란 이들이 지향하는 사회가 자본주의도 공산주의도 아닌, 복지사회에 대한 꿈을 키우는 교육이다.

그리고 비판이론에서 권장하는 교육방법은 학교와 사회와의 관계회복, 학습자의 주체성 존중, 갈등의 현장 견학, 친교, 갈등상황에 대한 문헌적 접근 등이다. 학교와 사회와의 관계회복은 학교가 사회문제를 끌어들여 학습자가 사회문제에 대한 인식을 깊게 하는 일이다. 학습자의 주체성 존중은 학습자의 흥미·자유·자치 등을 존중하는 소극적 차원의 교육이다. 갈등의 현장 견학은 농성·데모·파업 등 사회인의 여러 집단행동을 직접 체험하여 문제의 초점이 무엇인가를 다루어 보게 하는 일이다. 친교는 동지적 유대감을 키워주기 위한 대화이다. 그리고 갈등상황에 대한 문헌적 접근은 여러 갈등현장의 문제들을 생생하게 기록한 문헌들을 접하는 일이다.

비판이론은 철학의 사회적 역할을 제고하였다는 점에서 의미가 크다. 아울러 실증과학의 한계성을 지적하고, 총체적 교육관과 교육내용 및 교육방법에 대한 혁신적 제안을 하는 등의 다양한 교육적 기여를 하였다.

그러나 한계도 뚜렷하다. 이데올로기 비판이라는 무기로, 문화혁명이라는 측면에서 긍정적인 작용을 하였으나 그 혁명을 이끌어갈 조직을 갖추지 못하였다. 자본주의와 공산주의를 동시에 비판하는 중도지향적 성격을 표방하면서도 자본주의 비판에 치중하고 있다. 특히, 교육의 정치화 개념에서 취약성을 드러내고, 교육원리가 뒤섞이어 복잡하다. 지나친 비판의식으로 역교육이나 반사회적 교육을 유도할 수도 있다.

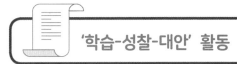

'학습-성찰-대안' 활동

❈ 1단계【학습】요약 정돈; 본문을 학습하고 핵심내용을 정리하시오.

❀ 2단계【성찰】문제 비판; 1단계의 '본문 학습'과 '핵심내용 요약 정돈'을 근거로, 아래 표의 철학적 영역에 맞추어 성찰하시오.

기본 영역	본문 내용 (개별사유)	통합 성찰 (공통 토의)
형이상학	형상;	
인식론	인식;	
가치론	가치;	
논리학	논리;	

❀ 3단계【대안】교육철학 재고; 1단계와 2단계의 '학습-성찰' 활동을 바탕으로, 시대정신을 고려한 교육철학을 도출하시오.

구분	내용	대안 제시
개별 제안		
공동 논의		

제3부

성숙과 도약

제10강 사회개혁과 교육운동

1 교육의 진보와 재건

교육은 사회구성원을 사회화하여 그 사회에 적응할 수 있는 자질을 갖추게 한다. 나아가 그 구성원들의 창조적 참여를 통해 새로운 가치, 체제, 문화의 창출을 꾀한다. 즉, 사회개혁이나 혁신을 위한 기반을 조성하는데 적극적으로 기여한다. 20세기에 들어서면서, 미국의 교육은 이러한 교육의 사회성을 특히 강조하는데, 그런 운동의 중심에는 '진보주의'와 '재건주의'가 자리한다.

진보주의(Progressivism)는 하나의 완전한 체계를 갖춘 교육철학이라기보다 듀이(John Dewey, 1859~1952)가 완성한 프래그머티즘(Pragmatism)을 기반으로 미국에서 전개된 '교육운동(敎育運動, Education Movement)'이다. 19세기 말에서 20세기 초에 걸쳐 미국인들은 정치적 민주화와 사회복지 체제의 개선을 희구하며 정치·사회적 개혁운동을 전개했다. 이러한 개혁운동은 1920년대에 이르러 대체로 퇴조하게 되었으나 진보주의 교육운동만은 계속 번성하였다. 이 운동의 핵심은, 과거의 전통적 교육이 '성인중심' 또는 '교사중심' 교육이었던 것을 비판하고, 이를 '아동중심' 교육으로 전환시키려는 데 있었다. 이러한 아동중심 교육사상은 루소의 자연주의 교육에서 언급한 것처럼, 이미 18세기 유럽에서 싹텄고, 이후 페스탈로치, 프뢰벨 등을 거쳐 계승 발전되면서 미국으로 건너와 꽃을 피우게 되었다.

미국에서 아동중심 교육사상은 만(Mann), 버나드(Bernard), 파커(Parker) 등에 의해 그 토대가 형성되었고, 듀이가 중심이 되어 절정에 달한 이후, 진보주의라는 이름 하에 하나의 교육개혁 운동으로 전개되었다. 특히, 1918년에는 듀이의 신봉자들이 '진보주의교육협회(PEA; Progressive Education Association)'를 결성하고, 기관지인 「진보주의 교육」을 발간하면서 조직적 개혁운동을 전개하였다.

이 협회는 듀이의 프래그머티즘과 킬패트릭(William Heard Kilpatrick, 1871~1965)의 진보주의 교육사상을 지지하고 보급하였다. 그 운동은 전통적 교육에 대해 비판하고 하나의 교육개혁으로 전개되면서 약 30년 동안 국내·외로 퍼져 갔다. 그 결과 1920~30년대에 걸쳐 교육계의 주요한 세력이 되어 미국 교육계를 풍미하였고, 초·중등학교의 모습을 상당히 변화시켰다. 그러나 시대상황이 바뀌고 교육의 효과에 회의를 느끼면서, 1940년대에 이르러 그 영향력을 상실하기 시작했으며, 1950년대에는 거의 사라졌다.

아동의 개성을 강조했던 진보주의 교육자들 이외에, 사회변화에 주요 관심을 가졌던 진보주의자들도 있었다. 이른바, '사회적 재건주의' 또는 '문화 재건주의', '개조주의'로 불리는 유형의 진보주의자들이다. 진보주의 교육운동이 한창이던 1930년대에 미국인들은 경제대공황을 겪게 된다. 이때 진보주의자들 가운데 일부가 미국 사회를 비판하면서 교육과 사회의 개혁을 부르짖고 나왔다. 즉, 1930년대 전반기에 '전위적 사상가'라고 불리는 일군의 교육자들이 새롭고 공정한 사회를 건설하는데 학교가 앞장서야 할 것을 주장하고 나섰다.

이 운동의 대표적 인물이 1930년대의 카운츠(G. Counts)와 러그(H. Rugg)였다. 카운츠를 비롯한 재건주의자들은, 교육의 위기는 단순한 재정적 빈곤에 있는 것이 아니라고 했다. 무엇보다도 교육이념의 불철저, 교육목적 지향성의 결여에 있음을 포착해냈다. 이에 교육이론의 전환과 자기 개조를 요구하였다. 이후 1950년대 브라멜드(Theodore Brameld, 1904~1987)에 의해, 재건주의는 자연과 인간에 관한 과학적 지식의 확고한 기초에 터하여 미래에 대한 문화적 형태를 구상하고 그것을 확립하는데 유효한 수단을 발전시키는 것으로 정의되었다. 이런 점에서 재건주의는 무엇보다도 '목표중심'의 미래지향적 사상이었다. 그러므로 이들은 현재 상태의 교육과 사회를 개혁하려고 한다. 그것은 새로운 사회의 창조를 추구하는 열정이었다.

2 진보주의 교육운동

진보주의자들은 그들 내부에서도 이론과 실제에서 다양한 의견 차이를 보인다. 그러나 공통점은 전통적 교육의 형태를 반대한다는 점이다. 특히, 아동 자신의 '흥미나 관심(interests)'을 교육에서 비중 있게 다루고, '권위적 교사'나 '교재 중심의 딱딱한 교육방식', '암기 위주의 수동적 학습', '사회로부터 고립된 폐쇄적 교육철학', '체벌이나 공포 분위기에 의한 교육방식' 등을 반대한다. 진보주의 운동의 이론가이자 '과제학습법(課題學習法, project method)' 또는 구안법(構案法)을 창안한 킬패트릭은 아동 스스로의 교육을 지향하였다. 그것은 아동 스스로가 뜻을 세우고(pupil purposing), 아동 스스로가 계획하며(pupil planning), 아동 스스로가 실천하고(pupil executing), 아동 스스로 판단하는(pupil judging) 교육이다. 그러므로 진보주의 교육운동의 진원지인 진보주의교육협회는 진보주의 교육을 보급하기 위해, 다음과 같은 7개항의 강령을 채택하였다. 여기에 그들의 지향점이 분명하게 드러난다.

① 아동의 자연스러운 발달: 아동은 외부의 권위에 의하지 않고 자신이 사회적 필요에 의해 자연스럽게 발달할 자유를 누려야 한다.
② 흥미에 의한 학습: 아동의 흥미와 욕구의 충족이 모든 학습과 활동의 동기가 되어야 한다.
③ 안내자로서의 교사: 교사는 아동의 활동을 고무하고 적절한 정보를 제공하는 안내자가 되어야 한다.
④ 아동에 대한 과학적 이해: 아동의 평가는 지적 측면에 대한 평가뿐만 아니라 아동의 신체적·정신적·도덕적·사회적 특징에 대한 평가를 포함하는 것으로 아동의 발달과 지도에 도움이 되는 것이어야 한다.

⑤ 아동의 신체적 건강: 가장 중시되어야 할 것은 아동의 건강이며, 학교의 시설·환경·인적 조건은 명랑해야 한다.

⑥ 가정과 학교의 협력: 학교는 학부모와 긴밀한 협조관계를 유지하면서 아동의 교육에 힘써야 한다.

⑦ 선구자로서 학교: 진보주의 학교는 좋은 전통 위에 새 것을 담는 실험학교로서 교육개혁 운동의 중핵이 되어야 한다.

진보주의 교육자들이 강조하는 교육 형태는 아동의 흥미와 욕구, 경험을 존중하는 교육이다. 즉, 아동의 흥미와 욕구를 충족시켜 주는 학습과 '경험의 재구성'을 통한 '성장(成長, growth)'이 교육의 목적이다. 다시 강조하면, 아동의 성장이 교육의 목적이지, 지식의 전달 자체가 교육의 목적은 아니다. 그 첫 번째 조건은 학교가 아동이 학습하기에 즐거운 곳이 되어야 한다. 따라서 학교는 아동들이 있고 싶어 하는 행복하고도 매력적인 공간으로 조성되어야 한다. 아동들이 가고 싶어 하는 그러한 학교로 만들어야 하는 것이다.

또한, 진보주의 교육자는 아동들이 과학적 방법을 사용하여 문제를 해결하는 과정을 교육이라고 본다. 아동은 자기가 설정한 가설과 계획에 따라 행동함으로써 학습하는, 행동적 인간으로 파악된다. 따라서 앞에서 언급한 '과제학습법(project method)'이 진보주의 학교에서 빈번히 사용된다. 그것은 아동들이 문제해결을 위해 집단 속에서 공동 활동을 하는 교육의 양식으로, 과학적 태도뿐만 아니라 민주적 집단행위도 촉진한다고 보기 때문이다.

이처럼 진보주의 교육운동은, 미국교육 체제 내의 하나의 운동이면서, 전통교육으로부터 아동의 자유를 촉구한 사조였다. 전통교육은 아동을 성인의 부속물이나 축소판 정도로 이해하였다. 또한 필요하다면 축적된 과거의 지식을 아동에게 강압적으로 주입시키며, 어린이의 현재생활보다 장래를 위해 준비시키는 것을 임무로 하는 교육관이 지배적이었다. 진보주의 교육운동은 이러한 교육관으로부터 벗어나려는 교육의 자유화 운동이었다.

이 운동은 특히, 기계적 암기학습이나 암송, 교재 중심의 학습을 강조하던 당시 전통교육으로부터 아동을 해방시키려고 하였다. 그러기에 전통적 커리큘럼의 판에 박힌 교과목에 반대하여 대안적 교육과정을 실험하였다. 그 핵심에는 '활동', '경험', '문제해결', 그리고 '과제학습법' 등이 있었다. 다시 강조하면, 진보주의 교육은 교과보다는 학습자인 아동에 초점을 두었다. 언어적·문자적 기능보다는 활동과 경험을 강조하였다. 경쟁적이고 개인주의적인 개별학습보다는 협동적이고 집단적인 학습활동을 장려하였다. 또한 학교에서의 민주적 생활은 사회개혁을 위한 기초로 간주된다.

프래그머티즘 철학에 기초한 진보주의는 전통적 가치를 비판하고 부정하면서 문화적 상대주의의 입장을 취한다. 그러므로 획일적으로 아동에게 교육과정을 전달하는 교육을 반대한다. 제각기 다른 흥미나 관심, 욕구를 지닌 아동은 교육과정을 스스로 구성한다. 학습은 문제해결, 수학여행, 창조적 예술 활동, 협동학습과 같은 다양한 형태의 방법을 통해 이루어진다. 이는 교수와 학습과정을 적극적·협력적·변화적 과정으로 보는 것이다.

진보주의는 프래그머티즘이 모태이기 때문에 기본적으로 '변화'를 핵심으로 하는 인생관과 세계관을 지니고 있다. 때문에 '삶의 경험이 어떻게 바뀔 수 있느냐'에 관심이 크다. '인간은 무엇을 경험하며 어떻게 성장하는가?' 그들은 이런 물음을 통해 교육에 접근한다. 더구나 20세기 들어 급격하게 발달한 아동 심리학과 민주주의 의식의 증대에 따라, 아동을 새롭게 보게 되면서 전통적 교육관과는 다른 사고를 하게 된다.

과거에는 아동을 '어른의 축소판'으로 보았다. 그러나 아동은 단순하게 어른의 세계를 줄여 놓은 작은 어른의 세계에 사는 것이 아니다. 그들만의 독특한 세계에 산다. 아동은 그들 나름대로의 인격과 개성이 있고, 자주성이 있으며 본성적으로 활동적이고 능동적이다. 이런 인간 이해를 토대로 그들은 앞에서 제시했던 진보주의교육협회의 강령과 이론을 도출해냈다.

닐러(G. F Kneller)는 이러한 진보주의 교육운동의 기본원리를 다음과 같이 제시하였다. 첫째, 교육은 생활을 위한 준비가 아니고, 생활 그 자체이다. 둘째, 학습은 활동적이어야 하고, 아동의 흥미와 관련되어야 한다. 셋째, 문제해결을 통한 학습이 교재를 가르치는 것보다 우선해야 한다. 넷째, 교사는 지시자로서가 아니라 권고자로서 행동해야 한다. 다섯째, 학교는 경쟁보다는 협력을 장려해야 보다 많은 성취를 가져온다.

진보주의 운동의 교육원리 가운데 가장 먼저 꼽을 수 있는 것은, 교육은 아동의 생활을 위한 준비가 아니라 '생활 그 자체(life itself)'이어야 한다는 점이다. 현명한 삶은 경험의 해석과 경험의 재구성을 내포한다. 따라서 학교는 아동의 연령에 맞는 학습 환경을 제공해야 하는데, 그것은 성인이 되어 겪게 될 경험들과 관련된 내용이어야 한다.

다음으로 학습은 직접적으로 아동의 흥미와 연관되어야 한다. 진보주의 교육자들은 '아동중심'의 학교를 강조했다. 그런 학교는 학습의 과정이 주로 아동 개인에 의해 결정되는 곳이다. 아동은 자신의 흥미와 관련된 것, 자신의 문제를 해결해 줄 수 있는 것이라면 무엇이든지 배우려는 경향이 있다. 동시에 어른으로부터 강요당한다고 느끼는 것이면 무엇이든지 저항하는 성향이 있다. 그러므로 진정한 의미의 학습은 아동의 흥미와 관련되어야 한다.

또한 교과목의 강요보다는 문제해결 위주의 학습이 중시되어야 한다. 진보주의는 전통적 교육관을 거부한다. 근본적으로 학습이 지식을 받아들이는 작업이라는 데는 동의한다. 그러나 추상적 실체로서의 지식을 교사가 학생들에게 전달하는 전통적 교육을 비판한다. 진보주의자들은 지식을 경험을 다루기 위한 도구로 본다. 지식이 의미가 있으려면, 그 지식을 이용하여 무엇인가 행동으로 옮길 수 있어야만 한다. 즉, 지식은 능동적 활동을 통해 획득하고, 경험과 결합되어야만 한다. 아동은 자신이 배우는 내용이 흥미와 관련될 때만 진정한 의미에서 학습을 한다. 그 이상의 추상적 지식에 대한 탐구는 활동적 교육경험으로 바뀌어야 한다. 이것이 '실험적 방법'의 원리이다. 예컨대, 학생이 사회학과 정치학의 개념을 진정으로 이해하려면, 교실 그 자체가 민주주의 유형이 살아있는 실험실이 되어야 한다. 이처럼 경험과 실천은 진보주의 학습방법의 핵심개념이다.

진보주의에서 교사의 역할은 아동을 감독하는 것이 아니라 충고하는 일이다. 아동이 학습하는 것은 그들 자신의 욕구와 필요에 따라 결정되기 때문에, 그들 스스로 발달계획을 수립한다. 이때 교사는 단지 안내자의 역할을 수행해야 한다. 아동들이 곤경에 처할 때, 교사는 자신의 탁월하고 풍부한 경험을 지닌 원조자 또는 안내자로서 임해야 한다.

아울러 학교는 경쟁보다는 협동을 장려해야 한다. 인간이란 원래 사회적이고 인간 상호간의 대인관계가 원만할 때, 만족감을 느끼는 존재이다. 진보주의자들은 경쟁과 개인적 이익의 성취보다는 사랑과 협동이 교육에 적합하다고 본다. 이처럼 사회적 환경에서 경험의 재구성으로서 교육은 인간 본성의 재구성을 이끈다. 진보주의자들이 경쟁을 전적으로 부정한 것은 아니다. 그러나 인간의 본성을 생물학적·사회학적 사실에 비추어 볼 때, 경쟁보다는 협동이 적합하다고 주장한다.

다양한 주장을 통해 진보주의 교육은 궁극적으로, '민주주의'만이 인간의 진정한 성장에 필요한 사상과 인격의 자유로운 상호작용을 허용하고 촉진한다고 본다. 위에서 언급한 '협동'과 '민주주의'는 동일한 의미를 지닌다. 왜냐하면 이론적으로 볼 때 민주주의란 경험의 공유를 뜻하기 때문이다. 이처럼 '민주주의'와 '성장' 및 '교육'은 상호관련되어 있다. 즉, 경험의 공유는 성장의 상태를 의미하며 성장은 교육을 필요로 한다. 따라서 민주주의를 가르치기 위해 학교 자체가 민주적이어야 한다. 그러기 위해 학교는 학생자치제, 자유로운 의사소통 및 토론, 학생과 교직원의 공동계획 수립, 그리고 모든 사람이 교육경험에 충분히 참여할 수 있도록 보장해야 한다.

▶ 전통적 교육관과 진보주의 교육관의 비교

전통적 교육관	진보주의 교육관
① 교육은 미래 생활을 위한 준비	① 교육은 현재 생활 그 자체
② 교사 중심의 교육	② 아동 중심의 교육
③ 교재 위주의 교과 중심 교육과정	③ 실습 위주의 경험 중심 교육과정
④ 암기 위주의 수동적 수업	④ 참여 위주의 능동적 수업
⑤ 주입식 교육	⑤ 계발식 교육
⑥ 경쟁	⑥ 협동
⑦ 지역사회와 고립된 학교	⑦ 학교는 사회의 축소

전통교육에 대한 비판과 아동에 대한 새로운 시각을 제시한 진보주의 교육운동은 하나의 주장을 넘어 교육발전을 위한 규범으로 작용했다. 진보주의 이후에 진행되는 교육운동은 어떻게 드러나더라도 진보주의 교육의 연장에 불과했다. 즉, 진보주의 내에서의 개혁이나 조정이었고, 진보주의와 연관되어 반발하거나 다른 형식을 주장하였다. 그것은 진보주의가 전통교육이 지니고 있던 결함을 상당 부분 수렴하고 있다는 증거이다.

이렇게 중요한 역할을 했음에도 불구하고, 진보주의는 지나치게 '아동중심'의 교육이 되어 여러 가지 한계를 드러냈다. 아동의 자유를 지나치게 존중한 나머지 교육의 방향감각에 대해 경시하였고, 현재의 생활을 중시하여 미래에 대한 교육적 준비에 소홀했다. 뿐만 아니라 흥미를 지나치게 강조하여 본질적 지식을 다루지 못하기도 하였다. 학교는 때에 따라 특수한 훈련기관이 될 필요가 있는데, 현실적 삶을 중시하다 보니 바람직하지 못한 현실사회의 복사판이 될 우려도 있었다. 또한, 지나치게 협동을 강조하다 보니 우수한 인재의 개인적 특성이나 지도성을 반영하지 못한 어려움도 있었다.

3 재건주의 교육운동

재건주의는 그 특성상 '사회적 재건주의' 또는 '문화적 재건주의'라고도 한다. 사회를 개조해야하는 만큼 '개조주의'라고도 한다. 말 그대로 인류가 심각한 문화의 위기(危機, crisis) 상태에 있음을 전제로 하는 교육운동이다. 교육의 일차적 목적은 현대와 같은 문화의 위기를 해결하기 위해 사회를 재구성하는 일이다. 전통적 교육에서 학교는 비중 있는 사회적 가치들을 반영해야 한다. 하지만 재건주의자들은 조직적인 학교교육에서 다루어야 할 사안은 인류를 괴롭히는 사회적 병폐들이어야 한다고 주장한다. 이러한 입장에서 재건주의자들은 형이상학적 지식보다 경제학·인류학·사회학·심리학 등과 같은 사회과학적 지식을 유용한 내용으로 취급한다.

재건주의자들은 공통적으로 인간교육의 유일한 목적이 인간 자신들의 운명을 결정하게 될 세계질서를 창조하는 데 있다고 주장한다. 재건주의자들이 활동하던 1930년대는 과학기술 문명이 점차 발달하고, 세계대전이라는 유래 없던 전쟁의 참화를 겪었으며, 핵무기가 출현한 시대였다. 따라서 그들은 당시의 현대사회가 파괴되기 이전에 새로운 사회를 재건해야 하는 것을 당면과제로 삼았다. 과학기술이 발전함에 따라 농업과 전원사회는 도시와 기술사회로 변하게 되었다. 재건주의자들은 문화적 위기의 분석을 통해, 과학기술 사회에 대한 문화적 적응에서, 인류는 심각한 '문화지체(文化遲滯, cultural lag)' 현상을 초래하였다고 주장한다. 그러므로 인류는 변화하는 기술사회에 적응하기 위한 새로운 가치들을 재건해야 한다. 특히, 조직적인 교육은 전통문화와 기술사회 사이의 격차를 좁히는데 중요한 역할을 수행해야 한다.

재건주의자들은 과학기술이 발전하는 사회를 상호의존적 공동체로 이해한다. 그것은 세계의 어느 한 곳에서 일어난 일이 다른 곳에 영향을 미친다는 의미이다. 예컨대, 대기오염과 같은 환경문제는 국한된 지역만의 고민거리가 아니라 전 세계적인 문제이다. 일부 인간들의 문제가 아니라 전 인류의 공통된 문제라는 것이다. 따라서 상호의존적 세계에서는 자기 나라만을 고집하는 고립주의나 민족주의를 강조하는 전통교육의 입장이 설득력을 상실하게 된다. 새롭게 건설하려는 사회를 위한 교육은 국제적 상호의존성의 현실을 인정할 수밖에 없다. 오늘날과 같은 핵무기 시대의 경우, 세계의 어느 한 곳에서 일어난 전쟁이나 충돌은 모든 인류에게 위협이 된다. 이러한 관점에서 재건주의자들은 교육과정을 국제화함으로써 인류가 하나의 세계 속에 살고 있음을 주지시키려 한다.

이런 점에서 재건주의자들이 제기하는 '문화적 위기'는 구체적으로 무엇을 지칭하는가? '위기'의 개념에 대해, 브라멜드는 이렇게 정의한다. "한 문화 또는 그 문화의 일부분에서 기본 제도, 태도 및 그 밖의 생활방식 등이 통일 또는 균형을 잃는 것이다." 이러한 개념에 터하여, 재건주의자들이 지적한 20세기 초반 시점에서 바라본 현대문화의 병폐는 크게 여덟 가지로 요약된다.

① 생활·건강·교육 수준의 불균형	② 인구의 폭발적 증가와 기아
③ 대지·수질·식품·공기의 오염	④ 국가 간의 적대감과 증오심
⑤ 인종 간의 긴장과 파괴 행위	⑥ 전제적 정치체제(사이비 민주주의)
⑦ 도덕감각의 붕괴와 매춘화	⑧ 과학의 폭발적 발달

이러한 20세기 초반의 시점에서 현대문화의 병폐와 그에 따른 위기를 의식하고 새로운 사회를 재건해야 한다는 주장이 재건주의 운동을 주도하는 교육자들의 기본 논리이다. 이를 실현하기 위해 무엇보다도 학교가 앞장서야 한다. 브라멜드는 민주주의 정신으로 재건해야 할 새로운 사회질서는 다음과 같은 내용을 포함해야 한다고 자신의 구상을 밝힌다. 그것은 경제, 국가, 과학, 예술, 교육, 사회 등 인간의 삶과 관련된 전 영역을 망라한다.

첫째는 불안정하고 불공정한 요소로 타락되어 있는 경제를 대신하는 풍요한 경제체제이고, 둘째는 필요악이 아니라 건설적·통합적 수단으로서의 국가이며, 셋째는 실험의 자유가 보장되는 가운데 대중의 강력한 지지를 받고 대중의 복지를 책임지는 과학이고, 넷째는 자유로운 분위기 속에서 자신을 재설계하고 갱신하는데 종사하는 문화의 창조적 표현이 되는 예술이며, 다섯째는 여론의 주된 기관을 포함하여, 모든 집단의 생활을 향상시키고 건설하는 일에 헌신할 수 있도록, 탁아소로부터 성인교육 기관에 이르기까지 조직된 교육 시스템이며, 여섯째는 인종·종교·국적·성별·연령 또는 경제적 지위를 초월하여, 인류 장래의 경제·정치·과학·예술 및 교육 분야에 관련되는 모든 권리와 의무를 공평하게 분배하고 분담하는 인간사회이다. 이러한 구상을 제시한 브라멜드는 교육의 주요 목적이 이런 문화적 전후 관계에 연결되어야 하고, 학습은 이러한 목표를 추구하는 데 필요한 수단으로 규정하였다.

재건주의자들은 사회개혁을 위해 교육혁신이 이루어져야 한다고 주장한다. 다시 말하면, 교육자들이 전통적 교육이론에 도전하고 사회개혁을 위한 교육혁신을 계획하여 추구할 때 비로소 새로운 사회질서가 실현될 수 있다고 믿는다. 새로운 사회질서는 사회적 자아실현과 관련된다. 그것은 자유스럽고 공개된 사회적 논의와 최대 다수의 합의를 통해 지향할 목표를 설정하고 이를 실천에 옮기는 과정이다. 그런 과정을 통해 사회적 합의(合意, consensus)에 도달하고, 새로운 사회를 건설할 수 있는 계기를 만든다.

브라멜드에 의하면, 사회적 합의를 지향하는 교육은 다음과 같은 학습과정을 통해 성취되어야 한다. "자신의 직접적 경험이나 다른 사람의 간접적 경험을 통해 학습한다. 교실 내에서나 지역사회에서 언어 또는 문자에 의한 자유스럽고 정확한 대화를 통해 학습한다. 또한 소수의 이견을 허용하는 과정에서 공개적인 다수의 합의에 도달하는 학습을 한다. 행동과 집단적 역동성을 통해 학습을 한다."

진보주의나 경험주의자들과 마찬가지로 재건주의자들도 지식을 도구적인 것으로 본다. 때문에 사회과학적 지식을 유용하게 활용한다. 사회과학은 현대사회의 사회개혁에 유용한 통찰이나 정보, 방법론을 제공해주기 때문이다.

재건주의 운동에서 교육은 학생에게 사회적 문제와 문화적 위기를 각성시키는

데 있다. 따라서 학생들이 그러한 문제해결에 적극적으로 참여할 수 있도록 계획해야 한다. 즉, 사회적 의식을 각성시키기 위해 학생들이 현실에 대해 의문을 제기할 수 있도록 권고해야 하고, 종교·정치·교육 등의 논쟁거리들을 탐구하도록 장려해야 한다. 왜냐하면 논쟁거리들을 탐구함으로써 전통적 견해의 긍정적 측면이나 부정적 측면을 발견하고 새로운 발전을 모색할 수 있기 때문이다.

사회적 기관으로서의 학교는 사회발전을 위한 다양한 사고와 견해가 강조되고 권장되는 장소이다. 재건주의자들에게 수업은 새로운 시대, 새로운 사회에 적합한 유형의 시민을 교육하기 위해 설계되어야 한다. 새로운 시민들은 합리적·인간적인 사회를 건설하기 위해 과학과 기술의 도구들을 적극 활용할 것이다. 동시에 그들은 집단의 문제해결을 위한 토의 기법을 잘 알고 있을 것이다. 재건주의자들은 현재의 문화적 위기를 논의하는 다양한 사고와 견해를 바탕으로, 학교는 '논쟁의 중심이 되어야 한다!'고 주장한다. 재건주의자들의 주장을 정리하면 다음과 같은 교육 프로그램이 예견된다. '문화적 유산에 대한 비판적 검토', '모든 사회적 문제의 논쟁에 대한 과감한 검토', '사회적·건설적 변화의 계획적 추진', '계획적 태도의 배양', '문화적 개혁을 위한 사회·교육·정치·경제적 계획에 학생과 교사를 참여시키는 작업' 등이다.

이러한 이론적 고민 하에, 재건주의자들은 교육원리를 다음과 같은 몇 가지 차원에서 제기하였다.

첫째, 교육의 가장 중요한 목적은 사회를 재구성하는데 필요한 프로그램을 제정하는 데 있다. 사회가 변화되어야 한다고 보지만, 그것은 정치적 행위로서가 아니라 근본적으로 교육을 통해 이루어져야 한다.

둘째, 새로운 사회는 진정으로 민주적인 사회가 되어야 하며, 그 사회의 주요기관들이나 자원들은 국민 스스로가 통제해야 한다. 이상적인 사회는 민주적인 사회이기 때문에 이러한 사회 또한 민주적인 방법으로 실현되어야 한다. 따라서 새로운 사회질서의 목적·구조·정책 등은 가능한 한 국민 다수의 지지를 통해 결정되어야 한다. 그러기에 우리가 진정으로 사회를 재구성하려고 한다면, 우선 사회구성원을 재교육해야 한다.

셋째, 교사는 문화적 재건주의자들이 주장하는 견해의 확실성과 합법성에 대해, 민주적 방법으로 그들의 학생을 설득시켜야만 한다.

넷째, 아동·학교·교육 그 자체는 사회적·문화적 힘에 의해 재구성되어야 한다. 교육은 사회적 자아실현인데 그것을 통해 개인의 사회적 본성을 계발할 뿐만 아니라 사회계획에 참여하는 방법을 학습하게 된다. 물론, 진보주의도 교육의 문화적·사회적·협동적 성격 배양을 중시했지만, 근본적으로는 개인주의적 입장에서 아동의 자유를 강조하였다. 그러나 재건주의에서는 아동·학교·교육이 사회와 문화에 의해 규정되어야 한다고 보고, 본질주의자들이 말하는 자아실현을 사회적 자아실현으로 전환시켜야 한다고 주장한다.

다섯째, 교육의 수단과 목적은 현대의 문화위기에 대처하기 위해 재구성되어야 하며, 행동과학에 의해 발견된 연구결과에 따라 재구성해야 한다.

재건주의는 급변하는 세계와 사회의 절박한 요구를 현재 교육이 만족시키지 못하고 있기에, '위기'라는 언급을 하면서 새로운 사회건설을 목표로 삼았다는 점에서 시사점이 매우 크다. 변화하는 상황에 부합하여 교육도 스스로 고쳐 나가지 않으면 안 된다. 이런 부분에서 재건주의 이론가들의 예언자적 기질과 미래투시적인 전망은 높이 평가할만하다.

그럼에도 불구하고, 재건주의는 몇 가지 한계를 노출하였다. 첫째, 어떤 가치관을 기준으로 미래사회를 세울 것인지에 대한 논증이 결여되어 있다. 다음으로 행동과학을 유일한 방법으로 여기는데, 인간은 행동과학을 넘어 영혼을 지닌 존재이자 개성적 존재이며 탈세속적 존재이기도 하다. 그런데 행동과학에만 의존한다는 것은 인간성의 일부만을 이해하였다는 한계를 보인다. 마지막으로 민주주의 방식에 대한 지나친 기대이다. 민주적 방식의 소중함은 충분히 이해하지만, 그것과 다른 효율성을 지닌 우수한 지도성도 존중될 필요가 있다.

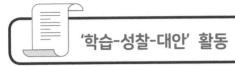

'학습-성찰-대안' 활동

❀ 1단계【학습】요약 정돈; 본문을 학습하고 핵심내용을 정리하시오.

❀ 2단계 【성찰】 문제 비판; 1단계의 '본문 학습'과 '핵심내용 요약 정돈'을 근거로,
아래 표의 철학적 영역에 맞추어 성찰하시오.

기본 영역	본문 내용 (개별사유)	통합 성찰 (공통 토의)
형이상학	형상;	
인식론	인식;	
가치론	가치;	
논리학	논리;	

✿ 3단계 【대안】 교육철학 재고; 1단계와 2단계의 '학습-성찰' 활동을 바탕으로, 시대정신을 고려한 교육철학을 도출하시오.

구분	내용	대안 제시
개별 제안		
공동 논의		

제11강 전통보수와 교육운동

1 교육의 본질과 영원성

교육은 전통(傳統)을 중시하는 동시에 그것의 개혁을 추구한다. 앞에서 살펴본 진보주의나 재건주의는 전통을 고수하는 풍조나 유럽의 전통교육을 비판적으로 바라보았다. 그러나 교육을 단순히 아동의 흥미나 관심을 중심으로 이끌어 나가거나 사회변화와 개혁의 주요 동력으로 보는 데는 한계가 있었다. 이에 다시 전통을 중시하고 전통교육의 장점을 확인하는 사조가 대두하였다. 즉, 문화유산의 보존과 불변적 진리에 대한 믿음을 교육의 기초로 삼는 교육운동이 등장한 것이다.

그 가운데 본질주의(本質主義, Essentialism)는 진보주의 교육에 대한 반응으로 나타난 보수적 교육운동이다. 그러나 진보주의를 완전히 거부하지 않고 특정 부분에서 부정하였다. 아동의 흥미와 욕구를 지나치게 존중하였던 아동중심 교육으로서 진보주의 교육은 전통적 교육이 지니고 있는 장점들을 소홀히 한 문제점들을 드러내게 되었다. 따라서 진보주의 교육이 드러내고 있는 한계를 보완·극복하려고 하는 움직임이 1930년대에 일어나기 시작했는데, 그것이 바로 본질주의 교육운동이다. 이 운동의 주창자들은 1938년에 '미국교육 향상을 위한 본질과 위원회(The Essentialist Committee for the Advancement of American Education)'를 구성하였다. 배글리(Bagley), 브리드(Breed), 데미아스케비치(Demiashkevich), 혼(Horne), 칸델(Kandel), 베스토(Bestor) 등이 이 운동을 지지하였다.

특히, 배글리(William Chandler Bagley, 1874~1946)는 진보주의 교육을 적극적으로 비난하였다. 진보주의 교육은 객관적·전통적 문화를 경시하고 지나친 아동의 자유와 개인적 욕망만을 존중하는 방임주의를 취한다. 때문에 사회에서 요구하는 기본적 학력을 배우는 데 많은 결함이 있어 지체현상이 나타나고, 그 결과는 미국인을 타락하게 하는 요인이 된다고 보았다.

한편, 항존주의(恒存主義, Perennialism)는 '영원주의(永遠主義)'라고도 하는데, 진보주의 교육이념을 전면적으로 부정하면서, 1930년대에 등장하였다. 본질주의는 진보주의를 부분적으로 비판했지만 항존주의는 진보주의를 전면적으로 비판하였다. 예컨대, 본질주의는 진보주의가 내세운 과학주의·세속주의·물질주의를 긍정한 데 반해, 항존주의는 반과학주의·탈세속주의·정신주의를 주장한다. 또한, 진보주의가 변화의 원리를 강조한 데 반해, 항존주의는 절대적 원리로 돌아갈 것을 강조하고 있다.

이러한 항존주의도 다른 교육운동과 유사하게 현대문명이 나아가고 있는 방향에 대한 우려의 목소리로 볼 수 있다. 그들은 현대의 물질주의·기계주의·반주지주의·현세주의·상대주의는 결국 인류를 파멸로 이끌고 갈 것으로 생각했다. 인생에 대한 확고한 신념을 상실하고 불안과 동요 가운데 가야할 곳을 알지 못하는 사태는 정신적 의미의 중요성을 잊었기 때문이라는 것이다. 따라서 이러한 위기로부터 인류와 그 문명을 구출하는 길은 오로지 옛날 사람들이 발견하고 천명한 지혜, 절대적 원리로 돌아가는 일이라고 믿었다.

항존주의의 철학적 배경은, 앞에서 언급한 '실재론(實在論)'에 있다. 항존주의는 진리의 항구성·영원성·불변성을 믿고, 현실에서 변화하는 어떠한 것도 진리로 인정하지 않는다. 그 명칭이 암시하는 것처럼, 실재론 및 관념론과 마찬가지로 보수적이거나 전통적 교육관을 표방하고 있다. 항존주의는 인간의 본질은 불변하기에 교육의 기본 원리도 불변하다는 믿음을 토대로 한다.

항존주의는 실재론의 대표적 인물인 아리스토텔레스의 '인간은 이성적 동물'이라는 견해에 동조한다. 때문에 항존주의자들은 학교를 인간의 이성을 계발하기 위해 수립된 사회적 기관으로 본다. 대표적인 항존주의자로 무종교를 대표하면서도 '위대한 책(The Great Books)', 이른바 '고전(古典)'을 강조한 허친스(Hutchins), 개신교를 대표하는 아들러(Adler), 가톨릭을 대표하는 마리땡(Maritain) 등을 들 수 있다. 이처럼 항존주의는 플라톤, 아리스토텔레스, 스콜라 학파 등의 영원철학에 뿌리하고 있는 교육운동이다. 때문에 '진리와 원리는 변하지 않는다.'라고 믿으며, 가변적인 모든 것을 이런 진리와 원리에 터하여 해석하려고 한다.

2 본질주의 교육운동

본질주의란 말은 본질파 운동의 창시자인 데미아스케비치가 처음으로 사용했다. 그에 의하면, 인간의 문화, 즉 사회전통 가운데는 가장 기본적이고 본질적인 요소가 있다. 교육의 기능은 인류가 축적해 놓은 문화유산 가운데 가장 핵심적이고 본질적이며 영원하고 보편적인 지식을 정리하여 다음 세대에게 전달하는 일이다. 그러므로 교육의 사명은 근본적인 것, 핵심적인 것, 영원한 것, 전통적인 것을 존중하고, 이를 전수하는 작업이다.

특히, 배글리는 본질주의 강령에서 다음과 같이 천명하였다. "효율적 민주주의는 문화의 공유를 필요로 한다. 이는 교육적으로 볼 때, 각 세대에게 인류의 문화유산의 가장 귀중한 근본요소를 표현하는 사상·의의·이해 및 이상의 공통된 정수를 소유하도록 하는 작업이다. 기록하고 계산하며 측정하는 기술이 조직화된 교육의 제일 관심사가 되어 왔다는 것은 결코 우연한 일이 아니다. 이들은 기초적인 사회적 기능이다. …… 개인적이고 주변적인 경험을 초월한 이 세계에 대한 지식이 보편교육의 공인된 근본요소 가운데 포함되어 있고, 인류의 과거, 특히, 자기 나라의 역사에 대한 최소한의 지식이 일찍이 일반 학교의 프로그램에 포함되어 있다는 사실은 결코 우연이 아니다. …… 현재 건강교육과 건강실천의 함양이 초등학교 교육의 기초이고, 자연과학의 기본지식이 교수내용에 포함되어 있다. 예술과 실제 기술교육도 도외시 되어 있지 않다. 이러한 근본적인 것을 포함하는 교과과정이 민주교육제도의 핵심이 되어야 한다."

이처럼 본질주의는 문화를 구성하는 가장 본질적인 내용들을 교육을 통해 다음세대에 계승하여 역사를 전진시키는 동력을 길러 내려는 교육사조이다. 본질주의자들이 주장하는 개혁의 초점은 다음과 같이 대별해 볼 수 있다.

첫째, 문화유산의 보존과 전달에 관한 문제이다. 본질주의는 교재에 관한 것, 다시 말하면, '무엇을 가르칠 것인가'의 문제에 가장 큰 관심을 보였다. 그것은 전통적 문화유산 가운데 가장 근본적인 것, 인류 최고의 예지를 대표하는 것을 선택하여 다음 세대에 전달하는 일이다. 그렇게 할 때, 아동은 현재생활에 필요한 수단을 배우고, 이 세계와 사회를 이해하여 적응할 수 있으며, 장래생활을 위해 충실하게 준비할 수 있다.

둘째, 교재의 조직 문제이다. 진보주의에서 교재는 아동의 현재 경험과 관심이 중심이어야 한다. 그러나 본질주의는 아동의 현재 경험이나 관심, 흥미에 구애받지 않고 논리적으로 학문의 체계를 갖추어 학습해야 한다고 본다. 즉, 아동의 경험보다는 종족의 경험을 존중하며 개인의 현재생활보다는 다수인의 과거생활을 대표하는 전통을 중시한다. 이것이 효율적인 교수방법이라고 판단하기 때문이다.

셋째, 교사의 지위 문제이다. 진보주의는 아동의 현재 관심사와 흥미를 중시하고 그의 활동을 강조한다. 그러다 보니, 학습활동이 아동 자신에 의해 결정되고 지도되어야 한다고 주장했다. 그러나 본질주의에서는 교사에 의해 교재가 준비되고 제안되어야 하며, 지휘되어야 한다는 입장이다. 왜냐하면 교사는 자신의 지식과 경험에 의해 아동의 필요를 누구보다 잘 알고 있다. 아동이 장차 참여할 성인사회의 성격과 요구를 정확하게 이해할 수 있는 위치에 있기 때문이다. 그러므로 본질주의는 근본적으로 교사의 권위와 교과중심 교육과정의 가치를 강조한다. 교양인이 마땅히 알아야 할 본질적인 요소들이 있는데 그것을 반드시 학습시켜야 한다. 따라서 본질주의자들에게 교육은 과거로부터 개발되어온 기본적 기능, 교양과목, 그리고 과학의 학습이 중시된다.

여기서 말하는 기본적 기능들, 예컨대, '읽기, 쓰기, 셈하기'와 같은 3R's는 모든 초등학교의 교육과정에 포함되어야 한다. 중등학교 수준에서의 기본적 교육과정은 역사, 수학, 과학, 국어, 그리고 문학을 포함해야 한다. 학생들이 문명사회의 구성원으로서 활동할 수 있도록 준비시키기 위해서는 이러한 기능과 교과들을 익혀야 한다. 동시에 학생들은 성공적인 삶에 필요한 행동을 학습해야 한다. 그래서 본질주의 커리큘럼의 학습에서는 고된 훈련과 노력을 요구한다. 때문에 그것을 가르치는 교사는 교과서뿐만 아니라 교육방법에서도 정통해야 한다.

본질주의의 주창자 가운데 한 사람인 베스토는 모든 사람을 지성적으로 만들 수 있는 일반교육의 핵심으로 교양교과와 과학을 제시하였다. 베스토를 비롯한 본질주의자들은 진보주의의 생활적응 교육 및 비본질적 교육에 의해 미국교육의 지적 수준이 저하되었다고 주장한다. 특히, 베스토는 교육이란 유용한 지식 문화적 이해, 지성적 능력 등에 대한 인류의 오랜 탐구과정에서 발전하여 온 역사, 과학, 수학, 문학, 어학, 예술 등의 학문에 제시된 기본적 사고방식들을 철저히 훈련시키는 작업이라고 주장한다.

본질주의에서는 이러한 지성적 훈련들이 학교교육 과정의 기초가 되어야 한다. 이유는 간단하다. 그것들이 현대생활에서 필수조건이 되기 때문이다. 이러한 본질주의의 입장은 초등학교 커리큘럼에서 읽기, 쓰기, 셈하기, 탐구 기능들을 필수적으로 만들었고, 중등학교 커리큘럼에서는 과학, 수학, 역사, 국어, 외국어를 필수과목으로 이수하게 했다. 이런 교육과정을 통해 교양교육을 철저히 이수하고 개인생활과 사회생활을 합리적이게 만든다.

인류의 축적된 경험을 조직적·체계적·개별적 학문으로 구성하는 것은 학교의 기본과업이다. 기본적 학문들을 숙달한 이후에, 학생들은 그것을 이용하여 개인적·사회적·시민적 문제들을 해결할 수 있다.

⊙ 진보주의와 본질주의의 차이점 비교

진보주의	본질주의
• 흥미	• 노력
• 자유	• 훈련
• 아동의 자발성	• 교사의 자발성
• 개인의 개별적 경험	• 공동체의 집단적 경험
• 아동의 활동	• 과학 또는 교재
• 교재의 심리적 조직	• 교재의 논리적 조직
• 현재의 직접적 목적	• 미래의 장래 목표

이와 같이 진보주의를 부분적으로 부정하면서, 그 단점들을 보완하려고 했던 본질주의의 이론을 정돈하면, 다음과 같은 기본적인 교육입장을 도출할 수 있다. '초등학교 커리큘럼은 읽기, 쓰기, 셈하기에 도움이 되는 기본적 도구기능을 함양하는 데 목적을 두어야 한다.' '중등학교 커리큘럼은 역사, 수학, 과학, 문학, 국어, 외국어의 능력을 함양하는 데 목적을 두어야 한다.' '학교교육은 교과를 필요로 하며, 동시에 정당한 권위의 존중을 필요로 한다.' '학습은 고된 훈련과 노력을 요구한다.'

닐러의 경우에도 본질주의 교육의 기본원리를 다음과 같이 네 가지로 제시한다.

첫째, 학습이란 원래 강한 훈련을 수반하며, 때때로 학생들이 억지로라도 해야 하는 응용을 수반한다. 진보주의자들은 아동의 자유, 직접적 흥미, 개인적 관심을 강조했다. 반면에 본질주의자들은 훈련의 중요성, 현재의 욕구보다는 장래의 목적, 그리고 노력의 중요성을 강조한다. 본질주의자들은 어떤 교과나 문제에 대한 아동의 흥미가 노력을 유발할 것이라는 데 동의한다. 하지만 보다 고차원적인 흥미는 처음부터 지니고 있는 것이 아니라 어떤 교과나 과제를 해결해 낼 수 있게 하는 훈련의 결과로서 생겨난다. 예컨대, 우리가 외국어를 공부할 때, 처음에는 흥미나 매력을 느끼지 못하지만, 훈련과 노력의 결과로 외국어를 마음대로 다루는 능력이 획득되면, 보다 강력한 흥미와 매력을 가질 수 있다는 것이다.

둘째, 교육의 주도권은 학생이 아니라 교사가 지녀야 한다. 미성숙자인 아동이 한 인간으로서 잠재능력을 충분히 발휘하려면, 성인의 지도와 통제를 필요로 한다. 때문에 객관적 자격을 갖춘 능숙한 교사의 지도와 통제를 받아야 한다. 따라서 본질주의 교육에서는 교사의 권위가 강조되고, 교육상황에서 실질적인 지도자로서의 역할을 수행한다. 다시 말하면, 교사중심의 교육이 이루어진다. 이때의 교사는 교양교육을 받은 자로서 담당교과목에 대한 해박한 지식을 지녀야 하고, 교육방법에 정통해야 하며, 교육학에 대한 깊은 소양과 더불어 헌신적 교육자의 자세를 지녀야 한다.

셋째, 교육과정의 핵심은 소정의 교과를 철저하게 이수하는 일이다. 본질주의는 개인의 경험을 능가하는 민족적 경험이나 사회적 유산의 중요성을 강조한다. 이는 오랜 역사 속에서 수많은 사람들이 겪어 온 삶의 궤적을 집약해 놓은 것이다. 따라서 개인이 획득한 지식이나 지혜보다 큰 의미를 지닌다. 복잡한 문화는 고차적으로 조직된 교육체제를 요구하므로, 엄선된 소정의 교과는 교사의 통제 하에 철저하게 다루어져야 한다.

넷째, 전통적인 학문 훈련방식이 계속 유지되어야 한다. 진보주의의 문제해결 방법이 좋은 점도 있지만, 그것을 모든 학습과정에 적용하기에는 한계가 있다. 예컨대, 어떤 지식들은 원래 추상적이기 때문에 현실적인 문제해결 방법으로 접근하기 어렵다. 또한 "행함으로써 학습한다(learning by doing)!"는 진보주의의 교육원리가 특정한 학습 환경이나 아동들에게는 적절할 수 있다. 그러나 모든 학습 환경과 아동들에게 적절한 것은 아니다. 따라서 그러한 원리를 일반화해서는 곤란하다.

다섯째, 학교는 무엇보다도 기본적 지식을 가르치는 데 전념해야 한다. 아동에게 가르쳐야 할 것은 본질적 개념들이다. 그러한 개념들은 아동의 심리적·지적 수준에 맞게 가르쳐져야 한다. 이럴 경우, 교육의 목적은 아동의 흥미와 관련된 문제의 해결에 있는 것이 아니라, 생활전반에 대한 지식을 배양하는 데 있다. 즉, 아동들에게 핵심이 될 만한 근본적이고 본질적인 사안을 가르쳐야 한다. 따라서 학교의 역할은 전통적인 훈련방식을 통해, 학생들에게 문화적·역사적 유산을 정선하여 전달해 주는 일이다.

본질주의는 진보주의의 지나친 아동중시, 현실중심의 교육을 시정하기 위해 노력하였다. 플라톤 이래의 전통적 교육관을 20세기에 재생시키면서 진보주의 교육관을 적절하게 비판하였다. 그러나 이런 교육학적 기여에도 불구하고 몇 가지 한계를 노출 하였다. 첫째, 학문적 훈련을 중시하는 특성상, 학문 가운데 가장 체계화 되어 있는 자연과학이나 역사의식을 강조하는 인문학을 중시한 나머지 사회과학을 경시하기 쉽다. 둘째, 체계적 지식의 전수와 교과의 주도권을 강조하여, 아동의 자발적 참여와 학습동기를 가볍게 보아 민주사회의 필수요건인 독립심, 비판적 사고, 협동 정신 등을 기르는 데 소홀히 했다. 셋째, 기본적 지식과 기능의 전수에만 급급하여 시공을 초월한 영원한 진리와 가치에 대한 종교적 차원의 교육이 미흡했다. 넷째, 오늘날 인류가 풀어야 할 과제가 무엇이며, 교육은 어떻게 공헌할 수 있는지, 미래 전망과 사회혁신에 대한 관점이 부족했다.

3 항존주의 교육운동

항존주의 교육운동가들에게 교육의 첫 번째 임무는 '정신(spirit)' 또는 '지성(intelligence)'의 훈련이다.

마리땡의 경우, 사람은 이성을 지닌 동물로 '지성'이야말로 그의 최고의 위엄이며 신(神)과 친교를 갖는 자유인이라고 했다. 그리고 교육의 임무를 네 가지로 분류하였다. 첫째, 교육은 아동의 정신생활을 성장케 하는 기본적 성향을 육성하는 일이다. 둘째, 교육은 인격의 내적 심연과 의식 발달 이전의 정신적 역동성에 주의를 집중하는 일이다. 셋째, 교육은 전 과정의 확대보다는 통일에 도움을 주어야 한다. 넷째, 교육은 지성을 억압하기보다는 해방시켜야 한다.

허친스의 경우, 교육은 인간능력의 조화로운 발달에 맞추어 지성을 계발하는 작업이다. 따라서 교육의 주요 목적은 사고력의 발달에 둔다. 이러한 입장에서 그는 이상적 교육을 다음과 같이 설명한다. "교육기관은 이성적 능력을 계발할 수 있는 유일한 기관이다. 이상적 교육은 특별한 교육이 아니다. 직접적 욕구충족을 위한 교육도 아니다. 전문교육이나 직업교육, 공리적 교육도 아니다. 이상적 교육은 마음을 개발하기 위한 교육이다!"

아들러의 경우, 교육의 제1원리는 절대적이고 보편적인 것으로 보고, 다음과 같이 설명한다. "교육의 목적은 언제, 어디서, 어떤 사회에서나, 어떤 생활방식에 있어서나 모든 사람에게 동일한 것이어야 한다. 이 명제는 교육의 목적이 절대적·보편적이어야 한다는 주장 같은 의미이다. 절대적·보편적이라는 말은 '모든 사람에게 동일하다'는 말과 같은 의미이다."

앞에서 언급한 허친스의 경우, 기본적으로 두 가지의 교육철학적 사유를 전제하고 있다. 하나는 인간의 본질은 이성적이라는 것이고, 다른 하나는 지식은 불변적·절대적·보편적 진리에 있다는 것이다. 인간의 이성은 보편적이기 때문에 교육도 보편적이어야 한다. 또한 이성은 인간의 최고능력이므로 이성을 계발하는 일이 교육의 일차적 목적이 되어야 한다. 이러한 입장에서 교육과정은 영구적이거나 불변적 내용으로 구성해야 한다. 특히, 그는 서구문명의 고전들, 즉 '위대한 책'을 강조한다. 위대한 책들을 읽고 토론하는 것은 이성을 계발시켜 줄 뿐만 아니라 신중하고도 비판적 사고를 계발해 준다. 그래서 허친스와 아들러 등은 100종에 달하는 144권의 위대한 책들을 선정하고, 이것을 1년에 16권씩 9개년에 걸쳐 완독시킬 '독서계획'을 제시하였다. 이러한 고전들 이외에도 허친스가 주장하는 교과는 문법·수사학·논리학·수학·철학 등이다.

항존주의 교육운동가들의 관점은 간략하다. 진리는 불변하고 보편적이다! 때문에 진정한 교육도 불변하고 보편적이다! 그러므로 학교의 커리큘럼은 보편적이고도 불변하는 인간의 삶에 관한 주제들을 강조해야 한다. 다시 말하면, 이성을 계발하기 위해, 학생들에게 지적 교과를 이수하도록 시키고, 정의적 태도의 계발을 위해 도덕적·심미적·종교적 원리들에 대한 탐구도 실시해야 한다. 관념론자[이상주의 철학자] 및 실재론자[실재주의 철학자]들과 마찬가지로 항존주의 교육이론가들은 교과중심 커리큘럼을 선호한다. 항존주의 교육의 커리큘럼에서는 역사, 언어, 수학, 논리학, 문학, 인문학, 과학 등을 포함한 모든 교과내용은 서구문화의 위대한 책들과 문학 및 예술의 고전적 저작들로부터 나와야만 한다. 바로 이러한 교과들을 숙달하는 것이 지성의 훈련에 근본이 된다.

◉ 진보주의와 항존주의 교육의 차이점

진보주의	항존주의
• 실재의 수시 변화성	• 실재의 영원성·불변성
• 가치의 일시적 변화	• 가치의 영구적 불변
• 진리의 상대성·진화성	• 진리의 절대성·항존성
• 현재에 충실한 교육 목적	• 미래를 준비하는 교육 목적
• 현재 중심의 교육방법	• 미래 중심의 교육방법
• 생활 중심의 교육과정	• 고전 중심의 교육과정
• 반주지주의	• 주지주의
• 물질주의·과학주의	• 정신주의·이성주의
• 아동중심 교육	• 교사중심 교육
• 현실적 인간의 경험 세계	• 초자연적 신의 세계
• 자유 중시의 소극주의	• 형식과 내용을 중시하는 적극주의

일반적으로 항존주의는 전통과 고전의 원리를 존중하면서 보수적 입장을 표명한다. 이에 기초한 항존주의의 주요한 교육원리를 정돈하면 다음과 같다. '진리는 보편적이며 장소, 시간, 사람 등과 같은 환경에 의존하지 않는다.' '훌륭한 교육은 진리의 탐구와 이해이다.' '진리는 위대한 고전들 속에서 발견될 수 있다.' '교육은 이성을 계발하는 것이며, 이를 위해 교양교육이 강조되어야 한다.'

닐러는 항존주의의 교육원리를 보다 구체적으로 다음과 같이 제시하였다.

첫째, 서로 다른 환경에 놓여 있더라도 인간의 본질은 불변하는 것이기 때문에 교육의 본질도 변하지 않는다. 한 인간으로서의 기능은 어떤 시대나 사회에서도 같다. 왜냐하면 인간의 기능은 한 인간으로서 그의 본질로부터 나오기 때문이다. 그러므로 교육제도가 지향하는 목적은 언제, 어디서나 동일하다. 사실, 아동들은 어느 사회에 속해 있든지 관계없이 공통적인 성격들을 소유하고 있지 않은가! 이처럼 인간은 어느 곳에 살고 있든지 근본적으로 동일하다. 그러므로 교육은 모든 사람을 위해 보편적일 뿐만 아니라 동일해야만 한다.

둘째, 인간의 가장 큰 특징은 이성이 있다는 것이다. 그러므로 교육은 이성의 발달에 관심을 두어야만 한다. 인간이 어느 곳에 있든지 간에 공통성을 공유하고 있는데, 그 가운데 가장 중요한 것은 이성적인 차원이다. 이성은 인간의 가장 고귀한 특질이기 때문에, 인간은 신중하게 선택한 목적에 따라 자신의 본능적 본질을 다룰 수 있도록 이성을 사용해야 한다. 인간은 이성을 타고났지만, 이성이 사용되기 위해서는 교육을 받아야만 한다.

셋째, 교육의 과업은 영원불변의 진리에 인간을 적응시키는 작업이다. 현재 시대의 세계는 끊임없이 변화한다. 이에 비해 진리는 영원히 변화하지 않는다. 따라서 항존주의는 현재 시대에만 부합되도록 구성된 교육과정을 반대한다. 진리는 어느 곳에서나 동일하므로 진리를 다루는 교육 또한 어느 곳에서나 동일해야 한다. 교육의 과업은 진리를 탐구하고 진리에 안주하는 자세를 확립해 주는 것이다. 그러므로 교육의 목적은 진리에 인간을 적응시키는 작업이다.

넷째, 교육이란 생활의 모방이 아니라 생활을 준비하는 일이다. 항존주의 교육이론가들은 학교가 현실적 삶의 상황을 마련할 수 있는 곳이라고 보지 않는다. 학교는 인공적 교육환경을 창출하여 그 속에서 생활의 모방이 아닌 지능의 계발에 관심을 둔다. 그러므로 생활을 위한 준비로서의 교육은 이상적 삶을 위한 준비를 뜻한다. 이를 위해 학생들에게 문화적 유산의 가치를 깨닫게 하고, 스스로 그러한 가치를 성취할 수 있도록 하며, 문화적 유산 가운데 가장 좋은 것이 무엇인가를 알게 해주어야 한다.

다섯째, 아동들은 이 세상에서 가장 영원한 것으로 남아 있게 될 어떤 기초가 되는 과목들을 배워야 한다. 아동들에게 특정한 시기나 특정한 시대에만 중요하게 여겨지는 내용들을 가르쳐서는 안 된다. 아동들이 특별히 관심 갖는 것만 가르쳐서도 안 된다. 따라서 흥미 위주의 교육이나 직업교육 같은 것은 학교교육의 목적이 될 수 없다. 반면, 세상의 일을 원만히 다룰 수 있는 인간교육이 학교교육의 목적이 되어야 한다. 항존주의 교육이론가들이 교양교육을 강조하는 이유가 바로 여기에 있다. 그래서 그들이 강조하는 교과는 국어, 언어학, 역사, 수학, 자연과학, 예술, 철학 등이다.

여섯째, 영원불변의 진리들을 위대한 고전 속에서 발견할 수 있다. 역사라는 기나긴 세월이 담아온 지혜의 그릇이 고전이다. 이러한 고전은 과거로 읽는 것이 아니라 현재로 읽어야 한다. 왜냐하면 인간은 과거이건 현재이건 동일하기 때문이다. 교육에서 가르쳐야 하는 진리라고 하는 것이 바로 이러한 고전들 속에 잘 나타나 있으므로 '고전독서교육(古典讀書敎育)'이 강조된다.

나이트(G. R. Knight)의 견해를 빌어 항존주의 교육의 원리를 간략하게 다시 정리하면 다음과 같다. 첫째, 인간은 이성적 동물이므로 교육은 인간의 이성적 측면에 초점을 두어야 한다. 둘째, 인간의 본성은 보편적으로 동일하므로 교육은 모든 사람에게 동일해야 한다. 셋째, 지식은 보편적으로 동일하므로 모든 사람에게 가르쳐야만 하는 기본 교과목이 있다. 넷째, 아동의 관심이나 흥미가 아닌 교과목이 교육적 노력의 중심이 되어야 한다. 다섯째, 과거의 위대한 저작들은 무수한 시련과 난제들을 해결하는 기준이었고, 이 시대가 직면한 문제를 풀 수 있는 지식과 지혜의 보고이다. 여섯째, 교육적 경험은 현실생활의 한 장면이라기보다는 미래의 삶을 위한 준비이다.

항존주의 교육운동은 현대문명의 물질주의와 기계주의, 정신적 피폐 등을 지적하며, 정신 또는 지성의 훈련을 주요 임무로 삼았다. 그만큼 자유인의 배양과 지성의 신장이라는 점에서 중요한 시사점을 주었다. 특히, 불변하는 신앙과 진리, 가치에 복귀함으로써 인간에게 정신적 확실성이라는 지위를 부여하고, 사람만이 지니는 이성을 단련하고 계발하여 행동을 규제하려는 노력은 매우 소중한 작업이었다.

항존주의는 유일하고 절대적 불변의 가치체계를 숭상한다. 그러다 보니 민주주의에서 평범한 사람들의 다양한 가치체계에 회의를 품게 되고 민주적 생활방식을 위협한다. 또한, 현재를 순간적 과정으로 여기고, 현재를 영원성과의 관련에서만 인식하다 보니, 현실에 충실한 모든 인간적 노력을 비웃으며 현실을 경시할 수 있다. 그리고 모든 인간들이 위대한 고전 속의 위대한 인물들처럼 생각하며 행동할 것을 기대하다 보니, 절대 다수의 평범한 사람들을 낙오자로 만들고, 능력 있는 정신적 고귀성의 영원을 노래하는 귀족주의를 낳을 수 있다.

'학습-성찰-대안' 활동

✿ 1단계 【학습】 요약 정돈; 본문을 학습하고 핵심내용을 정리하시오.

❀ 2단계 【성찰】 문제 비판; 1단계의 '본문 학습'과 '핵심내용 요약 정돈'을 근거로, 아래 표의 철학적 영역에 맞추어 성찰하시오.

기본 영역	본문 내용 (개별사유)	통합 성찰 (공통 토의)
형이상학	형상;	
인식론	인식;	
가치론	가치;	
논리학	논리;	

❀ 3단계 【대안】 교육철학 재고; 1단계와 2단계의 '학습–성찰' 활동을 바탕으로, 시대정신을 고려한 교육철학을 도출하시오.

구분	내용	대안 제시
개별 제안		
공동 논의		

1 딜타이의 '인간학'적 교육학

딜타이(Wilhelm Dilthey, 1833~1911)는 '정신과학(精神科學)'적 방법의 해석학(解釋學)으로 잘 알려져 있다. 그의 해석학은 가설에 의해 인과적 설명을 요구하는 자연과학적 방법과 달리 독특한 정신과학적 방법을 제기한다. 이는 무엇보다도 독일의 교육학에 결정적 영향을 미쳤다. 딜타이는 1874년 브레슬라우대학에서 '체계 수립에 심리학을 응용한 교육학사'라는 강좌를 개설하였다. 이후, 1874~1875년에는 '교육학사와 교육학개론'을 열었고, 1878~1879년에는 '교육학에서 심리학의 응용'이라는 강좌를 연속적으로 개설하며 교육철학을 발전시켜 나갔다. 이 기간에 쓴 저술이 유명한 『보편타당한 교육학의 가능성에 대해서』(1888)이다.

여기에서 딜타이는 교육의 기본을 정돈한다. "교육목표는 역사적으로 제약되어 있다. 그러므로 보편타당한 것은 있을 수 없다! 교육방법의 경우에는 심리학에 의한 보편타당한 법칙이 몇 가지 있지만, 지적 능력의 육성에 편향되어 있다! 교육의 중핵인 정의(情意)의 영역에 대해서는 아직 해명이 이루어지지 않았다!"

정신과학은 자연과학과 다른 텍스트의 해석이다. 간접체험에 의한 양해를 통해 정신의 구조를 기술해야 한다. 이 두 가지가 딜타이의 기본적 입장을 대변한다. 이런 관점은 리트(Theodor Litt), 슈프랑거(Eduard Spranger), 노올(Herman Nohl) 등 독일을 대표하는 교육학자들에게 영향을 미치며, 딜타이학파로 불렸다. 그들은 '정신과학파' 교육사상가들로 불리며, 당시 교육학 사조에 큰 영향을 미쳤다.

2 리트의 '전체성'과 훔볼트의 '조화'적 발전

리트(Theodor Litt, 1880~1962)는 오랫동안 김나지움의 교사로 근무한 후, 대학교수가 되어 활약한 인물이다. 고등학교 교사로서의 교육경험과 대학교에서 학문경험을 두루 체험하였다. 그의 사유는 기본적으로 '문화교육학(文化教育學)'의 범주에 속한다. 문화에 대한 파악은 단순하게 문예에만 멈추어 있지 않다. 노동의 세계나 기술, 과학에 이르기까지 광범위한 내용을 담고 있다.

훔볼트(Karl Wilhelm Von Humboldt, 1767~1835)는 직업교육이나 기술교육을 배제하고, '일반교육'을 구상했다. 이에 대해 리트는 외부세계를 배제하고 내면의 조화적 발전을 주장하는 것은 잘못되었다고 비판한다. 기술이나 과학도 인간이 만들어 낸 것이므로, 이를 포함한 전체가 인간의 일반교육을 구성해야 한다고 생각했다. 이런 사유는 직업교육과 일반교육이 분리된 현대 교육상황에서 충분하게 경청할 필요가 있다.

나아가 리트는 훔볼트가 조화적 발전을 중시한 데 대해, 조화보다 전체성을 주장하였다. 이때 전체성은 헤겔의 변증법처럼, 모순이나 대립과 피할 수 없는 논쟁에 의해 형성되어 나간다. 이러한 그의 교육적 자세는 나치 시대에 저항운동으로 실천된다.

3 슈프랑거의 '문화'교육과 퀼러의 '유형' 교육학

슈프랑거(Eduard Spranger, 1882~1963)는 훔볼트 연구에서 출발하여 딜타이의 세계관인 유형학(類型學) 사상을 이어 받았다. 『생의 형식』(1921)과 『청년기의 심리학』(1923)을 통해, 유형에 기초한 정신과학적 분석의 모범사례를 제시하였다.

『생의 형식』에서는 딜타이의 '인상－체험－표현'이라는 도식을 이용하여, 객관적 문화내용을 선택적으로 흡수함으로써 인간의 개성이 형성된다고 생각했다. 그것이 이른바 '문화교육'이다. 그리고 거기에서 발전한 인간유형을 '종교적 인간', '이론적 인간', '미적 인간', '경제적 인간', '권력적 인간', '사회적 인간'이라는 여섯 가지 인간형으로 정돈하였다.

또한, 『청년기의 심리학』에서는 '이해심리학', '구조심리학', '발달심리학', '유형심리학'을 통합하여, '청년발달심리학적 과정'의 도식화를 시도하였다. 청년과 관련한 '성', '사회화', '논리적 발달', '법의식', '정치', '직업' 등 폭넓은 영역에 걸쳐 청년기의 특징을 논의하였다.

프리쉬아이젠 쾰러(Frischeisen Kohler, 1878~1923)는 독자적 교육학을 체계적으로 세우지는 못했다. 그러나 딜타이가 나눈 세계관의 세 유형, 즉 '자유주의', '자유유심론(自由唯心論)', '객관유심론(客觀唯心論)'을 교육학에 적용하여, 교육학 이론을 다음의 세 가지 유형으로 분류하였다.

첫째는 '경험적 교육학'이다. 이는 코메니우스, 루소, 모이만, 슈프랑거 등이 주장한 사유로 대변된다. 둘째는 '비판적 교육학'이다. 이는 순수이념으로 시작하여 모든 존재에 대해 특별한 관계없이 교육의 목적을 정립한 플라톤이나 피히테 등의 사유에서 찾는다. 셋째, '사변적 교육학'이다. 이는 경험을 형이상학적으로 심도 깊게 파악함으로써 경험주의의 한계를 초월하려고 한 괴테나 훔볼트 등의 사유에서 확인할 수 있다.

4 노올의 '교육적 관계'

노올(Herman Nohl, 1879~1960)은 베를린 대학에서 하우젠과 딜타이의 사상을 배웠다. 예나에서 성인대학을 창설하고, 괴팅겐 대학의 연구실에서 부속유치원과 사회교육 실천가 양성코스를 설치했다. 이처럼 그는 실천을 중시한 교육학자였다. 전원교육학사의 하나인 자렘성 학교의 리더였던 쿠르트 한(Kurt Hahn, 1886~1974)은 노올의 제자였다. 노올은『교육적 인간론』(1938)이라는 저서를 통해, "교육은 개별 아이들과의 인격적 교환에서만 실시되어야 한다!"라는 원칙을 세웠다.

인격적 교환은 아이들에 대한 교사의 현실주의적 견해와 이상주의적 견해의 통합에 의해 특징 지어진다. 예를 들면, 아이들의 거짓말을 모르는 척하는 동시에 아이들이 선한 방향으로 향상하는 측면을 믿어야 한다. 이러한 교사와 아이들의 관계를 노올은 '교육적 관계'로 부른다. 이 교육적 관계의 기본 모델은 가정에서 부모와 자식의 교육관계에서 유래한다. 즉, 가정에서 사랑과 권위의 관계에서 발견된다. 어머니로 대표되는 아이를 보호하려는 사랑과 아버지로 대표되는 권위가 그 관계를 상징한다.

이 두 가지 성격을 기초로, 아동에게 교육을 구현함으로써 교사의 역할이 수행된다. 이 권위에는 '제도적 권위', '학문적 권위', '도덕적 권위'가 있다. '학문적 권위'와 '도덕적 권위'가 뒷받침 되지 않은 상태에서, '제도적 권위'에만 의존하게 되면, '교육적 권위'는 권력으로 변질되고 만다.

5 볼노오의 '실존 초월'

볼노오(Otto Friedrich Bollnow, 1903~1991)는 노올과 슈프랑거의 제자이다. 그는 하이데거의『존재와 시간』을 읽고 충격을 받아, 하이데거에게 수학하며 실존주의에 기초한 독자적 교육학을 구축하였다. 그는 무엇보다도 종래의 교육학이 모두 '인간을 연속적으로 발전하는 존재로 파악하고 있다'는 점을 강하게 비판하였다.

인간이 살아가는 현실을 직시하면, 회심(回心, conversion)과 같은 비연속적 과정을 통해 진실로 성장한다. 어떤 계기에 의해, 무엇을 마음으로부터 진심으로 깨닫는 순간, 인간은 다른 사람으로 변화한다. 이러한 변화야말로 인간의 성장에서 중요하다. 이러한 관점에서 그는, 이전의 교육학에서 고찰하지 않았던 '위기', '각성', '호소', '만남', '좌절' 등을 해석학적으로 분석하였다.

예를 들어, '만남'의 경우, 교육자는 만남을 만드는 일이 불가능하다. 교육자는 만남 자체가 아니라 '만남의 준비'를 이루어 낼 뿐이다. 일단, '너는 너의 삶을 바꿔야 한다!'라고 요구할 만큼의 심각한 만남이 생기면, 그때 교사는 학생의 실존(實存)에서 일어나고 있는 사안을 지원하고 도와주며 성장시킬 뿐이다. '위기'의 경우에도, 사람은 본래 수많은 위기를 극복하고 성장해간다. 때문에 위기는 피해야 할 성질의 것이 아니다. 위기를 극복함으로써 인간의 삶이 다시 새롭게 된다. 교육자는 의도적으로 위기를 학생에게 일어나게 할 수 없다. 교사는 학생이 위기에 직면했을 때, 그것을 극복할 수 있도록 지원해 주어야 한다. 그것이 교육의 중요한 역할이다.

이러한 볼노오의 '실존주의적 교육학'을 형성하려는 노력은, 결국 인간의 본질, 인간 자체에 대한 이해를 통해 '교육 인간학'으로 수렴해 가게 된다.

6 랑게벨트의 '교육 현상학'

네덜란드의 랑게벨트(1905~1989)도 볼노오처럼 인간학으로서의 교육학을 구상하였다. 그는 '자연적 인간학'과 '철학적 인간학'의 모두를 비판하며, 양자를 통합한 교육인간학을 형성하려고 했다. 생물학의 한 분야인 자연적 인간학에 대해서는, 교육에 의해 또한 아이들에 의해, 아이들의 발달양식이 변화한다는 사안을 고려하지 않앉던 점을 비판하였다. 철학적 인간학에 대해서는, 인간 생명의 발생학적 구조에 대한 이해가 결여되어 있는 점을 비판하였다. 대신, 교육적 인간학은 신체적 발달과 지적 발달을 별개로 고려하는 것이 아니라, 전체로 통합하는 '이상학적'으로 고찰해야 한다.

여기에서 '이상학적'이라는 말은 '인간의 세계에 대한, 인간의 직접적 관계를 명확하게 설정하는 작업'이다. 그것은 언어와 언어에 해당하는 의미 형상을 이용하여 '인간 존재가 경험적으로 실현되고 있는 다양한 의미와 의미 연계를 비추어 도출'해야 한다. 이러한 관점에서 보면, 학교교육뿐만 아니라 아이들이 태어난 이후의 가정교육이 중요한 의미를 갖는다. 그는 종래의 교육학이 학교제도나 학교교육에 지나치게 관심을 집중한 점에 대해, 격렬하게 비판한다. 그리고는 스스로 아이들에 대한 부모의 관계, 아버지의 교육적 역할, 아이들의 인간학 등을 주제로 현상학적 고찰을 진행하였다.

그 결과 교육학 고유의 자율적 연구영역으로 다음의 세 가지를 들었다. 첫째는 교육을 가능케 하는 조건을 형성하도록 만드는, 세계에 대한 인간의 관계이다. 둘째는 구체적인 교육적 상황의 종합적·경험적 규정인자의 탐구이다. 셋째는 교육행위의 이해, 문제의 제기, 교육행위의 재검토이다. 이는 랑게벨트가 지적 차원에 치우친 근대교육을 지적하며, 교육인간학으로 극복하려는 시도이다.

7 모리 아키라의 '생성 교육'

모리 아키라(森昭, 1915~1976)는 교육인간학의 길을 독자적으로 걸었던 일본의 교육사상가이다. 그는 1950년대부터 교육사상을 '인간의 생성(生成)'으로 인식하며 새로운 교육을 모색하였다. 생성 차원의 인간 이해를 통해, 교육의 이론적·실천적 본질에 더욱 깊이 접근해 갈 수 있다고 생각했다. 세계 속에서 태어나 생활하는 인간의 생성에 관한 모든 학문적 연구 성과를 매개로, 교육사상을 성찰하려고 하였다.

이러한 그의 학문적 자각은 전후 일본의 교육연구와 밀접하게 연관된다. 즉, 1950년대 전후의 일본의 교육연구는 사회과학과 심리학 분야에서 눈부신 발전을 이루었음에도 불구하고, 인간 전체를 생성의 단계에 기초하여 종합적으로 보려 하지 않았다.

아키라의 고민은 『교육인간학－인간 생성으로서의 교육』이라는 저술로 결실을 맺었다. 여기에는 '교육연구와 교육학', '교육이념과 인간 생성 이론', '인간 생성의 생물·심리적 기저', '인간 생성의 심리·인간학적 고찰', '역사적 사회에서 인간 생성', '현대 사회에서 교육의 과제' 등 인간 전체와 생성에 관한 다양한 내용이 담겨 있다.

이는 앞에서 언급한 랑게벨트와 같이, 현상학이라는 한 가지 방법에 기초한 교육인간학 구상이 아니라, 인간 생성이라는 현상을 종래의 '지식'이 어떻게 인식하고 있었는지를 종합적으로 보여주려는 사조이다.

8 로스의 '호모 에듀칸두스'

로스(Heinrich Roth, 1906~1983)는 현상학도 아니고, 인간 생성에 기초한 종합적 시도도 아닌, 경험과학 즉 발달심리학에 기초한 교육인간학을 구상하려고 했다. 그의 『교육인간학』(제1권/1966, 제2권/1971)에 그 내용이 자세히 드러나 있다. 그는 종래의 철학적 인간학을 비판하고, 경험 과학적 인간학의 입장에 섰다. 또한 종래에 축적되어 왔던 실증적 지식을 어떻게든 인간학으로 통합하려고 했다. 그 통합에서 핵심되는 개념이 '도야성', '목표규정', '발달', '교육'의 4개념이다.

'도야성'에는 '교육의 필요성'과 '교육의 가능성'이 있다. 생리학적·비교 동물학적 관점에서 인간은 본래 교육을 필요로 하는 생물이다. 이를 구체적으로 논증하는 동시에 실증 연구의 성과로부터 인간에게 발달가능성이 있다는 점도 논증하였다. 여기에서 '호모 에듀칸두스(Homo Educandus)', 즉 '교육받아야 하는 인간'이라는 교육적 인간상을 도출하였다.

이러한 실증적 근거를 뒷받침할 때, 교육은 어떻게 이루어져야 하는가? 그 방향성을 결정하는 것이 바로 '목표규정'이다. 이 목표규정에 관해서는 종래의 해석학적 교육학의 목표규정을 비판하였다. 대신, 경험 과학적 인격이론과 행동이론에 기초하여 '성숙한 책임능력을 갖춘 비판적이고 생산적인 인간'이라는 새로운 목표규정을 도출하였다. 이 목표는 '행동주의(行動主義, behaviorism)' 용어의 기초가 되었다.

그리하여 '교육' 가능한 존재로서 아이들을 '성숙한 인간'이라는 당위, 즉 도덕적 의무로 매개하는 것이 아이들의 '발달'이자 '교육'이다. 이때, 인간의 발달을 규정하는, 조절 가능하고 제어 가능한 여러 조건이나 여러 과정을 추진한다. 이러한 문제설정을 통해, 교육인간학은 경험과학에 기초하여 만들어진다.

9 랭그랑의 '평생학습'

근·현대교육의 상징적 표현은 공교육(公敎育, public education)이다. 그렇다고 의무교육 단계의 학교가 교육의 모든 것을 제공할 수는 없다. 학교교육은 가정이나 사회, 나아가 직장에 맡겨야 하는 교육, 또는 종교상의 신앙과 정치상의 신념은 제외하는 것이 일반적이다. 또한, 그 대상은 아동과 청소년을 중심으로 하는 특정 연령층에 한정된다. 그러다 보니, '취학 전의 유아, 성인과 노인, 심신장애자, 주부 등에게는 교육기회가 충분하게 제공되지 않는다!'는 인식이 제2차 세계대전 후, 성인교육에 종사하는 사람들 사이에서 의식되기 시작했다.

이런 문제를 현실적으로 처음 제안한 것은 1949년 덴마크의 엘시노아에서 열린 유네스코 제1회 '세계성인교육회의'였다. 그 후, 1967~68년의 유네스코 사업계획에서 '생애교육(education permanete, Life-long Education)'의 이념이 제창되어, 세계적인 주목을 받았다. 이 생애교육의 이념을 적극적으로 제창한 인물이 당시 유네스코의 교육전문가였던 폴 랭그랑(Paul Lengrand, 1910~2003)이었다. 이 이념은 1970년 유네스코 회의에서 지지되었고, 교육개발국제위원회에서 『미래의 학습(learning to be)』(1972)이라는 주제로 보고서를 제출하기에 이르렀다. 이 보고서는 생애교육의 이념을 '학습사회(learning society)'로 구체화하였다.

생애교육(生涯教育)이라는 용어는 당초 유네스코에서 사용될 때, 프랑스어로 '에듀카이션 페리마난테(educaiton permanante)'였다. 일본에서는 '영구교육(永久教育)'으로 번역되었다. 영어번역도 처음에는 '라이프 롱 인터그레이티드 에듀케이션(life-long integrated education)'이었지만, 간략하게 '라이프 롱 에듀케이션(life-long education)'으로 명명하였다. 이는 탄생에서 무덤까지 모든 생애를 교육의 시야에 넣은 것이었다. 생애교육 이외에 '생애학습(生涯學習, life-long learning)'이라는 용어도 사용된다. 최근에는 '평생교육(平生教育)' 또는 '평생학습(平生學習)', 때로는 두 개념을 포괄하여 '평생학습교육'이라고도 한다.

이러한 생애교육·생애학습, 즉 평생교육을 외치게 된 이유에 대해, 랭그랑은 『생애교육입문』에서 진지하게 정돈하였다. 다음에 제시하는 사회의 변화는 현대인에 대한 도전이라고 받아들여질 정도가 되었다. 그는 사회변화의 여러 요인으로 아홉 가지를 들고 있다. '첫째, 사회변화의 가속화, 둘째, 인구의 양적·질적 증가, 셋째, 과학적 지식 및 기술체계의 진보, 넷째, 정치적 도전, 다섯째, 정보의 증가와 전지구적 전파, 여섯째, 여가활동의 증가, 일곱째, 생활유형의 변화와 여러 인간관계의 위기, 여덟째, 인간의 육체에 관한 생각의 변화, 아홉째, 이데올로기의 위기'가 그것이다.

다시 강조하면, 현대사회는 이전의 학교교육만으로는 대처하기 어려울 정도의 양적·질적 변화가 발생했다. 예전에는 몇 년에 걸쳐 천천히 일어났던 변화가 현대에서는 순식간에 일어난다. 때문에 인간 삶의 전체 차원에서 그에 대처하여 학습하는 작업이 필요하다. 교육제도 측면에서도 그것을 가능하게 하도록 재편성할 필요가 있다. 즉, 학교교육과 사회교육이 연결될 뿐만 아니라, 이를 통합한 교육제도 전체를 구상해야 한다.

평생교육을 실현하기 위한 전략이 바로 '리커런트 교육(Recurrent Education)'이다. 이는 경제협력개발기구의 교육연구 혁신센터가 1973년 『리커런트 교육』이라는 주제로 보고서를 공표한 데서 대두한 개념이다. 종래의 교육제도에서는 인생의 초기 부분에서 학교교육을 받고, 사회에 나가서 노동을 하고, 정년퇴임을 하면서 노동을 그만두면, 은퇴로 연결되는 직선적 차원이었다. 리커런트 교육에서는 사회에 나가서도 필요에 따라 학습을 위한 교육기관에 돌아오는 것을 몇 번이라도 반복할 수 있는 구조이다. 즉, 종래의 학교교육은 '교육 → 노동 → 은퇴'의 과정이었다면, 리커런트형은 '교육 → 노동 → 교육 → 노동 → 교육 → 노동 → 은퇴'와 같은 순환하는 구조를 띤다.

10 일리치의 '탈학교론'

앞에서 언급한 생애교육·생애학습, 즉 평생교육이라는 관점에서 교육제도의 재편성에 대한 필요성이 제기될 무렵, 국제기관과 각국의 사회교육 담당자, 지도자층 사이에서 학교의 존재 자체를 전제로 하면서도, 교육제도로서 학교제도의 방향성을 근본적으로 재검토하는 사상이 나타났다. 이런 사조는 과학·기술의 발전과 그에 의한 생산과 생활양식의 응용, 보다 많은 천연자원을 사용하여 물질적으로 부유한 생활이 더욱 행복한 생활을 약속한다고 생각하였다. 그 발전의 기초에 교육이 존재하고, '교육＝학교'로 인식하여 학교제도의 확대는 국내·외적으로 사회발전과 연결된다고 믿었다. 특히, 개발도상국이 여러 선진국의 학교제도를 도입하면서 선진국을 모델로 하는 경제발전을 실현하려고 하였다.

하지만, 그러한 사업의 최전선에 있는 사람들 사이에서, 종래의 학교제도에 의존하는 것에 의문을 제시하기 시작하였다. 이런 의문을 제시하는 교육사상가들을 '탈학교론자'(Deschoolers)라고 부른다. 일리치(Ivan Illich, 1926~2002), 라이머(Everett Reimer, 1910~1998), 굿맨(Paul Goodman, 1911~1972), 프레이리(Paulo Freire, 1921~1997), 홀트(John Caldwell Holt, 1923~1985) 등이 그들이다. 이 가운데 누구보다 큰 영향을 미친 인물이 이반 일리치이다.

일리치는 『탈학교 사회』(1970)에서 '가치의 제도화', '빈곤의 근대화', '학교제도의 신화', '상호작용을 돕는 제도' 등에 대한 의미 있는 생각을 전개하였다. 학교라는 사회제도가 보여주는 기본적인 사안은 '가치의 제도화'이다. 사람들은 의무적으로 학교에 다니는 동안, '학교에 가기만 하면 교육을 받는다!'라고 생각한다. 교육하면 학습을 하고 있다는 생각, 한 단계 진급을 하면 그것만으로 교육을 받게 된 것이며, 졸업장만 받는다면 그만큼 능력이 있다는 것으로 잘못 생각하게 된다. 그리고 손을 대면 댈수록 좋은 결과가 얻어지고, 단계적으로 늘려나가면 언젠가는 성공하게 될 것이라고 생각한다. 이런 상황에서 가치의 제도화를 밀고 나가면, 환경오염, 사회의 분열화 및 사람들의 심리적 불능을 초래하게 된다. 현재의 미래학은 가치의 제도화를 촉진하는 방향으로 가고 있다. 이것을 반전시킬 연구가 필요하다.

일리치에 의하면, 고전적 의미의 빈곤은 경제적으로 가난한 것을 의미한다. 그러나 현대화된 빈곤은 '심리적 불능을 수반'한다. 달리 말하면, 제도적 도움에 의존함으로써 독립된 힘으로 무언가를 해나갈 수 있는 능력을 상실한 것이다. 학교에 가지 않고 독학으로 학습한 것은 신용할 수 없다! 병원에 가지 않고 스스로 치료하는 것은 무책임한 것으로 간주되는 것과 같다. 그만큼 근대학문에 의한 전문가가 '어떤 기준을 마련하는가?' '어떻게 정의하는가?'에 따라 새로운 빈곤이 만들어진다. 이는 '현대화된 빈곤'이란 상황에 영향을 주는 힘의 결여와 개인의 잠재능력을 상실한 결과, 이 둘이 결합하면서 만들어진다. 빈곤의 현대화는 세계적 현상이다. 이는 현대 사람들의 잠재적 능력을 개발하지 않은 채로 두는 근본 원인이 된다.

이런 교육상황에서는 제도에 의한 도움, 즉 학교교육을 보다 많이 받은 사람들과 그렇지 못한 사람들—고학력자와 저학력자—사이의 분열은 심화된다. 더욱 심각한 문제는 학교만이 교육을 실행하는 곳이라거나 병원만이 의료를 실행하는 곳, 복지시설만이 복지활동을 실행하는 공간이라는 것처럼, 각각의 제도에 의해 각각의 분야 활동이 독점될 때 벌어진다. 사람들이 그러한 생각에 빠지면, 다른 제도나 그 분야의 아마추어들은 스스로의 힘으로 전문적인 것 이외의 분야에 대해, 의지나 의욕, 능력을 상실하게 된다. 또한 그 능력을 개발하려는 열정을 포기한 채로 생활하기 쉽다. 이것이 심각한 현대교육의 문제이다.

11 한기언의 '기초주의' 교육학

기초주의(基礎主義: Kichojuii: Foundationism)는 대한민국의 한기언(韓基彦, 1925~2010)이 창안한 교육학 이론이다. 그는 1957년 9월 10일 미국 콜럼비아 대학 기숙사 휘티어 홀 307호에서 기초주의를 교육이론이자 교육철학으로 명명하였다. 이후 1958년 「현행교육의 학적 기대 비판」과 1966년 「기초주의의 제창—'전통'과 '개혁'의 조화를 통한 인간형성의 논리 서장」을 통해 기초주의를 제창하였고, 『한국교육의 이념』(1968), 『기초주의』(1973), 『현대인과 기초주의』(1979) 등 초기 저작물을 통해 기초주의의 원형을 제시하였다. 기초주의의 구조와 논리를 보면 교육학의 전반적 내용을 조망하고 있다. 이런 점에서 기초주의는 한국교육학의 본질이나 원형을 지시하는 '교육기초학'이다. 그것은 다양한 서구의 교육이론이 유입되는 가운데서도 교육학 전체를 포괄하는 학문적 이론체계로 한국인에 의해 명명된 한국의 '자생적 교육학(自生的 敎育學)'이라는 점에서 의미심장하다.

기초주의는 동양사상의 오행(五行; 金木水火土)이나 오상(五常; 仁義禮智信)에서 중심 역할을 하는 '토(土)'나 '신(信)'과 같은 자리를 차지하고 있다. 오행에서 토(土; 땅)는 만물을 구성하는 기초 에너지인 금목수화(金木水火) 모두를 포괄(包括)하고, 오상에서 신(信: 믿음)은 인간의 본성적 덕목인 인의예지(仁義禮智)를 융화(融和)한다. 이런 비유에 빗대어 볼 때, 기초주의는 한기언이 스스로 적시(摘示)한 것처럼, 그 논리와 구조, 규모와 내용에서 교육기초학과 방법학, 교과교육학 등 교육의 전 영역에 걸쳐, '구(球)적 인식'의 지평을 형성하고 있다.

'구적 인식'은 '구상(球象) 교육철학으로서의 기초주의'로 풀어쓰는데, 한기언은 다음과 같이 해명한다. "구상(球象)의 개념을 풀이해 보면, '구(球)'는 자연의 원형(原型)이기도 하고, 인간의 의식의 구조를 상징하는 것으로서, 전방위(全方位)이며, 모든 '사물'이라든가, 주의·주장에 대해서 그 위치('장')를 얻게 만들며, 대극(對極)의 조화가 가능한 형상이기도 하다. 전통·주체·개혁의 3차원이 상승해서 '창조(創造)'를 가능케 하는 인간형성의 논리가 담겨져 있는 상형(象形)인 것이다. '구상'은 다원화 사회에 있어서의 통합적 다원주의(統合的 多元主義)의 상징이라고도 할 수 있으리라."

기초주의에서 말하는 기초는 '원형'이자 '전방위', '모든 사물의 제자리 확인', '조화', '창조'를 거친 '통합'을 지향한다. 다시 말하면, 기초란 최고 수준의 표시요, 완전성(完全性)과 통하는 용어로, 단순한 밑바닥이나 초보, 입문, 기본이라는 통념의 차원을 넘어 최고경지, 진리, 비결(秘訣), 오의(奧義)의 뜻을 지닌다. 그것은 마치 『대학(大學)』의 삼강령(三綱領)에서 '명명덕(明明德)'과 '신민(新民)'을 '지어지선(止於至善)'의 경지에서 지속하는. 사태와 유사하다. 그러기에 이미 형성된 초석이나 토대로서 존재(Being)의 차원은 물론이고 변화·창조하는 생성(Becoming)과 역동성을 담지하고 있다. 보다 엄밀하게 따진다면, 존재보다는 '생성' 또는 '역동성'이 강하다. 왜냐하면 일제 강점기로부터 해방·독립한 우리 대한민국의 경우는 그 '역사적 상황'이 전통과 아울러 개혁이 강조되어야 하기 때문이다.

이러한 특성을 지닌 기초주의는 '시간·자유·질서'라는 3이념을 통해 '전통·주체·개혁'의 차원을 설정하고, '문화·생활, 지성·인격, 협동·봉사'라는 6개념의 가치실현을 지향한다. 그 핵심(核心, core)인 '기초'는 이들 유기적 요소들의 시너지 효과를 극대화하면서, 상황에 따라 전통적인 덕목을 새로운 창조 행위를 통해 보편적 삶의 가치체계로 이어주는 근원적 자원 역할을 한다. 즉, 온전한 교육의 씨앗으로서 싹을 틔우고 줄기와 잎, 그리고 가지로 뻗어 꽃을 피우게 하는 원천이다. 그리고 그것은 온전하게 열매를 맺고 다음 생(生)을 준비하는 참신성(斬新性)을 지닌다.

▶ 기초주의 교육의 기본 체계

1핵	기초(基礎)					
3이념 6개념	시간(時間)		지유(自由)		질서(秩序)	
	전통(傳統)		주체(主體)		개혁(改革)	
	문화(文化)	생활(生活)	지성(知性)	인격(人格)	협동(協同)	봉사(奉仕)
상황성	정신적 종교적 가치	사회적 건강적 가치	진리 가치	도덕 가치	물질 가치	심미 가치
전통성	효(孝)	성(誠)	공(公)	관(寬)	근(勤)	신(信)
보편성	성(聖)	건(健)	진(眞)	선(善)	부(富)	미(美)

12 김정환의 '인간주의' 교육

한국의 김정환(金丁煥, 1930~2019)은 신앙적으로 무교회 기독교와 학문적으로 페스탈로치의 사상을 상호 녹여 넣어 자신의 교육철학의 축으로 삼았다. 그것은 이른바 '인간주의 교육'으로 명명되는 '각성교육'과 '전인교육'이다.

교육의 본질을 어떻게 볼 것인가? 이에 대해서는 전통적으로 세 가지 모델로 설명해 왔다. 하나는 사람을 '길러준다'는 모델이고, 다른 하나는 사람을 '만든다'는 모델이며, 나머지 하나는 사람을 '일깨운다'는 모델이다, 그것은 식물 재배형, 동물 훈련형, 그리고 인격 각성형으로 불리기도 한다. 김정환은 '참교육'의 모델로서 이 세 가지 교육 모형 가운데 '일깨움'의 교육을 강조한다. 일깨움의 교육은 각성교육이다. 왜냐하면 인간은 내버려 두어도 그냥 자라는 식물도 아니고, 길들여야 할 동물도 아니며, 하나님을 닮은 인간됨의 소질을 지니고 있으면서도, 그것을 아직 제대로 인식하거나 발견하지 못하고 있어 일깨움, 이른바 깨달아 각성해야 하는 존재이기 때문이다.

일깨움의 교육, 각성교육은 달리 말하면, 개성의 계발이자 인격의 계발이다. 따라서 인격각성 교육이다. 그것은 인격과 인격의 만남에서 이루어진다. 왜냐하면 만남이 인격을 일깨워주기 때문이다. 인격 계발은 자아인식을 기초로 하는 주체성, 자기 개성을 꽃피우는 자아실현, 더불어 살아가야 할 존재라는 인식을 갖춘 원만한 인간관계, 늘 새로운 문제와 맞서 씨름하는 문제 해결능력, 그리고 자기 멋에 취해 살 수 있는 인생철학 등의 방법을 통해 보다 효율적으로 진행할 수 있다.

김정환은 특히, 교육으로 일깨워야 할 인간의 특성으로는 일곱 가지가 있다고 주장한다. 사람마다 각자 몫을 지닌다는 자아성(自我性), 존재의 의미를 찾는 의미 추구성, 인격의 존엄성을 노래하는 자유성, 이웃과 더불어 있어야 할 존재라는 연대성, 몸과 마음은 조화를 이루어야 한다는 심신 조화성, 나 밖의 보다 높은 나에게로 도약을 기하는 자아 초월성, 그리고 인간만이 태어나서 죽음에 이르기까지 계속 배워가며 성숙해 가는 존재라는 교육 필요성 등이 그것이다.

김정환이 각성교육론과 더불어 전인교육론을 제기하는 데는 심각한 이유가 있다. 교육의 작용에는 기본적으로 네 가지 서로 모순되는 근본적 기능이 있는데, 그 가운데 전인교육적 기능이 매우 홀대되어 교육이 파행의 길로 치달을 수 있다는 위기의식 때문이다.

교육은 그 본질상, 체제의 계승 기능이 있다. 이는 앞 세대가 누리고 즐겼던 사회적 조직을 다음 세대가 존중하고 받들어 이어가게 하는 기능이다. 어떤 국가를 막론하고 민주체제에서는 민주체제를, 공산체제에서는 공산체제를 교육을 통해서 이어가려고 한다. 그러기에 이 기능을 교육의 보수적 기능이라고도 한다.

다음으로 교육에는 전인 도야의 기능이 있다. 그것은 사람 각자가 타고난 좋은 소질, 또는 인간적인 힘들이 있는데, 이를 조화롭게 발전시켜 하나의 인격으로서 완성하게 도와주는 작업이다. 이때 교육은 뒤 세대의 인격적 성장을 조성하는 작용을 한다. 김정환은 이 고전적 '전인 도야'의 이론에 주목한다. 그것은 그가 평생 동안 공부해 온, 페스탈로치의 삼육론인 '머리─가슴─몸'의 조화적 발달을 꾀한다.

세 번째, 교육은 문화를 번식하는 기능을 한다. 이는 몇 천 년의 인류 역사에 담겨서 간직되어 온 훌륭한 정신적 문화유산을 뒷 세대가 이어 받아 발전시켜 나가도록 힘쓰는 일이다. 네 번째는 교육이 사회를 혁신하는 기능을 한다는 점이다. 이는 주어진 사회체제를 비판하고, 보다 나은 새로운 질서를 모색하며, 이를 위한 터전을 마련하는 작업을 가리킨다.

교육은 이 네 가지 기능의 통일로 이루어진다. 그런데 이 네 기능은 서로 모순된다. 때문에 위에서 아래로의 방향으로 기존의 질서나 체제를 고정적·현상적으로 유지하고, 안에서 밖으로의 방향으로 인간이 지니고 있는 소질과 여러 힘을 조화롭게 발전시켜 이상적인 인격을 도야하며, 밖에서 안으로의 방향으로 앞 세대가 뒷 세대에 인류의 축적된 문화유산에 접하게 하고 이를 계승·확충케 하고, 아래에서 위로의 방향으로 개개의 모든 인간, 즉 민중을 사회화하고 공동사회의 문제의식과 공동체의식을 고취함으로써 사회 혁신의 인적 기반을 조성해야 한다. 그런 변증법적 작용을 통해 교육은 교육의 본질을 풍성하게 가꾸어 갈 수 있다.

김정환은 이런 교육의 본질에 비추어 볼 때, 우리 교육의 현실에서 인격 도야 기능이 너무나 부족하고, 심지어는 퇴보하고 있다고 진단하였다. 이에 오늘날처럼 가치관이 뒤흔들리고, 비인간화 현상이나 인간 소외현상이 삶의 마당 구석구석에 파고들어 있는 시대에는 다른 세 기능보다도 '전인도야'의 기능이 교육에서 보다 강화되고, 큰 자리를 차지해야 한다고 주장한다.

더구나 현재 한국의 교육현장에서 야기되고 있는 비인간화 현상의 주요 원인을 행동과학적 인간관에 사로잡힌 편협한 통제적 교육관(統制的 敎育觀)과 국가나 사회의 목적에서 유도되는 수단적 혹은 청부적 목적 밖에 가질 수 없는 기능적 교육관(技能的 敎育觀), 그리고 교육의 목적을 효율적으로 달성하기 위한 관리적 교육관(管理的 敎育觀)이 심각한 문제라고 인식하였다. 이런 차원에서 김정환은 전인교육의 필요성을 더욱 부각시킨다.

그렇다면, 통제적이고 기능적이며 관리적인 교육관을 대체하고 보완할 방법은 무엇인가? 김정환은 그것을 서구의 교육사상사에서 전개되어 온 다양한 사유에서 찾는다. 그것이 그의 전인교육의 기조가 된다. 그것은 조화적 인간상 지향, 정신활동과 육체활동의 통일을 기하는 노작교육, 고전적 교양을 갖추는 인문교육, 주체적 확립을 기하는 실존적 자기 각성, 사회적 자기 소외를 극복하려는 사회구조 비판, 역사 참여와 개척 의식을 높이는 의식화 교육 등, 여섯 가지로 정돈된다.

조화적 인간상의 지향은 페스탈로치의 조화 계발적 인간상에서 취한 것으로, '머리-가슴-손'의 조화를 말한다. 이는 '지(知)-정(情)-의(意)[技能]' 또는 '지-덕-체'의 조화상이라고도 부르는, 이른 바 '삼육론(三育論)'에 해당한다. 조화를 지향하는 이 모든 교육은 궁극적으로 인간교육으로 돌아갈 수밖에 없다. 사람됨이나 사람다움을 전제하지 않고는 이루어지기 어렵다. 페스탈로치는 이 모든 교육보다 더욱 중요한 것은 인간교육임을 기나긴 실천의 과정과 국민경제사적 시련의 결과로 깨닫게 되었다. 우리의 교육현실에서도 그것을 깨닫는 경로는 마찬가지 영역에서 찾을 수 있다.

정신활동과 육체활동의 통일을 기하는 노작교육은 교육방법의 측면에서 원용한 것으로 케르센 쉬타이너에게서 취한 것이다. 이는 지식 교과와 실기 교과 사이에 존재하는 장벽을 무너뜨리기 위해 고안한 방법이다. 지식 교과의 내용은 활동을 통해 체험하게 하고, 실기 교과의 내용은 이론적 배경을 통해 심화시키는 교육의 방법이다. 다시 말하면 정신적 활동과 육체적 활동의 조화적 통일을 통해 교과 내용의 이해를 증대하는 방법이다.

고전적 교양을 갖추는 인문교육은 교육 내용의 차원에서 도입한 것으로 허친스의 고전독서교육이다. 허친스는 세속주의, 과학주의, 회의주의, 물질주의 등에 빠진 현대 교육을 비판하였다. 그러기에 진정한 교육은 전문적 직업인이나 기능공을 양성하는 데 있지 않고 넓은 교양을 갖춘, 그러기에 경제적 측면에서는 별로 쓸모없이 보이는 인간을 육성해 내는 일로 보았다. 이는 흔히 말하는 인문학적 내용을 강화를 통해 전인 교육을 구상하려는 사고이다.

주체적 확립을 기하는 실존적 자기 각성은 인간의 자기소외로부터 주체성을 찾으려고 한 볼노오의 실존적 교육론에서 차용하였다. 볼노오는 식물적 성장, 동물의 사육, 도구의 제작, 상품의 생산과 같은 교육 모델, 이른바 성장적 교육관이나 목공적 교육관인 '연속적 교육관'으로는 현재의 교육이 한계에 도달하였다고 판단하였다. 즉, 의도적이고 계획적이며 계속적 방법의 기존 교육은 실존하는 인간의 문제를 해결하기 어렵다는 인식을 하였다. 이에 '만남'과 같은 '비연속적 형식'의 교육에 의해 새로운 양식의 교육을 개척해 나가야 한다. 왜냐하면 인간은 만남을 통하여 자기를 찾고 자신의 삶의 의미를 정립할 수 있기 때문이다.

사회적 자기 소외를 극복하려는 사회구조 비판은 인간의 사회적 소외로부터 인간성을 구하려고 한 하버마스 등의 사회비판 이론에서 채용하였다. 사회비판 이론가들은 현대사회가 오로지 상품의 생산과 그 소비를 위해서만 합리화된 사회라고 규탄하였다. 이런 사회에서 인간은 자율적 영역을 보존하지 못하고 거대한 환경적 조건의 압력에 시달리며, 정신생활을 통제하고 규제하는 획일적 문화산업에 의해 자신의 내면생활을 상실해갈 뿐이다. 따라서 이러한 현대사회의 구조적 틀을 왜 바꾸어야 하고, 어떤 방향으로 개혁해야 하는지 교육을 통해 각성하는 일이 중요하다고 보았다.

역사 참여와 개척 의식을 높이는 의식화 교육은 인간의 삶의 마당을 창조적으로 개척할 수 있음을 강조한 일리치 등의 이론에서 취하였다. 현대사회에서 개개인은 정치라는 무시무시한 압력 조직에 묶여 역사에 대한 일체감을 상실하고 있다. 사람이 교육을 통해 사람이 된다는 말은 다른 사람들은 물론 세계 및 역사와 관계를 맺는다는 의미이다. 아울러 인간은 본능에 의해 살아가는 짐승과 달리 현실을 개척하고 환경을 창조하는 특성을 지니고 있다. 이에 따라서 각 민족마다 역사를 개척하고 환경을 타개하려는 노력이 중요하다.

다시 요약하면, 전인교육의 기조는 노작교육과 생활교육, 독서교육, 인간화교육,

대화교육, 각성교육, 의식화 교육으로 나누어 볼 수 있다. 이는 몬테소리식의 어린이집에서 구현하는 자주적 감각계발 교육이나 발도르프학교의 영혼에 눈뜨는 교육, 서머힐의 자유교육, 바콘·힐 학원의 평화교육, 중국의 향촌 사범학교의 해방교육, 일본 다마가와 학원의 전인교육, 풀무학원의 평민교육 등을 통해 활로를 찾을 수도 있다.

　김정환의 전인교육론은 하나로 고정된 교육의 양식이 아니다. 그것은 교육의 역사를 통해 이미 증명된 다양한 전인교육의 양식을 종합하려는 의지 속에서 발현된다. 따라서 얼마나 인간의 일깨움을 위하는가? 사람을 사람다운 교육은 기는데 기여하는가? 한 마디로 말하면, 자연과 인간, 사람과 사람 사이를 종화하는 유기체 교육이자, 사람을 살리는 '살림'의 교육, 생명을 존중하는 생태 교육이다. 모든 존재가 두루 소통하되, 모든 사람이 각자 존중받으며 어깨동무하는 삶의 교육이다.

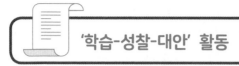

'학습-성찰-대안' 활동

✿ 1단계 【학습】 요약 정돈; 본문을 학습하고 핵심내용을 정리하시오.

❀ 2단계 【성찰】 문제 비판; 1단계의 '본문 학습'과 '핵심내용 요약 정돈'을 근거로,
아래 표의 철학적 영역에 맞추어 성찰하시오.

기본 영역	본문 내용 (개별사유)	통합 성찰 (공통 토의)
형이상학	형상;	
인식론	인식;	
가치론	가치;	
논리학	논리;	

❇ 3단계【대안】교육철학 재고; 1단계와 2단계의 '학습-성찰' 활동을 바탕으로, 시대정신을 고려한 교육철학을 도출하시오.

구분	내용	대안 제시
개별 제안		
공동 논의		

제13강

인간관과 교육의 지향

1 로크의 '신사' 교육

로크(John Locke, 1632~1704)는 근대 시민사회의 태동에 결정적 계기가 된 '청교도 혁명과(淸敎徒革命, Puritan Revolution)'와 '명예혁명(名譽革命, Glorious Revolution)' 등 이른 바 시민혁명을 온전하게 경험한 사상가이다. 당시는 뉴턴의『자연철학의 수학적 원리』(1687)가 출간되어 고전역학(古典力學)이 완성되는 과학혁명의 시대이기도 하였다. 로크는 이러한 시대조류에 민감히 반응했다. 정치 분야에서는『통치론(Two Treatises of Government)』(1690)을 통해 시민혁명을 옹호하였고,『인간지성론』에서는 귀납법을 기초로 하는 자연과학의 방법을 인식론적 기초로 삼았다.

시민혁명과 과학혁명의 성과를 이론화한 로크는 '교육론'에서도 시민계급에 어울리는 '신사(紳士, gentleman)' 교육론을 전개하였다. 아동의 경우, '경험으로 관념이 쓰인다!'라는 '타블라 라사(tabula rasa)'를 강조한다. 타블라 라사는 흔히 '백지설(白紙說)'로 알려져 있다. 이는 아동의 발달가능성을 보증하는 사상으로 루소의 소극적 교육론으로 이어진다.

로크는『학습에 대하여』,『교육론』,「피타바라 경의 부인에게 보낸 교육서간」,「신사를 위한 독서와 학습에 관한 약간의 고찰」등을 저술하며 다양한 측면에서 교육적 사유를 전개했다. 이를 전반적으로 담은 대표적인 저술은『교육론(Some Thoughts Concerning Education)』이다.

로크는 『교육론』의 헌사에서 "내가 영국의 신사계급에 맞는 바른 교육론을 써낸 것은 …… "이라 표현하면, '신사' 교육을 지향한다. 이 신사교육은 무엇보다도 가정교육의 차원에서 진행된다. 왜냐하면 학교는 학생 수가 많아 개별지도를 할 수 없고, 고전어 교육에 치우쳐 있으며, 채찍으로 교육하는 당시의 교육풍조는 과학혁명과 휴머니즘 사상을 계승한 로크의 눈에는 어떤 사항도 배울 것이 없어 보였기 때문이다.

로크는 의사이기도 했다. 유명한 격언인 '건전한 신체에 건전한 정신이 머무른다!'는 사유는 그의 경험에서 우러나온 교육격언이다. 그만큼 신체의 건강을 중시하였다. 또한, 정신건강을 위해 의욕이 이성을 따르게 하는 극기심이나 자제심을 기를 필요가 있다고 생각하였다. 이에 체벌의 사용은 금지시키고, 부모는 위엄을 가지고 교육해야 한다. 지식의 측면에서 볼 때, 교육받지 못한 사람은 교육할 수 없다. 따라서 상당한 대가를 지불하더라도 가정교사는 좋은 사람을 고용하지 않으면 안 된다. 그 지식교육에서도 채찍이 아닌 아동의 흥미에 호소해야 한다.

로크에 의하면, '신사(紳士, gentleman)'다운 사람으로 성장하는 데는 네 가지 자질이 필요하다.

첫째, 신사는 덕(德)이 있어야 한다. 덕은 사랑하는 마음이나 존경하는 생각을 가지는 것이지만, 이를 위해 '신(神)'의 관념이 불가결하다. 무엇보다도 신을 믿는 마음을 기르기 위해, 아침저녁으로 기도하는 습관을 들이는 일이 중요하다.

둘째, 신사는 지혜(智慧)를 지녀야 한다. 지혜가 있다는 말은 맡은 일에 재능이 있고, 세상에 나가 전망을 제시하며 행동할 수 있다는 뜻이다. 이를 위해서는 정직해야 한다.

셋째, 신사는 예의범절(禮儀凡節)을 잘 배워야 한다. 사람을 대할 때, 바른 태도로 친절하고 겸양해야 한다. 제멋대로 행동하거나 다른 사람을 모욕하며 비판을 일삼아서는 안 된다.

넷째, 신사는 학문(學文)을 익혀야 한다. 구체적으로는 국어, 외국어로서 라틴어나

프랑스어, 수학, 지리학, 역사학, 기하학, 성서, 윤리학, 법률학, 논리학, 자연철학 등을 배운다. 어학은 문법에서 회화에 이르기까지 배우는 것이 좋다. 이외에도 댄스, 음악, 펜싱, 승마, 정원 가꾸기, 목각 기술, 유리 연마, 부기 등을 익힐 필요가 있다.

이러한 사유는 스펜서의 생활을 위한 교육사상의 선구가 되었고, 교육방법에서도 흥미의 원칙, 체벌의 금지, 회화를 위한 외국어 교육 등 근대적 견해를 제시하였다. 물론, 로크의 가정교육이라는 형태에 대해 다른 의견을 제시할 수 있다. 당시 가정교육은 보편적 차원의 교육이 아니었다. 부유한 시민계층에게만 허락되는 교육 양상으로 그 계급적 편향은 부정할 수 없다. 이런 계급적 편향은 그가 국내 빈민법의 개혁에 관해 「빈민 자제를 위한 노동학교안」(1697)을 작성한 데서도 단적으로 드러난다. 빈민의 아이는 가정이 아니라 의무교육이나 무상의 노동학교에서 양털 수공업에 필요한 기능을 숙련해야 한다고 말하였다. 이런 점에서 그의 교육적 사유에 이중성(二重性)이 존재한다. 그러나 전체적 맥락에서 보면, 로크는 교육내용이나 방법의 측면에서 현대적 시사점이 큰 중요한 교육사상가이다.

특히, 로크의 '타블라 라사' 이론은 루소의 '소극교육론'으로 이어지면서, 독일의 범애파(汎愛派) 또는 페스탈로치에 영향을 미쳤고, 자연의 원리에 부합하는 교육이 근대의 교육원칙으로 각광받았다. 그리하여 자연의 원리에 부합하는 교육은 신분을 초월한 인류 전체의 교육이념으로서 도출되었다.

2 칸트의 '사람됨' 교육

칸트(Immanuel Kant, 1724~1804)는 독일 관념론 철학을 완성한 위대한 철학자이다. 그는 무엇보다도 시간(時間)에 정확한 사상가로 알려져 있다. 하지만 루소의 『에밀』을 읽을 때는 얼마나 재미가 있었는지, 독서의 빠져 산책 시간에 늦었다고 한다. 그만큼 칸트는 루소의 교육사상에 공감하였다.

칸트는 『실천이성비판』에서 '순수한 도덕의지'를 교육의 최고목적으로 인식하였다. 감각경험의 발전 이외에 지성의 순수형식은 선험적으로 확정되어 있기에, 인간은 이러한 도덕적 의지가 각성되도록 교육받지 않으면 안 된다. 사람의 교육적 능력에 대해 한계를 긋지 말고, 교육자는 학생에게 도덕적 모범을 보이면서, 학생 스스로의 자각을 기다려야 한다. 그 이외에 교육적 방법은 없다.

칸트는 강조한다. "사람은 교육을 통해서만 사람이 된다!" 때문에 교육의 목적은 인간성의 완성이다. 그 첫 번째 관건은 도덕적 강제에 복종하는 일과 자유를 사용하는 일 사이의 관계 문제이다. 이를 모순 없이 조화시키기 위해서는 세 가지가 요청된다. 첫째, 다른 사람의 자유를 막거나 자신을 해치지 않는 한, 유아기로부터 가능한 자유롭게 해야 한다. 둘째, 다른 사람의 목적을 방해하지 않는 때만, 자신의 목적을 달성할 수 있다. 셋째, 사람들이 강제하는 것은 그 사람에게 자신의 자유를 이용할 수 있도록 만들기 위한 사안임을 깨닫도록 해야 한다.

교육의 작용에는 세 가지가 있다. 하나는 부모가 자식을 기르는 일이고, 다른 하나는 거칠고 사나운 동물적 행동을 억누르는 일이다. 그리고 또 하나는 도야에 따른 교수이다. 특히, '도야에 따른 교수'는 마음과 몸의 여러 능력을 연마하는 '개발(Kultivieren)', 사교적 행동의 힘을 기르는 '시민화(Zivilisieren)', 도덕적 성격형성을 목적으로 하는 '도덕화(Moralisieren)'의 세 가지로 구분된다. 여기에서 '도덕화'는 교육의 최고 과제에 해당한다. 즉, '도덕화'는 교육을 종합하는 마무리 단계로, 도덕교육으로 명명할 수 있다.

3 마카렌코의 '집단' 교육

위에서 언급한, 로크의 신사교육과 칸트의 도덕교육은 시민사회에서 '개인교육'

을 기본으로 하는 사상이다. 그만큼 '집단교육'은 신중하게 생각되지 않았다. 그러나 제3의 신분계층이 역사의 전면에 등장하면서 사회주의(社會主義, Socialism)가 새로운 사상의 흐름으로 대두한다. 사회주의는 교육내용에서 '교육'과 '노동'을 결합하는 원칙을 기초로 폴리테크니즘(politechnizm)을 제기한다. 폴리테크니즘은 '종합기술교육(綜合技術敎育, polytechnical education)'으로 도덕에서 집단주의 교육사상을 탄생시켰다. 집단주의 교육은 이름 그대로 '집단의 교육적 능력'에 높은 가치를 둔다. 이 집단주의 교육의 아버지라 불리는 인물이 러시아의 마카렌코(Антон Семёнович Макаренко, 1888~1939)이다.

마카렌코는 러시아 혁명 다음 해인 1920년, 비행소년의 재교육 시설인 노동 콜로냐의 소장이 되어 1928년까지 이곳을 운영하였다. 그 후에도 8년간 같은 종류의 시설인 제르진스키 기념 코뮌의 소장이었다. 이 두 시설에서 교육을 실천해 나가면서, 그는 집단주의 교육의 원형을 정립해 나갔다.

마카렌코는 러시아의 사회주의 혁명가이자 문학가인 막심 고리키(Максим Горький, 1868~1936)의 인간관에서 강력한 영향을 받았다. 특히, 비행청소년들의 인간됨을 믿고, 모든 인간에게 긍정적이고 적극적 측면이 있다는 것을 교육의 출발점으로 삼았다. 동시에 신교육 운동과는 다르게, '규율은 집단적 삶에 필수불가결하다'는 이유로, 청소년들에게 엄한 규율을 부과하였다. 그는 '모두가 자신을 위해', '신만이 모두를 위해' 존재하는 것이 아니라, '한 사람은 모두를 위해', '모두는 한 사람을 위해' 존재하는 이상, '규율은 피할 수 없다'고 생각하였다.

그리하여 마카렌코는 '집단'을 다음과 같이 정의한다. "집단! 이것은 하나의 목적, 하나의 행위에서 통일된 노동자의 자유로운 그룹이다. 관리기관을 가진 규율과 책임을 동반하는 조직적 그룹이다. 집단! 이것은 건전한 인간사회의 사회적 유기체이다." 즉, 집단은 살아있는 것으로, 학급집단은 그 자체가 스스로 발전한다. 따라서 교육은 개인적 차원의 교육을 하는 것이 아니라 집단을 교육해야 한다. 개인은 거기에서 저절로 교육받는다.

마카렌코는 하나의 사례를 들어 그것을 설명한다. 학급에서 도둑질한 학생이 교사에게 발각된 경우이다. 개인으로서 범죄를 저지른 학생을 조용하게 불러 앞으로 도둑질 하지 말라는 주의를 주고 이 사건을 마무리 하는 방식도 있다. 그렇게 하면 학급의 여러 학생들은 도둑질한 범인이 누구인지 모른 체 그냥 지나갈 수 있다. 이런 지도방법이 필요할 수도 있지만 이는 잘못된 것이다. 도둑질한 학생과 긴밀하게 만나 문제가 해결되었다는 잘못된 학습이 일어난다. 더욱 나쁜 것은 도둑질을 일으킨 학급의 분위기가 불문에 묻히게 되는 점이다. 학급 내에 도둑질이 일어난 것은 도둑질한 학생의 개인적 책임인 동시에 도둑질을 허락하는 학급분위기의 책임이기도 하다. 이런 분위기를 그대로 둔다면, 이후에 또 다른 누군가가 도둑질을 하게 될 것이다. 그래서 범인을 학급 전체에 알리고, 학급 안에서 도둑질의 원인이 되는 이유 등을 논의하고, 학생을 처분하는 일을 학급집단에 맡겨야 한다. 그렇게 한다면, 논의의 과정에서 학급집단에게 도둑질에 대한 자각을 높아지게 할 수 있고, 학급집단의 질도 높아진다. 또 집단 자신이 교육을 받는다면, 다시 도둑질이 일어날 일도 없게 된다. 이러한 '집단의 질 자체를 교육한다!'는 발상이 집단주의 교육사상의 핵심을 이루고 있다.

4 뒤르켐의 '사회화' 교육

뒤르켐(Emile Durkheim, 1858~1917)은 프랑스의 사회학자이자 교육학자이다. 그는 사회주의적 집단주의 교육사상과는 별개로 사회학의 관점에서 개인주의 교육과는 다른 사회적 교육을 제시하였다. 뒤르켐은 사회적 사실을 대상으로 인식하는 사회학의 과학화에 공헌하였다. 이런 사회사상을 기반으로, 교육을 '성숙한 세대가 미성숙한 세대에 대해 실시하는 방법적 사회화'로 정의하였다. 인격의 완성을 교육의 목적으로 제시했던 칸트와는 현저하게 대조된다.

이런 사유는 인간의 도덕에 대한 이해를 달리하는 데서 나온다. 뒤르켐은 개인의 내면에서 도덕을 파악하지 않는다. 사회의 여러 규범이나 규칙과 같은 사회의 구속으로서 도덕을 인식하였다. 그에게 도덕이란 사회에서 행동의 방법을 규제하는 규칙의 체계이다. 이러한 도덕은 사회의 필요에서 생겨난다.

그 도덕에는 세 가지 요소가 있다. 첫 번째는 '규율의 정신'이고, 두 번째는 '사회집단에의 애착'이며, 세 번째는 '의지의 자율성'이다. '규율의 정신'은 개개 사람에게서 그때그때의 욕구를 떼어놓고, 사회에서 부과된 규칙을 좇도록 하는 정신이다. 이는 '규칙성의 감각'과 '권위의 감각'이라는 두 측면에서 이뤄진다. 이 정신이야말로 여러 도덕적 심성 가운데 첫 번째에 해당한다. '사회집단에의 애착'은 개인이 사회에서 생활하고 있는 이상, 사회집단에 애착을 가지는 일 이외에 정말로 자기 자신이 되는 것은 불가능하다. 즉, 순수한 개인주의는 있을 수 없다. 때문에 인간은 사회에 애착을 가짐으로써 도덕성을 높일 수 있다. '의지의 자율성'은 칸트와 마찬가지로 도덕성의 중요한 요소로 보고 있다. 하지만 뒤르켐은 칸트와 다르게 인식한다. 그것은 사회 속에서 통용되는 규칙의 의미를 이해하고, 이를 자발적으로 필요하다고 인식하며, 자신이 받아들임으로써 생겨나는 자발성이다.

이러한 세 가지 도덕성을 함양하는 일이 도덕교육의 과제이다. 이 경우, 개인적 차원의 가정은 도덕교육의 장이 되지 않는다. 왜냐하면 가정은 애정을 통해 부드럽게 지배되고 있어 사회적 규칙과 같은 규율이 존재할 수 없기 때문이다. 이와 다르게, 학교는 엄격한 규칙이 존재한다. 그러므로 학교만이 규율의 정신을 기르기에 적당한 장소이다. 또 학교에서 학생집단 내의 활동을 통해, 집단에 대한 애착도 함양할 수 있다. 이런 경우, 교사는 '규율의 정신'을 가르치기 위해, 권위를 지녀야 한다. 교사는 권위를 통해, 학생에게 도덕성을 가르칠 수 있다.

5 스펜서의 '완전한 삶' 교육

인간에게 '어떻게 살 것인가?'라는 물음은 삶의 본질적 문제이다. 그것은 '어떻게 몸을 수련하고, 정신을 단련하며, 일을 처리할 것인가?' '어떻게 가족을 부양하는가?' '시민으로서 어떻게 행동해야 하는가?' '인간의 행복을 위해 자연이 공급해주는 모든 자원을 어떻게 이용할 것인가?' '우리 자신 및 타인에게 최대의 이익을 가져다주기 위해 우리의 모든 능력을 어떻게 사용할 것인가?'라는 문제와 결부된다.

이런 문제를 교육내용과 사상으로 정립한 사상가로 스펜서(Herbert Spencer, 1820~1903)가 있다. 스펜서는 삶의 문제해결에 관한 생활을 '완전한 생활(complete living)'이라 판단했다. 이를 위해, 인간이 살아갈 수 있도록 준비하는 작업을 교육의 실천으로 보았다. 스펜서의 『교육론(Education)』(1860)은 이런 사유에 충실하게, '제1장. 어떤 지식이 가장 가치 있는가?', '제2장. 지육', '제3장. 덕육', '제4장. 체육'으로 구성되어 있다. 이 『교육론』의 교육내용은 교육을 '심리학'과 '생리학'으로 뒷받침하여, '과학'으로 발전시키려는 시도이다. 스펜서는 과학에 의해, 인간이 일상행동을 예견할 수 있으며, 합리적 생활을 할 수 있다고 생각했다.

그렇다면 '어떤 지식이 가장 가치 있는가?' 예전에는 이러한 사유로 삶을 이해하거나 삶의 문제를 검토하지 못했다. 스펜서는 처음으로 그런 문제를 인식하며, '인간생활을 구성하고 있는 주요한 활동을 중요한 순서로 분류하는 일'부터 시작했다. 그는 인간의 주요한 활동을 다섯 가지로 구분하였다. 첫째는 '자기보존에 직접적으로 대응하는 활동'이고, 둘째는 '생활에 필요한 물건을 확보함으로써 자기보존에 간접적으로 대응하는 활동'이다. 셋째는 '아이들을 기르고 가르치는 일을 목적으로 하는 활동'이고, 넷째는 '적절한 사회적·정치적 관계를 유지하는 데 필요한 활동'이다. 다섯째는 '생활의 여가를 즐기고 흥미와 감정의 충족에 따른 여러 가지 활동'이다.

첫째, '자기보존에 직접적으로 대응하는 활동'에서는 건강의 손실을 방지하면서 직접적 자기보존에 도움이 되는 지식이 가장 중요하다. 그 지식을 전해주는 것이 생리학이다. 생리학의 일반적 진리와 그것이 일상행동에 미치는 관계를 이해하는데 필요한 생리학이야말로 합리적인 교육의 본질적 부분이다.

둘째, '생활에 필요한 물건을 확보함으로써 자기보존에 간접적으로 대응하는 활동'에서는 생계비의 취득을 용이하게 만드는데 도움이 되는 지식에 대해 언급한다. 그것은 단적으로는 '읽기, 쓰기, 셈하기'지만, 그가 지시하고 있는 학문영역은 논리학, 수학, 물리학, 화학, 천문학, 지질학, 생물학 및 사회과학이다.

셋째, '아이들을 기르고 가르치는 일을 목적으로 하는 활동'에서는 '아이들이 받아들이는 방법'에 도움이 되는 지식이다. 아이들의 신체를 훈련할 때, 부모는 아이들의 생활을 끊임없이 관리하려 들며, 어리석은 규칙을 강요한다. 가장 단순한 생리학의 법칙조차도 모르는 부모들은 아이들의 체질을 해마다 파괴해 왔다. 때문에 신체에 관한 지식을 습득하는 일은 매우 중요하다. 도덕 훈련에서도 부모는 정신현상 그 자체와 원인 및 결과에 대한 지식을 배제하고, 정상적으로 유익한 여러 가지 행위를 방해하고 있다. 때문에 아이들의 내부에 있는 정신적 과정의 움직임을 좇는 지식을 익혀야 한다. 지성의 훈련은 기계적 암기라는 좋지 않은 방법을 통해 타인의 관념을 주입하며, 학생을 수동적 상대로 만든다. 적어도 그들을 능동적인 탐구자나 스스로 학습하는 존재가 되지 못하게 한다. 아이를 보다 잘 양육하기 위해서는 생명의 법칙에 대한 최소한의 지식이 필요하다. 즉, 생리학의 초보적 원리 및 생리학의 기본 정보에 대한 어느 정도의 지식은 아이들을 올바르게 키우기 위해 꼭 필요하다.

넷째, '적절한 사회적·정치적 관계를 유지하는데 필요한 활동'은 시민이 되기 위한 준비로서 교육에 필요한 지식이다. 사회는 개인에 의해 구성되어 있으므로 사회에서 일어나는 일들은 개인의 활동 결과이다. 사회현상을 이해하려면 개인 활동의 이해가 필요하다. 개인의 활동은 본성의 법칙에 따른다. 그 법칙은 신체와 정신 일반의 법칙과 관계된 학문으로 생물학과 심리학이다. 사회를 소통시키는 데 필요한 학문으로 생물학과 심리학은 빠트릴 수 없다.

다섯째, '생활의 여가를 즐기고 흥미와 감정의 충족에 따른 여러 가지 활동'은 여가의 충족을 준비하는 교육에 필요한 지식이다. 이는 자연이나 문학, 그림을 음미하는데 가장 적당한 훈련과 관련된다. 그것은 문명의 기초가 되고, 교육과 훈련에 의해 전면적으로 종속하는 사안이다. 모든 종류의 최고 예술은 과학에 기초한다. 조각, 회화, 음악, 시에서도 일정한 과학의 법칙이 기저에 있다. 더구나 과학 그 자체가 시적 성격을 갖는다.

요컨대, 스펜서는 인간의 '완전한 생활'을 실현하기 위해, 교육내용으로서 과학을 도입하고, 이전의 전통적인 고전 본위의 교육내용을 비판하였다.

『교육론』의 제1장에서 다루었던, '어떤 지식이 가장 가치 있는가?'에 근거하여, 스펜서는 '실물교수(實物敎授, object lesson)' 차원의 의미를 더해가며 '지육(智育)'의 방법을 설명한다. 그는 몽테뉴(Montaigne)가 강조한, "암기에 의한 지식은 결코 지식이 아니다!"라는 말을 인용하여, 모든 것의 원리와 사고방식의 순서를 이해시키는 교육의 중요성을 언급한다. 여기에서 핵심은 '규칙'과 '원리'의 교육적 차원이다.

스펜서는 말한다. "어떤 결과를 도출하는 탐구과정을 배제하고, 그 탐구의 순수한 결과만 전달하는 작업은 학생들을 무기력하게 만든다. 뿐만 아니라 학습효과가 좋아지지도 않는다. 적절하면서도 영구적으로 도움이 되는 일반적 진리는 스스로의 힘으로 손에 넣어야 한다. '쉽게 손에 넣은 것은 쉽게 잃어버린다!'라는 속담은 재산뿐만 아니라 지식에도 해당된다. 규칙은 그 규칙에서 길이 열리고, 다른 정신내용과 결합되어 있지 않다. 때문에 끊임없이 잊혀져간다. 이에 비해 원리는 일단 이해력에 의해 파악되면 영속적으로 소유 가능하다. 규칙만을 배운 아동·청소년들은 그 규칙이 적용할 수 없는 문제와 마주치게 되면 어찌할 바를 모른다. 그에 비해 원리를 배운 아동·청소년들은 새로운 문제에도 이미 해결한 문제와 마찬가지로 쉽게 접근한다. 규칙에 의해 형성된 정신과 원리에 의해 형성된 정신, 동일한 재료일지라도 어수선하게 쌓인 상태와 모든 부분이 결합되어 하나의 완전한 전체로 조직된 상태, 이런 두 차원에는 분명한 차이점이 존재한다."

그렇다면 '원리'에 의해 정신을 형성하는 방법을 어떻게 다룰 것인가? 스펜서는 '실물교수'의 유효성에 대해 구체적으로 설명한다. "보거나 만질 수 있는 사물의 속성에 대해 정확한 지식을 갖고 있지 않다면, 우리의 개념은 오류가 되고, 추론은 허위가 되며, 활동은 성공할 수 없다. 감각에 호소하는 교육이 무시당한다면, 교육은 모두 쭈그러지거나 몽롱해지고 만족스럽지 못한 기분에 빠진다. 이때 이를 해소하는 일은 불가능하게 된다." '실물교수'는 "유아기의 초기에 완료하는 것이 아니라, 청소년기에도 연속시키고, 또한 알아채지 못하는 사이에 박물학자와 과학자의 관찰 속에 융화될 수 있도록 해야 한다." 따라서 이 교수법의 원칙은 교수와 방법의 배열이 아이들의 발달 순서와 여러 능력의 활동양식에 대응해야 한다.

어떤 방식으로 '실물교수'를 시작해야 하는가? 스펜서는 우선 '자연미'를 관찰하여 자연현상을 조사하려는 기초능력으로 '지각력의 훈련'을 들고 있다. 그것은 인간이 시, 예술, 과학, 철학에 의해 전달받는 기쁨을 아는 기초능력이 되기도 한다. 다음으로 '그림'을 든다. '그림'은 눈에 비추는 인상적 사물을 그리는 작업이기 때문에, 한층 발달된 지각력 훈련이 된다. 더구나 '기하학'을 배움으로써 그려진 도형의 정확함을 눈으로 음미하는 연습을 할 수 있다.

스펜서가 제안한 학습의 바탕에는 코메니우스의 주장처럼, "단순한 것에서 복잡한 것으로, 막연한 일에서 명확한 일로, 구체적인 것에서 추상적인 것으로, 경험에서 이론으로"라는 원칙이 있다. 그는 이 원칙을 인간의 인식능력의 발달에 관한 심리학 원리에 합치시키려고 하였다. 뿐만 아니라 이 원칙은 아이들의 지식을 스스로의 힘으로, 즐겁게 학습하는 일을 도와주는 동력을 지니고 있다. 다시 말하면, 교육은 '자력에 의한 발달과정'이다. 지식을 습관적으로 즐겁게 취득하는 일을 유아기 때부터 몸에 익히면, 인간은 그것을 일생에 걸쳐 지속해 갈 수 있다.

『교육론』제3장에서는 '부모가 되기 위한 준비'의 필요성을 다시 강조하였다. 즉, 아이들을 교육하는 목적은 '자기를 지배하는 인간을 만들어 내는 일'이다. 결코 타인에게 지배되는 인간을 만들어내는 일이 되어서는 안 된다. 여기에서 벌을 주는 방법, 벌을 줄 때 원인과 결과를 연결하여 생각할 것, 생명을 함부로 다루지 않을 것 등을 들고 있다. 부모는 아이들을 교육하는 동시에 스스로에 대해 보다 고도의 교육을 실시해야 한다. "당신들은 지적으로는 더욱 복잡하고 어려운 주제, 즉 아이들 속에서 당신들 자신 속에서, 그리고 세계 속에서, 가리키고 있는 인간성과 그 법칙을 유익한 목적을 위해 해명해야 한다. 도덕적 측면에서 말한다면, 사람의 고차원적 감정은 이미 그것을 움직이게 해야 하며, 저차원적 감정은 이를 억제해서는 안 된다.

『교육론』 제4장에서는 건강의 유지나 증진을 위해, 식사나 의복, 운동, 지적 훈련과 신체 훈련 및 신체적 도덕에 대해 논의하고 있다. 식사 때는 아이들의 식욕을 그대로 신뢰하는 것이 아니라, '음식에 대한 신체의 욕구가 다양하고 복잡한 원인에 의해 결정되는 것'임을 고려한다. 아이들은 그 날의 일기, 온도, 실시한 운동, 이전의 식사에서 섭취한 음식의 종류와 양 및 소화의 속도 등에 의해 식욕이 변화한다. 이는 생리학의 지식에 기초하여 아이들에게 전달해야 하는 음식을 판단하고, 아이들의 식사가 어른 이상으로 영양치가 높아야 한다는 의미이다. 어떤 음식도 한 가지만으로는 인간의 생명활동 수행의 모든 영양소를 공급할 수 없다. 때문에 영양공급의 균형을 유지하기 위해서는 일정기간별로 식사의 종류를 달리하는 것, 그리고 하루에 여러 가지 음식을 섭취해야 할 것을 지적하고 있다. 의복은 추위를 방지하고, 아이들의 활발한 놀이에도 적절하며, 잘 퇴색하지 않는 소재를 선택해야 한다. 운동의 경우, 이전에는 여자 아이에게 정숙함을 요구하고, 활발한 운동을 시키지 않았다. 하지만 건강증진을 위해서는 남자 아이와 마찬가지로 본능이 요구하는 유희활동을 해야 한다. 그런 활동은 신체의 행복을 위해 본래적인 것이다. 그러므로 금지해서는 안 된다. 즉, 남녀차별 없이 운동을 장려하였다.

지적 훈련과 신체 훈련 및 신체적 도덕에서 "주입식 지식에 의해 활력을 잃은 방법은 자기 패배이다!" 때문에 "강고한 의지와 피곤함을 모르는 활동력"의 근원으로 신체 훈련을 강조한다. 신체와 정신과의 관계에 대해서는 신체를 희생하면서 정신의 발달을 취하는 것이 아니라, 생명의 차원에서 신체가 정신의 도야를 만들고 있다.

스펜서가 『교육론』에서 다루고 있는 내용은 일종의 '교육내용의 체계화'를 시도한 것이다. '가치 있는 지식', '지육', '덕육', '체육'의 문제는 하나하나가 아니라, 전반적으로 통합을 통해 교육내용을 체계화 하는 핵심요소들이다. 스펜서는 교육의 기본 역할을, 아동·청소년들에게 사회에 적응하는 능력을 길러 주는 일, 그 '완전한 생활'의 준비라고 보고 있다. 이런 시각에서 '지육과 덕육, 그리고 체육'이라는 각론이 전개된다.

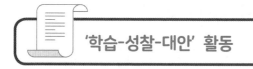

'학습-성찰-대안' 활동

✿ 1단계 【학습】 요약 정돈; 본문을 학습하고 핵심내용을 정리하시오.

✿ **2단계 【성찰】** 문제 비판; 1단계의 '본문 학습'과 '핵심내용 요약 정돈'을 근거로, 아래 표의 철학적 영역에 맞추어 성찰하시오.

기본 영역	본문 내용 (개별사유)	통합 성찰 (공통 토의)
형이상학	형상;	
인식론	인식;	
가치론	가치;	
논리학	논리;	

✿ 3단계 【대안】 교육철학 재고; 1단계와 2단계의 '학습-성찰' 활동을 바탕으로, 시대정신을 고려한 교육철학을 도출하시오.

구분	내용	대안 제시
개별 제안		
공동 논의		

저자약력

신창호(申昌鎬)
현) 고려대학교 교육학과 교수

주요 학력
고려대학교 학사(교육학/철학)
한국학중앙연구원 석사(철학 전공)
고려대학교 박사(Ph. D, 교육철학 및 교육사학)

주요 경력
고려대학교 입학사정관실 실장/교양교육실 실장/교육문제연구소 소장/평생교육원 원장
한국교육철학학회 회장/한중철학회 회장/아람청소년센터 이사/독서문화연구원 부설연구소장

주요 논저
≪네오 에듀케이션－시대정신에 부합하는 교육학 창조≫≪한국교육 무엇을 고민해야 하는가≫(1·2),
≪한국교육사의 통합적 이해≫, ≪교육철학≫, ≪교육철학 및 교육사≫, ≪교육과 학습≫, ≪수기, 유가
교육철학의 핵심≫, ≪유교의 교육학 체계≫, ≪율곡 이이의 교육론≫, ≪세계 종교의 교육적 독해≫,
≪톨스토이의 서민교육론≫, ≪존 듀이 교육학의 원류를 찾아서≫, ≪사서－한글 논어/맹자/대학/중용≫
(역), ≪논어의 지평≫, ≪배려≫, ≪관자≫(공역), ≪주역절중≫(전12권, 공역), ≪논어집주상설≫(전
10권, 공역), ≪대학장구상설≫(전3권, 공역) 외 100여 편.

연구 관심
고전(古典)의 현대 교육학적 독해

이메일: sudang@korea.ac.kr

네오 에듀 필로소피 - 시대정신을 담기 위한 교육철학의 재고 -

초판발행	2020년 1월 20일
중판발행	2021년 3월 10일
지은이	신창호
펴낸이	노 현
편 집	배근하
기획/마케팅	노 현
표지디자인	조아라
제 작	우인도·고철민
펴낸곳	㈜ 피와이메이트
	서울특별시 금천구 가산디지털2로 53 한라시그마밸리 210호(가산동)
	등록 2014. 2. 12. 제2018-000080호
전 화	02)733-6771
f a x	02)736-4818
e-mail	pys@pybook.co.kr
homepage	www.pybook.co.kr
ISBN	979-11-90151-94-8 93370

정 가   18,000원

박영스토리는 박영사와 함께하는 브랜드입니다.